誰がために祈るのか

ソウゼン信仰の人・家畜・カミの民俗誌

三津山智香

無明舎出版

誰がために祈るのか◉目次

誰がために祈るのか

——ソウゼン信仰の人・家畜・カミの民俗誌

凡例

・本文中の参考文献の表記について、初出がある場合は初出を記した後に（　）内で参照した文献の出版年を記した。頁数は（　）で記した文献の頁である。

・文献や史料を引用する場合、旧字体は新字体に改めた。

・本文中の集落名および人名は全て伏字にした。県市町村名は実名を用いている。ただし、文献からの直接引用の場合は、この限りではない。

序章

神社の社殿に足を踏み入れると、壁一面に所狭しと絵馬が奉納されていた。描かれているのは、ウマやウシ、そしてブタである。これは、誰がための祈りなのか。そんな疑問が、本書の出発点にある。

第一節　問題の所在

動物は人間社会において、多様な様態を示す。人はときに畜力・畜産物の利用や愛玩を目的として動物を飼育し、食糧や害獣として動物を殺し、守るべき対象として動物を保護し、さらには信仰対象として動物を崇めてきた。人と動物との関わりは、時代状況や出会う場により異なる。本書で着目するのは、人と動物、特に、家畜[一]との関わりとその変遷であり、そこから生じる信仰である。

農業用機械や自動車の普及する以前、人々は牛馬を用いて農耕や運搬を行っていた。牛馬は畜力を提供する

一　家畜は「野生動物を用途に応じて馴化、飼育、さらに改良して、人間の管理下で繁殖させ、人間活動のために生産、供給し、利用している一群の動物」〔日本畜産学会編　二〇〇一　五四〕を指す。

だけでなく、堆肥を生産し、バクロウや市場での売買を通して現金収入をもたらした。牛馬の死は「馬をオトスと半身上なくなる」〔多賀城市史編纂委員会編　一九八六　五七〕と言われるような家の一大事であり、人の死と同じように香典を出していた地域もある〔男鹿市史編纂委員会編　一九九五　一二六〇〕。牛馬の死に際しては、ダイバやギバといった牛馬の命を奪う存在が想像された〔小島（瓔）　一九九一〕。火事で馬が焼死すると「その馬の怨霊の祟りで良い馬が授からない」〔猪苗代町史編さん委員会　一九七九　一七七〕といった俗信も日本各地に残る。牛馬は「家族」として大切にされ、ケガや病気の治療を目的とした牛馬医療に関する知識が蓄積され、牛馬を守護するカミが多数祀られた。牛馬の死に際しては供養を行う等して死後の冥福を祈った。牛馬が重要な存在であり、牛馬を健康に保つことが人々にとって重要な課題であり続けてきたことがうかがえる。

二

生きている牛馬／家畜の健康や死後の冥福を祈願するために祀られてきたカミを、本書では「家畜守護神」と総称する。なお、ここでのカミとは、「柔軟で流動性に富み、草木虫魚・山河大地に宿るもの」〔鈴木（正）一九九九　三九三〕であり、体系化・教義化された神の元来の性格が薄れ、特定の社会集団の伝承に取り込まれた姿を指す。また、本書で用いる「伝承」とは、「上位の世代から下位の世代に対して何らかの事柄を口頭または動作（所作）によって伝達し、下位の世代がそれを継承する行為」〔平山　一九九二　三二二〕を指す。家畜守護神は、人が日々、牛馬をはじめとした家畜と関わるなかで家畜の病気や死という状況に際して、もしくはそのような状況を避けるために祀られる。では、家畜守護神への信仰はどのように存続してきたのか。これが本書を貫く問いである。日々の生活における人・家畜・カミとの関わりのなかで家畜守護神信仰を捉えることで、この問いへの答えを示す。

問いに取り組む前に、家畜守護神、そして、その背後にある人と牛馬／家畜との関係に着目する意義を、民俗学を中心とした信仰研究、生業研究を整理することで示す。その際、人と動物に関わる厚い蓄積のある文化人類学の先行研究も参照することで、議論を補強する一助とする。そのうえで、これまでの先行研究から、本書が取り組むべき課題と方法を提示する。

一―一．信仰研究における個人と語り

日本民俗学では、話者の「心意」にふれ、その「心意」を汲み取って一編の民俗誌として編み上げることが「究極の理想」とされてきた〔鈴木（寛）　一九九四　五七〕。「心意」とは「人々の行動をその背後で規制し、心性とも言われる無形の民俗文化」を指す〔古家　一九九九　八七七―八七八〕。心意を汲み取るために着目されたのが、信仰や俗信、祈願、禁忌といった「現象」である。

関一敏は日本の宗教的実践を西洋と比較し、日本の宗教的実践は信仰という裏付けを欠いた、儀礼のみの慣行であることから、「祭祀や儀礼などの伝承される身体のふるまいそれ自体に意義をおく民俗慣行から、信仰という内面的イディオムを恣意的にでなく抽出することは不可能」と指摘した〔関　一九九八　一四〕。関の主張後も、信仰研究で対象とされてきたのは、「宗教をめぐって表象される儀礼であり、組織〔中略　*〔一〕内筆者註。以下同じ〕であり、芸能であり、言い伝えであ」り、そこで分析されてきた信仰が「研究者の想定した「信仰」であ」ったことは〔真野　二〇〇七　一二九〕、繰り返し批判されてきた〔徳丸　二〇〇二、田中（久）　二〇〇五、門田　二〇〇七など〕。

このような批判を受け、信仰研究の対象は、儀礼や祭礼といった信仰の場から個人へと移行していった。山

二　バクロウとは、牛馬の売買を行う人物を指す。地域によって「馬喰・博労」等表記・呼び名が異なるため、本書では「バクロウ」とカタカナで表記する。

口県各地で祀られる森神に着目した徳丸亞木は、森神をめぐる伝承が「静態的な『資料』として捉えられ」、「そこに生きる人々の姿が切り捨てられてきた」ことを批判し〔徳丸　二〇〇二　三二〕、「信仰的世界観や歴史認識、あるいは伝承者自身の生活史との関わりから、現代社会において『森神信仰』がいかに人々の生活のなかで息づき、その伝承が意味づけられているのか」を捉える必要性を指摘する〔徳丸　二〇〇二　二九二〕。佐賀県において岸岳末孫を祀る人々に着目した田中久美子は、人々が岸岳末孫の気持ちを推察し、行動する様子を「神と人との対話」として捉えることで、人と神との関わり方を示した〔田中　二〇〇五　八九〕。徳丸〔二〇〇二〕や田中〔二〇〇五〕の研究は、生きる人々の中での伝承の意味を問う点で、関〔一九九八〕や真野〔二〇〇七〕らが批判する「信仰」研究とは異なる。

ところで、「神と人との対話」と端的に示されているように、田中が岸岳末孫と人との関わりを捉えるにあたり重視したのは、人々の岸岳末孫についての語りであった。語りには、「自己および他者の生活体験、地域・家筋に対する歴史意識が統合されながら伝達・継承」〔徳丸　二〇一三　二〇〕される機能が見出される。そのため、田中〔二〇〇五〕の研究に留まらず、語りは個人、そして地域の信仰を捉えるための分析視点として用いられてきた〔川島　二〇〇三、石本　二〇〇五、門田　二〇〇七、二〇一三など〕。

四国巡礼を事例とし、個人の生活経験と信仰の連関に着目した門田岳久は、「語りや対話の分析を通じて、巡礼者の信心がいかにしてリアリティーのあるものとして形成されているのかを記述し」た〔門田　二〇一三　二一七〕。門田は、語りには「語り手を取り巻く同時代の社会文化的なイデオロギーや通念、規範的意識が反映される」機能があり、「個人と社会の間のリフレクシブ（相互反射的）な相補関係」があると述べる〔門田　二〇一三　二二二—二二三〕。個人の行動や言語、倫理的観念、信仰といったものは、個人の考えだけでなく、個人の属する社会集団における歴史的文脈、そして、同時代の社会的文脈が入り混じっているものとする門田の指摘は妥当であろう。話者がいかに歴史的・社会的文脈を解釈し、自身の考えとして位置づけているのか、という点を明らかにするため、本書は語りを重視する立場をとる。

『民俗学辞典』に「民俗信仰」が「生活世界において習俗の次元で展開している信仰事象」を指し、「生活の中での行動や言語、さらには倫理や信念といったかたちであらわれるもの」と定義されているように〔小池 二〇一四 四二八〕、近年の民俗学の信仰研究では、社会的文化的な慣習や規範意識と人々の信仰との関わりへの関心が高まっている。これは、人々が信仰している／いない、という心を問題とした研究から、人々の経験と祭礼や伝承といった事象との連関を問題とした研究への移行を意味する。

このような近年の信仰研究の流れを確認したところで、本書で扱う言葉についてふれたい。祭礼の実施や寺社への参詣、護符の購入、といった何らかの利益を求めて行う行為は、これまで「宗教的実践」〔関 一九九八〕や「宗教的習俗」〔門田 二〇一三〕などの語で総称されてきた。人々の信仰に関わる行為は宗教的な教義に基づいたものとは限らず、小池淳一の述べるように「生活世界において習俗の次元で展開している信仰事象」が含まれるため〔小池 二〇一四 四二八〕、「宗教」よりも「信仰」が適切と考えられる。加えて、人々は祭礼や寺社への参詣といった習俗を自ら選択して実践する。そこで本書では、個人もしくは集団の願いが成就することを目的とした信仰対象への働きかけを指す語として、「信仰実践」を用いる。

このような人々の行為について、関は belief（体系としての信仰、いいかえると命題化された信仰、神学と教義に集約される信仰のあり方）の有無に関わらず practice（実践）が行えることを、呪術を例として述べる〔関 二〇一二 八八〕。例えば寺社に参詣する行為は「メタレベルの言葉をともなわぬ実践世界の出来事」であるため、「あるふるまいをすることが信仰をあらわすわけではない」〔関 二〇一二 一〇六〕。個人の信仰実践が必ずしも神仏を崇拝する気持ちに裏付けられているわけではないことは、これまでの研究でも指摘されてきたことである〔阿満　一九九六、及川　二〇一六、東海林　二〇一六など〕。普段は「無宗教」を語る人物であっても、就職活動や大学入試等に際して寺社に行き賽銭を入れて祈願したり、絵馬に願いを書いて奉納したりすることがあるであろう。また、寺社に祀られている神仏を「信じている」人であっても、どのように／どの程度「信じている」かには個人差がある。そこで求められるのが、信仰実践に至る「思想をまるごと掬いあげること」である〔関　二〇一二　一〇六〕。

信仰実践の背景には、個人の生活経験、そして、生活経験から生じた「信心」や「思い」として括られるものが想定される〔徳丸　二〇一三、門田　二〇一三など〕。「信心」とは「宗教的なものとの近接的関わりを持ちながらも、教義や儀礼の規範にではなく、個人的な経験に重点を置いた心の構え」を意味する〔門田　二〇一三　二一六〕。一方の「思い」は「伝承者（聞き書きの場においては話者）の心意的世界のありかた」であり、「話者の生活史における体験との関連から叙述する」ことが試みられてきた〔徳丸　二〇一三　一五〕。これらの語の特徴として、話者のどのような生活経験によって信仰実践がなされている／いたのか、という生活経験に主眼を置いていることが挙げられる。本書では、カミを「信じている／いない」という問題からの別離を示し、人々の生活経験への一層の着目を示すため「思い」を用いる。「思い」は「生活での経験から信仰実践へと向かう心のあり方」と定義する。

以上のように、近年の信仰研究では、祭礼や儀礼といった特定の場や集団から信仰を抽出するのではなく、個人の生活において信仰伝承がどのような意味を持つのかを明らかにする試みがなされている。生活と信仰実践を結び付けるものが、本書においては「思い」と呼ぶものであり、「思い」を捉える手がかりとなるものの一つが、語りである。語りには個人の考えだけでなく、個人を取り巻く集団のイデオロギーや倫理的規範といったものも含まれる。そのため、個人が集団のイデオロギーや倫理的規範をどのように解釈し、自身の考えとして実践に移しているのか、すなわち、どのような経験の上に「思い」が形成されているのかを、語りから捉えることができる。
語りから思いを読み取り、それがどのように信仰実践に接続するのか、という視点は、個人の生活と信仰との連関に着目することを意味する。ここでの信仰とは、信仰対象を「信じている／いない」という個人の内面に迫る語ではなく、個人の生活での経験や知識から形成された「思い」から信仰実践に至る過程を表す語である。さすれば、民俗学における信仰研究は、「宗教を人々の生活の総体に位置づけて考えるための枠組み」とも考えられる〔島村　二〇〇二　二四〇〕。生活と信仰実践とを結ぶものが人々のカミへの「思い」である。信仰実践の差異とは「思い」の差異であり、生活経験の差異である。では、人々の「思い」が生成される場である生活を、民俗学はどのように捉えてきたのであろうか。

一―二．生活への着目

民俗学において早くから生活に着目した研究者として宮本常一が挙げられる。宮本は、民俗学における課題、そして、民俗学の方法について、次のように述べる。

一人一人が何に張り合いを感じ、何に一生懸命になったかをほりおこしていくことが、民俗学の重要な課題の一つではないかと思う。つまり生きた人間の姿をとらえることだと思う。

〔宮本　一九七四　三〇九〕

日常生活の中からいわゆる民俗的な事象を引き出してそれを整理してならべることで民俗誌というのは事足りるのだろうか。［中略］色々な伝承を伝えて来た人たちは、なぜそれを持ち伝えなければならなかったのか。それには人びとの日々いとなまれている生活をもっとつぶさに見るべきではなかろうか。民俗誌ではなく、生活誌のほうがもっと大事にとりあげられるべきであり、また生活を向上させる梃子になった技術についてはもっときめこまかにこれを構造的にとらえてみることが大切ではないかと考えるようになった。

〔宮本　一九七八（一九九三）　一九二―一九三〕

引用にあるように、宮本は生きた人間によって「日々いとなまれている生活」をつぶさにみることで、伝承を伝えてきた理由を捉えようとしていた。

宮本の述べる「生活」には、大きく二つの視点がある。一つは、生活を多元的なものとして捉える視点である。特定の事象に留まらない「日々いとなまれている生活」そのものであり、労働の場、祭礼の場、食事の場、といった日々の営み全てを総体的に捉えている。このような宮本の視点に立つと、生活は様々な要素から成り立つ、多元的なものであることに気づく。

生活を多元的なものと捉えるにあたり、アルフレッド・シュッツの「多元的現実論」が参考になる。[三] シュッツは、個人の生活世界が「さまざまなレヴェルの現実、即ち複数の限定的な意味領域を開示している」と述べる〔シュッツ　一九三二（一九八二）　一九四〕[四]。さらに、「ある一連の経験すべてがある特有の認知様式を示し、しかも、その様式に関して各経験がそれ自体で一貫しているだけではなく、さらにそれぞれの経験が互いに両立可能」〔シュッツ　一九三二（一九八二）　三八〕であるとも述べる。人々の生活は、宗教の世界や夢の世界、学問の世界といった複数の意味領域をもつ一方で、他の意味領域と連立していることを示している。

生活を多元的なものと考えるならば、生活は個人の様々な領域での経験の総体である。つまり、個別の事象に着目するのではなく、他の領域との連関に着目する必要がある。

つづけて、宮本の「生活」を捉えるもう一つの視点として、「生活を向上させる梯子となった技術」に着目したい〔宮本　一九七八（一九九三）　一九三〕。[五]

生活を向上させる技術は、生業研究において着目されてきた。篠原徹は民俗を、「人が自然に向かい合い、技術を駆使し、ことばを練り上げて思想へと高めていく「生きていく方法」」と述べる〔篠原　一九九八　一〕。「生きていく方法」としての民俗を捉える方法の一つが、自然に対する膨大な知識に裏付けられた技能を捉えることであった。人々が「生きていく方法」には経済的合理性に還元できない遊び仕事や社会規範、美意識といった事柄〔松井　一九九八、菅　一九九八、渡部　二〇〇五など〕も含まれる。経済・非経済の事象に関わらず「トータルに人の生を見てゆく」ことを目的としたのが〔安室　二〇一二　一四〕、安室知の複合生業論である〔安室　一九九二、一九九七、二〇一二など〕。安室は一九七〇～八〇年代の生業研究が、「生業から技術だけを抜き出し」た「レッテル張りの研究に過ぎ」ず、「生業技術を個々にモノグラフ化」してきたと批判し〔安室　二〇一二　九〕、生業研究に「人はいかに生きてきたかという視点」〔安室　二〇一二　一〇〕を取り入れる必要性を主張した。この視点は、過去から現在にいたるプロセスに着目する通時的な視点を含むもの

三　シュッツの多元的現実論には概念が錯綜している部分が多々あり、数多くの誤解や批判がなされてきた〔飯田　二〇〇四〕。本書の記述は、飯田卓の論を参考にシュッツに対する批判を加味した上で、シュッツ〔一九三一（一九八二）〕を参照している。

四　例として飯田は、論文を書く行為を挙げ、「理論的観照の世界に生きながら、他方でキーボードに文字を打ち込むという労働の世界に同時に関わっている。〔中略〕論文を書くという行為を一旦止めて、休憩したり、昨晩読み残した小説を読んだりすることもできる。読書中に頭痛が生じれば、医学という科学的見地から対処することもできる」と述べ、ある活動を中断し、別の活動へ何の疑問も持たずに移行することができることを生活世界の特徴としている〔飯田　二〇〇四　八六〕。

五　島村恭則は「生きる方法」と表現する〔島村　二〇二〇〕。

である。

ここまで記述してきたように、生活とは多元的なものであり、いくつもの意味領域が存在すると同時に、複数の領域の共存が可能なものである。信仰は祭礼や儀礼の場にのみ現れる特殊なものではなく、生活の一部であり、信仰実践の場以外での経験が信仰実践に影響を与え得る。そのため、信仰実践の場だけでなく、生活全体に目を向け、個人のどのような経験から「思い」が形成され、どのような信仰実践へと至るのか、という過程を捉えることが必要である。

このような生活のなかでトータルに人の生を見てきたのが生業研究であり、複合生業論の視点であった。複合生業論により、農業・漁業・林業といった各生業間の関わりを捉えることができるものの、本書で意識したいのは個々の生業をつぶさに捉える視点である。これは、「生業技術を個々にモノグラフ化」〔安室　二〇一二九〕してきた一九七〇～八〇年代の生業研究に戻ることを意味するのではない。特定の生業における技術や信仰といった事柄を通時的・共時的に捉えることで、ある地域におけるその生業が「生きていく方法」〔篠原　一九九八　一〕としてどのように選択されてきたのかに着目する視点となると考える。また、「生きていく方法」とは技術の向上や伝承といったものだけでなく、「カミを祀る」といった信仰実践や、政策により特定の作物の生産が奨励されるといった政治的状況なども含まれるのではないだろうか。そこで本書では、「生業を動態的に捉える視点」・「現在につながる研究視点」〔安室　二〇一二　五〇七〕という複合生業論の視点を援用しつつ、特定の生業への着目、そして、技術に留まらない「生きていく方法」〔篠原　一九九八　一〕を捉えることを試みる。

そこで着目するのは畜産業である。現代の畜産業は役畜として多くの家で飼育されていた牛馬が、農業用機械の普及や産業化を経て特定の家で肉用・乳用といった特定の目的で飼育されるようになる、という変化を経験している。この変化を捉えることで、畜産業が人々の「生きていく方法」としていかに選択されてきたのかを明らかにする。畜産業は人と動物との関わりの上に成り立つ生業であることから、両者の関わりを捉える視点が必要となる。では、民俗学において、人と動物との関わりはどのように捉えられてきたのか。

一―三．人と動物との関わりを描く

民俗学における人と動物の関係に着目した研究は、口承文芸研究〔柳田　一九三九（一九九〇）、谷川　一九八六など〕や生業研究〔最上　一九五九（一九七六）、千葉　一九六九、安室　二〇一二など〕、信仰伝承研究〔喜多村　二〇〇一、大島　二〇〇二、松崎（憲）　二〇〇四、フェルトカンプ　二〇〇九など〕を中心に、数多くの蓄積がある。

口承文芸研究では、動物昔話の研究が挙げられる。柳田国男は「孤猿随筆」の「自序」において、過去の時代の人々は「獣のニュウス」に関心を払っていたことから老幼共同の話題となり、動物昔話が豊富に残っていたと指摘する〔柳田　一九三九（一九九〇）　四二六〕。そのうえで、口承文芸研究において動物昔話を扱う理由を次のように述べる。

> 獣を人と比べるのはひどい話だが、歴史の存在を無視せられていた者のあることは双方似ている。記憶のない所にも歴史があるということ、文書がいささかも伝えようとしなかった生活にも、なお時代の重要なる変遷はあって、尋ね知ろうと思えばこれを知る途は確かにあるということ、この二つは日本民俗学の出発点であった。
>
> 〔柳田　一九三九（一九九〇）　四二七〕

「獣を人と比べるのはひどい話だが」とことわりつつ、人の歴史を知るためには獣との関わりを無視することはできないとする柳田の姿勢が示されている。動物と人に関する柳田の関心は、「孤猿随筆」の後に書かれた「口承文芸史考」にもみられる。「口承文芸史考」では「動物説話」について「動物という中でも、獣の話が一般に多いのは、大きくて最も人間に近いためであろうが、気をつけてみると役者の数がまた限られている」と述べ、説話の中では特定の動物が人との関わりを持ってきたことを示した〔柳田　一九四二（一九九〇）一三九〕。また、動物説話において「鳥や獣が人語するという空想には、いくつかの段階があり、よってまた持続性の強弱があった」ことも指摘する〔柳田　一九四二（一九九〇）　一四二〕。「彼等の声と挙動とを注意する者には、何か言うらしくまた理解するらしく、ただ我々だけにはそれが通ぜぬのだと思われて」おり、さらには、人間が動物の「外形によってやや不条理なる類推を試み」ようとすることもあった〔柳田　一九四二（一九九〇）　一四二―一四三〕。人間による動物の「声と挙動」の理解に基づいた交流によって動物説話が構成されていた。

谷川健一は民俗学を「人間と神・人間と人間・人間と自然の生き物、この三者の間の交渉の学である」と述べ〔谷川　一九八六　一三〕、自然に住む動物を扱った伝承を検討することで、「生活者にとっての動物」、そして、「人間と動物の交渉の中にあらわれた「意味」」を探究した〔谷川　一九八六　三〇〕。そこから導かれたのは、人間と神、人間と自然の生き物との親密な交流であり、「この三者の交流が民俗学の本質にほかならない」〔谷川　一九八六　二九〕という主張である。

このような人と動物と神との関わりを意識した視点は、千葉徳爾の一連の研究にも共通している。千葉は人と〝自然に住む動物〟との間に成立している交渉形式の一つとして狩猟に着目し、日本における人と野生動物との関わりを論じてきた〔千葉　一九六九、一九九七など〕。そのなかで、「狩猟すなわち人が武器を介して彼等［野生動物］と交渉するという形式は、人獣の交渉として重要なものであったし、また基本的なものでもあった」とし、「野獣に対してもそれなりの能力、あるいは霊力を供えた存在というものを感じて、ある意味では自己以上の霊力を有するとみなし、それに依存して神と交流しようと試みた形式でもあった」〔千葉　一九九七　一五〕と指摘している。

ところで、谷川が取り上げたのは「自然の生き物」であった。イヌやウシといった「人間の日常世界に入り込んでいる動物」とクマやキツネといった「自然の生き物」とでは、「人獣交渉の問題としても、そのとりあつかいはまた別に考える必要がある」ためである〔谷川　一九八六　二五六〕。「人間の日常世界に入り込んでいる動物」〔谷川　一九八六　二五六〕と人との関わりについては生業研究で進められている。特に牛馬を対象とし、飼育方法や貸借慣行、医療、俗信、そして、信仰といった多岐にわたる事象が報告されてきた〔郷田　一九五二、菅沼　一九五三、最上　一九五九（一九七六）、安部　二〇〇三、坂本　二〇〇四、小島　二〇一四、永澤　二〇一四など〕。しかし、これまでの研究の多くは農耕や運搬などに牛馬が用いられていた時代を対象としたものであることも事実である。野本寛一〔二〇一五〕のように、農業用機械や自動車の普及する以前から現代までの牛馬と人々の暮らしを放牧・飼料・信仰・売買等、様々な観点から描き出した研究があるものの、現代の畜産業を対象とした研究は今後の蓄積が待たれる。本書が切り込むのは、この点である。

機械化が進み、効率化が図られた現代の畜産業においても、人と家畜との関係が失われたわけではないだろう。例として、以下のような筆者のフィールドでの経験を挙げる。

【事例二】

家畜市場での出来事である。次々にウシが連れられ、値段が決まっていく。購入者たちは、ウシを見ながら、「だめだ」、「いいな」などの声を、ときに大きく、ときに小さく発する。

これは、家畜市場において入札者がウシを見ている場面であり、ここでの発話はウシに対するものである。しかし、発話者が褒めている、あるいはけなしている対象は、ウシだけなのであろうか。この事例で筆者は、「発話者はウシのみを褒めている／けなしている」と言い切ることができない。なぜなら、市場に出場するウシは、飼育者との関わりの中で育つためである。いわば、ウシの成長はウシとウシの飼育者との関わりの結果である。

このような飼育者とウシとの関係をどのように考えればよいのか。これまでの民俗学の生業研究では、飼育技術や収入源として捉えられる傾向にあり、両者の関わりそのものにはあまり着目されてこなかった。そのため、これまでの研究を乗り越えるためには、他の分野の研究も参照する必要がある。人と動物との関わりは、近年の「人新世」の議論の影響もあり、文化人類学、歴史学、文学といった、人文社会科学系学問諸分野、また、生物学や獣医学などの自然科学系の学問など、学際的に関心を持たれているテーマである。そのなかでも、近年人と動物（を含む人以外の生物）との関係が盛んに議論されている、文化人類学の議論を参照したい。

文化人類学では、動物の畜力・畜産物の利用や動物を介した人と人とのつながり、動物と権力との関係、食のタブー、供犠、そして、暴力といったテーマに取り組んできた〔Margo 二〇一二、奥野・山口・近藤編 二〇一二、菅原 二〇一七、大石・近藤・池田編 二〇一九など〕。野生動物と関わる狩猟社会、多数の家畜を飼育する牧畜社会、そして、食用や愛玩を目的として動物と関わる産業社会といったように、特定の社会における人と動物との関係が取り上げられている。家畜飼育については牧畜社会を中心に研究が蓄積されており、一九七〇～八〇年代にかけては、家畜は人間に支配される存在として描かれる傾向にあるとする批判もなされてきた〔谷　一九七六、波佐間　二〇一五など〕。谷泰は「牧畜という生業を動物に対する一方的な管理行動としてみるかぎり、生業論は技術論や物質文化論の範囲にとどまる」と述べ、牧夫と家畜という特定の種間関係によって生ずる論理を捉える必要性を指摘した〔谷　一九七六　七〕。牧夫は家畜の発する非言語情報をもとに、その習性や性格について意味ある認識である「思いこみ」[六]を適切に行うことで、人と家畜との間に持続的な関係が成立する。そのため、「牧畜文化を研究する者は、牧夫の思いこみのなかにひそむ知識を探りあてるとともに、観察を通じて家畜側の行動習性と関係行動の意味を見出してゆくほかない」〔谷　一九七六　一四〕と主張する。

谷の主張するような牧夫と家畜との間の「思いこみ」は、波佐間逸博の研究に引き継がれる〔波佐間　二〇一五〕。波佐間はウガンダ共和国でのカリモジョンとドドスへの参与観察に基づき、「家畜が牧民の身体に共鳴的に働きかけてくる主体である限り、人が動物的他者と関わることと、人間的他者と関わることの間には、絶対的な隔たりが存在しない」〔波佐間　二〇一五　二三―二四〕とする。そして、牧畜世界の社会性が「牧民が家畜を自分自身に向き合う人格として理解しながら家畜と向き合い、両者がこの事実を知っているというコミュニケーション行為によって構成されている」〔波佐間　二〇一五　二四〕と指摘した。

六　谷〔一九七六〕の述べる「思い込み」は今西錦司〔一九四一（一九七四）〕の「類縁」・「類推」の考え方に通じる。類縁とは「歴史的、或いは、社会的な親疎ないしは遠近関係」を意味であり、類推とは「われわれがものの類縁関係を認識したことに対する（中略）主体的反応の現われ」を意味する〔今西　一九四一（一九七四）一四―一五〕。今西は、人が「動物を動物として見ていても、ある程度まで人間に対するのと同じような反応をもって表される」ことは〔今西　一九四一（一九七四）一七〕、人が動物と類縁的に近いことを認識し、類推を行ったことの表れと考え、人が他の生物を知るためには「生活や世界を人間的に翻訳するよりほかにはない」と述べる〔今西　一九四一（一九七四）一九〕。

このように、牧畜社会や狩猟社会における人と動物との関係に着目した研究が蓄積されている一方で、産業社会の人と動物との関係に着目した研究は決して多くない。谷〔一九七六〕は産業化した現代社会における家畜の位置づけについて、牧畜社会とは対極に位置すると考える。すなわち、牧畜社会での人が「他者としての家畜」と関わっていたのに対し、産業社会においては、「家畜の身体は完全に物象化され、生物であることからの疎外をうけている」〔谷　一九七六　二〕と述べる。また、インゴルドは、狩猟社会と牧畜社会における動物と人との間には常に谷の指摘する「思いこみ」にあたるような「意味ある直接的な関与」があるとした上で、産業社会における動物は単なるモノであり、人間とは「完全に切り離された別個の存在」と述べる〔Ingold　二〇〇〇　五〕。しかし産業社会における動物は、ペットとして、水族館や動物園での鑑賞対象として、そして、肉として、日々の生活の多くの場でその生死にかかわらず人と関わりを持っているはずである。産業社会における人と動物は、完全に切り離された存在なのであろうか。

ジョン・ナイトは、インゴルドによる産業社会の動物についての指摘に対し、「人と動物の個別の関わりは、狩りをする人間と狩られる野生動物との間ではなく、むしろ家畜と世話をする人との間に芽生える」と述べる〔Knight　二〇一二　三三四〕。狩猟において狩猟者と獲物が対峙する時間はほんの一瞬であり、狩猟者と獲物が継続的な社会関係を築くことは困難である。一方で産業社会における家畜は、個別の人間とのパーソナルな関係が継続することから意味ある直接的な関与も生じると指摘する。このような、動物のエージェンシーは人との持続的かつ個別的な関係のなかで生成する、というナイトの論点から着想を得たのが、比嘉理麻である。

比嘉は現代日本の沖縄県という産業社会をフィールドとし、人とブタとの関係の「過去からの持続と断絶」に着目し〔比嘉　二〇一五　一三〕、養豚場・屠場・市場での人とブタ（生体・肉）との関わりを描くことで、「産業化によって人びとに嫌悪される生体ブタは生産者が働く養豚場に、人びとに好まれる豚肉は消費者が集まる市場へと振り分けられる」〔比嘉　二〇一五　二三五〕状況を明らかにした。消費者が圧倒的多数を占める産業社会において、「実態のブタは社会の周縁で不可視化され、表象のブタが、人びとの食する肉と結びつけられる構図」〔比嘉　二〇一五　二四三〕が成立している。加えて、効率よくブタを飼育するために機械を導入し、ブタをモノ化する様子もみられる〔比嘉　二〇一五　一一二〕。産業社会では人と家畜との間にテクノロジーが介入することも視野に入れる必要がある。北海道の酪農場における動物―人間―テクノロジー相互の諸連関に着目したポール・ハンセンは、高度にオートメーション化された産業酪農場において、人とウシは「個別的」で「重要な」他者として関わっていたことを明らかにしている〔Hansen　二〇一〇、二〇一三、ハンセン二〇一四、二〇二一など〕。そして、搾乳や人工授精といった限られた場での短い接触を通して、人はウシを、またウシは人を識別することのできる事実を指摘した[七]〔ハンセン　二〇一四　四六〕。

産業社会に着目した一連の研究が示すように、産業社会における家畜は、動物としての生をはぎ取られ、部分化・部品化した「モノ」として一元的に理解されるものではなかった。畜産農家が家畜を「意味ある他者」として認めているのであれば〔ハラウェイ　二〇一三　一一一〕、産業社会における人と動物との関わりを問う意義がある。

産業社会、そして、現代の畜産業における人と動物との関わりに着目するにあたり、農村社会から産業社会へと移行する過程で、人と動物との関わりは大きく変化していることに自覚的である必要がある。人類学における研究成果を参照することで明らかになった、現代の畜産業における人と家畜との関わりを対象とするにあたり必要な視点は、過去から現在の家畜飼育への持続と断絶、そして、畜産農家と家畜の間で生じるコミュニ

七　比嘉も、養豚場における人とブタとの間には接触や言語・音声を介したコミュニケーションがみられたことを指摘している〔比嘉　二〇一五　一三二〕。

ケーションへの着目であった。これは、安室が述べた「生業を動態的に捉える視点」や「現在につながる研究視点」に通じるものである〔安室　二〇一二　五〇七〕。

一―四．家畜守護神は過去の信仰なのか

ここでは動物に関わる信仰を扱った先行研究を整理することで、本書の問いが動物に関する信仰だけでなく、信仰研究が抱える問題関心に接合する可能性を示す。民俗学が対象としてきた動物に関わる信仰には、大きく二つの流れがある。一つは、動物そのものに霊性を認めたことで生じる動物への信仰、そしてもう一つは、本書で扱うような動物を守護する信仰である。

動物への信仰に着目した研究では、神仏の眷属や乗り物として祀られてきた動物や、憑き物とされてきた動物が取り上げられてきた〔石塚　一九五九、谷川　一九八六、宮田　一九九三、小松　一九九四、香川　二〇〇〇、近藤　二〇一三、二〇一四など〕。これらの研究群の中で、香川雅信は憑き物現象の存続に着目している。香川は不登校になった児童の説明に憑き物の存在が語られることから、「高度経済成長期以降の変化により発生した問題にも対応しうるものとして生き残っている」ことを示した〔香川　二〇〇〇　一六〕。近藤祉秋も隠岐島における蛇神信仰が現代日本においても存続していることに着目し、蛇神が「近代離島社会に生きる苦悩を映し出しつつ、そこから脱却を企図する鏡＝呪術装置であ」ると同時に、「何気ない日常に突如として姿をあらわす闖入者であった」ことを指摘している〔近藤　二〇一三　八二〕。その上で近藤は、先に挙げた香川が次世代にどのように憑き物が受けつがれるか、について言及がなされていない点を批判する〔近藤　二〇一四　三〇〕。そして憑き物を含む「動物に霊威をみとめる考え」を「動物信仰」とし、「「動物信仰」の現代民俗学に必要とされているのは、共時性と通時性を同時に追求できるような微視的な視点である」と主張して

いる〔近藤　二〇一四　三六〕。生きる信仰に対し、〝なぜ／どのように存続するのか〟、という視点は本書の関心に重なる。

もう一つの対象である動物の守護に関わる信仰とは、牛馬やカイコといった、人が畜力や畜産物を利用するために飼育する動物、すなわち家畜を守護するカミへの信仰を指す。これまでの研究では、家畜守護神は日本各地に祀られ、一つの地域に複数の家畜を守護するカミが共存している場合があること〔森田　一九八一、喜多村　二〇〇一など〕、寺社への参拝や宗教者を通して受けた護符や絵馬を厩などに祀っていたこと〔三田村　一九八五、大島　二〇〇二など〕、そして、家畜の守護以外の役割を付与される場合もあること〔赤田　二〇〇七、沢辺　二〇二〇など〕が明らかにされてきた。近年の家畜守護神を扱った研究としては、ペット供養や競走馬供養といった、死後の動物の扱い方に着目した研究〔松崎（憲）　二〇〇四、フェルトカンプ　二〇〇九など〕がある。特に、近年隆盛しているペット供養への研究では、ペットの「家族化」や「伴侶」といった視点から人々が供養に向かう思いを考察している〔内藤　二〇一一〕。

このような成果がある一方で、これまでの研究は特定の地域の特定のカミへの着目にとどまっていたことも事実である。家畜守護神は「地域の他の信仰全般との関わりの中で論ずる必要がある」〔大山　一九九五　三三〕といった指摘がなされてきたものの、地域の他の信仰との関わりや、家畜守護神の全体像を捉えようとする試みはほとんどなされていない。

そもそも近年は、家畜守護神の研究は、決して盛んとはいえない。その理由の一つに、調査方法があげられる。これまでの研究は石碑や講帳の分析が主な手法であったことから、既に一九八〇年代には家畜守護神への信仰は「過去の信仰」であり、現在は衰退したものと述べられている〔長沢　一九八七、小野寺　一九九五など〕。家畜を飼育する家の減少や獣医学の発展に伴い、家畜守護神への信仰を「過去の信仰」とする指摘は疑いようのないように思える。しかし、例えば本書で取り上げるソウゼン信仰について、赤田光男は現在も「変容しつつも生きている」と述べる〔赤田　二〇〇七　三九六〕。そのため、牛馬を中心とした家畜飼育の変遷をふまえた上で、現代の畜産農家の家畜守護神への信仰に着目する必要がある。

これまでの家畜守護に関わる研究を概観するなかで、家畜守護神の全体像が示されていない、地域の牛馬飼育や畜産業の状況や他の信仰との関わりが検討されていない、そして、現代の家畜守護神に着目した研究が進められていない、という大きく三つの問題点を指摘しうる。これらの問題は、信仰研究を概観して指摘した、生活と信仰との連関を捉える必要があるという問題、そして、生業研究を概観して指摘した、現代の畜産業への着目が薄いという問題につながるものである。これらの問題を解決するためには、過去から現在までの家畜飼育の変遷と家畜守護神信仰との連関を捉える研究が求められる。そこで本書がとりあげる家畜守護神は、ソウゼンである。

ソウゼンは東日本を中心に祀られるカミである。「ソウゼン」には、「蒼前、宗善、勝善、相染」といった複数の表記があり、呼称も「ソウゼン、ショウゼン、ソウジン」など地域により異なる。このような状況を鑑み、本書では、調査地である青森県東部で広く用いられる「ソウゼン」をカタカナ表記で用いる。[八] 本書におけるソウゼン信仰とは、人・家畜・カミとの関わりの結果、ソウゼンを祀る神社への参拝や神体を祀るといった信仰実践を指す語とする。

民俗学におけるソウゼン信仰の研究は、柳田國男の「勝善神」〔一九一二（一九八九）〕に始まる。その後、ソウゼンのルーツや伝播に関する研究〔新野　一九八一、伊藤　二〇一四など〕、そして、地域の信仰の実態に着目した研究〔十和田市史編さん委員会編　一九六七、赤田　二〇〇七など〕が行われてきた。

ルーツや伝播に関する研究では、柳田がソウゼンは「驄前《そうぜん》」という葦毛で「四蹄の白き〔以下、「葦毛四白」

と省略する〕馬の神」であると述べている〔柳田　一九一二（一九八九）　五〇九〕。柳田以後、ソウゼンを扱う論考では「葦毛四白の馬神」というソウゼン像が定着している〔中道　一九五五a、新野　一九八一など〕。新野もソウゼンを驄前と捉え、秋田県の野代湊や土崎湊に相染社が祀られてきたことから、渤海との交易で馬と共に伝わったと考えた〔新野　一九八一　五七〕。伊藤一充は新野の仮説を利用することで、秋田県北部の海岸沿いに集中する「蒼前の分布状況をうまく説明できる」と述べ〔伊藤　二〇一四　八六〕、新野の説を支持する。しかし、ソウゼンの伝播やルーツについては不明な点が多く、今後の解明が求められる。

一方で伊藤は、柳田以来のソウゼンを馬神と認識することは「明らかに誤認に基づいている」と強く否定しており〔伊藤　二〇一四　八六〕、家々に祀られる神体などの現地調査に基づいてソウゼンの実像を明らかにする必要性を主張している。馬神であることを否定する見方は伊藤〔二〇一四〕以前にもみられる。工藤祐は、青森県下田町（現おいらせ町）の旧家に伝わる文書から、ソウゼンが人神である可能性を指摘している〔工藤　一九八二　三九五〕。伊藤〔二〇一四〕や工藤〔一九八二〕による指摘があるものの馬神に留まらないソウゼンの姿を捉えようとした研究は少なく、今後の蓄積が求められる。

各地のソウゼン信仰の実態は自治体史等の調査による報告が大半を占める〔十和田市史編纂委員会編　一九七六、下田町誌刊行委員会編　一九七九、七戸町史刊行委員会編　一九八二など〕。これらの報告からソウゼンの地域差や共通点が見出されるものの、牛馬飼育が盛んであった頃の様子の記述が大半であった。この状況を打開したのは赤田光男である。赤田は青森県東部のソウゼンを祀る神社やウマに関わる芸能や飼育方法などに着目し、ソウゼン信仰をウマをめぐる精霊信仰の一つに位置づけた〔赤田　二〇〇七〕。畜産農家やウマに

八　先行研究を直接引用する際には、その表記に従う。

関わる芸能に着目することで、停滞していた研究を進めた点は赤田の大きな功績である。しかし、「聖馬が俗馬を守護する」という構図の中でソウゼンを捉えたために〔赤田　二〇〇七　三八八〕、ウマだけでなく家畜の神として様々な形で信仰されている状況を捉えきれていないことも事実である。

ここまでたどってきたソウゼン信仰の研究史から浮かび上がってきた問題点を三つ挙げる。ソウゼンの伝播やルーツが明らかでないこと、地域の伝承に着目していないことから馬神にとどまらないソウゼンの姿が捉えられていないこと、畜産業の展開をふまえて現在の信仰に着目する必要があること、である。一点目のソウゼンの伝播やルーツについては、ソウゼンの分布や各地のソウゼンの伝承を示すことで言及したい。二点目の馬神にとどまらないソウゼンの姿については、伊藤〔二〇一四〕や工藤〔一九八二〕のように、地域の伝承に着目する視点、そして、地域の牛馬飼育の変遷や他の信仰との関わりから考える必要がある。三点目の問題は、赤田〔二〇〇七〕のように、現在ソウゼン信仰に関わる畜産農家をはじめとした人々に着目し、どのような生活経験からどのような思いを抱き、信仰実践に至るのかを捉える。一点目の問題は、家畜守護神信仰の先行研究で指摘した、家畜守護神の全体像が示されていないという問題と、二・三点目の問題は現代の家畜守護神に着目した研究が進められていないという問題につながる。

第二節　本書の課題と視座

二―一．課題

信仰と生活に関わる先行研究、人と動物に関わる先行研究、家畜守護神に関わる先行研究を概観するなかで、複数の問題点を指摘してきた。ここでは、先行研究からの問題点をまとめ、本書で取り組むべき課題を示す。

信仰研究では、個人の生活経験、そして、個人を取り巻く社会的慣習やイデオロギーといったものと信仰実践とがいかに結びついているのかを捉える研究が進められていることを示した。生活経験と信仰実践を結び付けるのが、本書において「思い」と呼ぶものである。

信仰実践への「思い」が形成される場である生活は多元的なものであることから、信仰を考える際には生活の他の領域と信仰との連関を捉える必要がある。生業研究では生活に着目することで、通時的・共時的に生業を捉え、生業の複合性や経済的合理性に還元できない事柄をも含めた、人の生をトータルに捉える研究がすすめられてきた。このような視点から、農業や漁業の研究が蓄積される一方で、現代の畜産業を事例とした研究は少ない。そこで、畜産業の変遷を、飼育技術や政策、市場の動向、機械の導入、畜産学や獣医学などの発展、さらには家畜守護神信仰といったものとの関わりも含めて捉える研究が求められる。

家畜守護神信仰に関わる先行研究では、家畜守護神の全体像が示されていない、地域の牛馬飼育や他の信仰との関わりが検討されていない、現代の家畜守護神に着目した研究が進められていない、という三つの問題点が明らかになった。これらは、家畜守護神の一つであるソウゼン信仰研究の先行研究から導かれた、ソウゼンの伝播やルーツが明らかでない、地域の伝承に着目していないことから馬神にとどまらないソウゼンの姿が捉えられていない、畜産業の展開をふまえて現在の信仰に着目する必要がある、という問題点に結びつく。

以上のように、信仰研究、生業研究、家畜守護神信仰研究に関わる問題点をまとめると、本書でソウゼン信仰を事例として取り組むべきは以下の三つの課題である。

一つめは、家畜守護神信仰の全体像の提示である。既に述べたように、日本国内の家畜守護神に関わる研究や報告書が蓄積されている。そこで、これまでの研究や報告書から家畜守護神の分布図を作成し、祀られる家畜守護神の地域差を、牛馬頭数、牛馬比率との関連も踏まえて明らかにする。その上で、牛馬・家畜の語の検討を行うことで、「家畜守護神」の語の有効性を検討する

二つめは、地域の生活と信仰の連関を通時的・共時的に捉えることである。個人は、個人を取り巻く社会的慣習やイデオロギーの影響を受けながら多元的な生活を生き、そこでの経験により形成された「思い」により信仰実践へと向かう。家畜守護神信仰は、人と家畜との関わりから生じる信仰であることから、地域の牛馬飼育や畜産業の変遷を捉え、その変遷の中で家畜守護神信仰がどのように展開してきたのかを捉える必要がある。家畜守護神信仰は「過去の信仰」と捉えられがちであったものの、赤田が指摘するように現在も「変容しつつも生きている」のであれば〔赤田　二〇〇七　三九六〕、家畜守護神の現在に着目する意味は十分にある。畜産農家を始めとしたソウゼンを祀る人々の生活と信仰の連関を通時的・共時的に捉えることで、衰退論に留まらない家畜守護神の姿を提示する。

三つめは、生活と信仰実践との連関から信仰実践の差異に意味づけを行うことである。個人の信仰実践が生活経験と結びつくことは、これまでの信仰研究において指摘されている〔門田　二〇一三など〕。その上で必要とされるのは、信仰実践の差異を理解する視点である。そこで、個人の生活と信仰実践との連関、ここでは、家畜飼育とソウゼンへの信仰実践との連関を捉えることで信仰実践の差異の意味づけを行うことを三つめの課題とする。

これらの課題を解決するための調査地は、青森県十和田市である。十和田市は後述するように古来の馬産地であり、現代も肉用牛・ブタを中心とした畜産業が盛んな地域である。また、ソウゼンを祀る神社が数多く建立されており、ソウゼンの神体を祀る家が多い。そのため、多くの家で牛馬飼育が行われていた時代から、主に畜産農家が家畜を飼育するようになるまでの過程を明らかにし、家畜飼育とソウゼン信仰の変遷の連関を捉

えることができる。このような点から、青森県十和田市はソウゼン信仰、ひいては家畜守護神信仰を捉える調査地として適切と考える。

二―二．視座

続いて、三つの課題に取り組むための二つの視座を示す。

a．人・家畜・カミの関わりへの着目

研究視座の一つは、人・家畜・カミの関わりへの着目である。本書は、祭礼などの特定の場ではなく、生活の中で形成された「思い」がどのように信仰実践に結びつくのか、という生活と信仰の連関に着目する。家畜守護神は牛馬をはじめとした家畜の守護を目的として祀られるカミであることから、人と家畜との関わりから家畜守護神への「思い」が形成され、信仰実践へとつながると考えられる。家畜の飼育方法は均質化されたものではなく、飼育者の経験や飼育する種、経営形態によって異なる。また、信仰実践も個人により異なる。そこで、人と家畜との関わりと信仰実践との連関を捉えることで、信仰実践の差異を理解することを目指す。

人・家畜・カミとの関係は三者間で完結するのではなく、政策やテクノロジー、消費者の需要といった三者を取り巻く環境から影響を受ける。佐川徹が明らかにしたように、畜産農家と消費者との間に「いい肉」の認識に差異が生じていることから、消費者の求めに応じて畜産農家が飼育方法の変更を余儀なくされることもある〔佐川　二〇〇九〕。また、現代の畜産農家は家畜の健康や売り上げの増加を家畜守護神に頼るのみではない。栄養価の高い飼料を与えたり獣医師の治療を受けさせたりする。そのため、現代の畜産業を対象とするにあたり、畜産学や獣医学、そして、作業の機械化といったテクノロジーが人・家畜・カミの関係に与える影響を考

える必要もある。現代の畜産農家がテクノロジーを導入しながらも家畜守護神を祀る理由、そして、テクノロジーと家畜守護神との関係、といった点を検討する必要がある。

そこで、家畜守護神信仰を人・家畜・カミの関係、そして、三者をとりまく政策やテクノロジーといったものとの関わりも含めて捉えることで、家畜守護神への「思い」がどのように形作られ、信仰実践へとつながるのかを捉えていく。

b．過去からの変化と持続を捉える

もう一つの視座は、過去からの変化と持続への着目である。

比嘉は産業化以前と以後の沖縄の人とブタとの関係の変化として、産業社会における人と家畜との関係は、ブタと関わる人の属性、即ち、生産者なのか消費者なのかによって異なることを指摘している。現代の沖縄において「大多数の消費者は生きたブタに接する機会はほとんどな」く、「同じ社会のなかでも生産者と消費者は、ひとつの動物種との日常的な接触の度合いや物理的な距離において著しく異なっている」〔比嘉　二〇一五　一一三〕という。このことは「産業化のひとつの帰結であり、人と動物の関係の変化を捉えるうえで見落とすことのできないポイント」とされる〔比嘉　二〇一五　一一二―一一三〕。

このように、産業化以前と同じ動物を飼育する場合でも過去の飼育方法と産業化後のそれとは異なることは、他の研究においても示されている。中国における鵜飼漁の変遷に着目した卯田宗平は、国策による鵜飼漁の変化と断絶に着目する必要性を主張している〔卯田　二〇一四〕。本書の調査地の青森県十和田市では、近世までは盛岡藩の馬政のもと、近代は軍馬御用を目指して馬産が盛んに行われていた。生産する側の人々は、藩や軍馬補充部の意向に沿うウマを生産することで多くの収入を得ていた。現代においても、消費者、ひいては、

市場が求めるウシやブタを生産することで高値がつく。このことから、家畜を飼育する際には、買い手の需要や社会状況を意識せざるを得ない。

比嘉〔二〇一五〕や卯田〔二〇一四〕では「持続と断絶」の語が用いられているものの、本書では、断絶という過去からの分断よりも、ゆるやかな変遷を捉えるため、過去からの変化と持続に着目する。本書で取り上げる農耕や運搬等を目的に牛馬を飼育していた時代と現代の畜産業を考えるとき、飼育方法や飼育する家畜の種、地域における畜産業の位置づけなど、過去からの変化に目がいきがちである。しかし、畜産農家の飼育するウシやブタもかつての農耕牛馬も、売買の対象となり、ときには所有者を体現する存在であり、場合によっては身体が改変されることから時代を映す鏡となりうる、といった共通点に気づく。そのため、飼育する家畜や飼育方法といった変化だけでなく、持続にも着目することで、ソウゼン信仰が存続する理由を明らかにすることができるのではないか。そこで、家畜飼育における変化と持続を捉えることで、過去の事象が現在にどのような影響を与えているのかを明らかにする。この視座により、家畜飼育を行わなくなった家でもソウゼンが祀られ、集落から家畜がいなくなった後もソウゼンを祀る神社で祭礼が行われている理由に考察を加える。

本書を通じての人と家畜との関係を捉える視点は、基本的に人が家畜との間に双方向的な関係が形成されているという思考に基づいている。もちろん、家畜を単なるモノとして扱うような視点もあり、現代の畜産業においてそのような行為を指摘する声もある〔Ingold 二〇〇〇など〕。しかし、本書において着目する家畜守護神信仰は、人に支配される家畜という一方向的な視点ではなく、人と家畜との関わりあう姿に着目することで捉えられると考える。そこで本書では畜産農家による家畜の管理、畜産物の搾取という、〝畜産農家がいかに家畜を管理しているか〟という視点ではなく、〝人と家畜がどのように関わりあっているのか〟、という相互の関わりを捉える視点を用いる。

第三節　本書の構成

本書は、生活と信仰の連関を人・家畜・カミという三者の関わり、そして、過去からの変化と持続を明らかにするという視座から三つの課題に取り組み、「家畜守護神信仰がどのように存続してきたのか」という問いへの答えを示す。そこで、以下のような構成をとる。

第Ⅰ部では、一つめの課題である、家畜守護神の全体像を提示する。第一章では、これまで蓄積されてきた自治体史や民俗調査報告書に基づき、日本各地における家畜の守護を目的として祀られるカミの分布を提示し、「牛馬」と「家畜」の語の差異を検討したうえで、家畜守護神の語の有効性を示す。第二章では、本書で着目するソウゼンの研究史を整理し、ソウゼンの伝播について言及した上で、ソウゼン信仰の伝承から人々の「思い」を検討する。

第Ⅱ部では、二つめの課題である地域の畜産業と信仰を通時的・共時的に捉える。第三章では、青森県十和田市を中心とした青森県南部地域[九]や盛岡藩領全域[一〇]における第二次世界大戦終戦までの人と牛馬との関わり、そして、ソウゼン信仰を記述する。第二次世界大戦終戦までの家畜飼育、特に馬産が、十和田市を含む青森県南部地域の「生きていく方法」としてどのように行われてきたのかをまとめ、ソウゼン信仰が馬産とどのように関わってきたのか、特に、馬産を奨励する側と馬産を行う側との間でどのような役割を担っていたのか、といった点を検討する。第四章では、第二次世界大戦後の十和田市における畜産業の展開を示す。当時を知る人々へのインタビューや統計資料から高度経済成長期の家畜飼育の変遷を示し、飼育する家畜の選択基準や家畜飼育に対する考え方の変化といった、人と家畜との関わりのダイナミズムを検討する。

第Ⅲ部では、三つめの課題である生活と信仰の連関から信仰実践の差異を理解するため、人・家畜・カミ三者の関わりに着目する。第五章では、第二次世界大戦終戦から現在までのソウゼン信仰の変化を記述する。青森県上北郡おいらせ町の氣比神社で行われる絵馬市と十和田市内でソウゼンを祀る神社の事例から、家畜飼育の変遷とソウゼン信仰の変遷を整理することで、ソウゼン信仰が変化しえた理由を検討する。第六章では家畜市場や家畜飼育の場での参与観察と、畜産農家へのソウゼン信仰についてのインタビューに基づき、信仰実践と生活との結びつきを検討する。

終章では課題に沿って本書の成果をまとめ、本書を貫く問いである、家畜守護神信仰がどのように存続してきたのかへの答えを提示した上で、今後の展望を述べる。

なお、本書の内容は平成二十五（二〇一三）～令和二（二〇二〇）年までに青森県十和田市を主な調査地として行った、畜産農家へのインタビューと参与観察、ソウゼンを祀る神社のベットウや集落の人々へのインタビュー、そして、文献調査に基づいている。

第四節　調査地概要

序章の締めくくりとして、本書の主な調査地である青森県十和田市の概況を、農業、年中行事、芸能に着目して記述する。十和田市は青森県南東部に位置している（図1）。昭和三十一（一九五六）年、上北郡三本木町・四和村・藤坂村・大深内村の一町三村の合併により誕生し、その後、平成十七（二〇〇五）年に隣接する十和

九　近世期盛岡藩領であった青森県東部を指す。
一〇　現在の岩手県・青森県東部・秋田県北東部を指す。

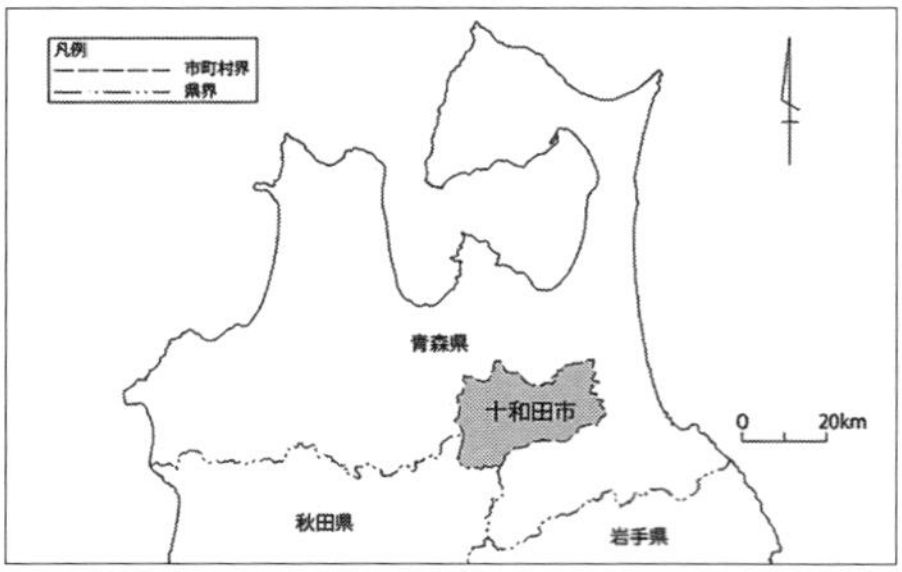

図１　十和田市の位置
（国土地理院地図より筆者作成）
＊作成にあたって、国土地理院ウェブサイト（https://maps.gsi.go.jp/#9/40.891715/141.039734/&base=blank&ls=blank&disp=1&vs=c1j0h0k0l0u0t0z0r0s0m0f1&d=m　2020年12月11日最終閲覧）を利用した。

写真１　十和田市のマンホール
（2013年２月22日　筆者撮影）

田湖町と合併し、現在の十和田市となった。平成十七年前後で十和田市の範囲が異なる。総人口は平成二十七（二〇一五）年三月三十一日現在、六万三五八一人、総世帯数は二万七一〇四世帯である。市の南西部には十和田湖があり、市の中部から東部は平坦な三本木原が広がっている。十和田市の中心市街地は幕末期の開拓事業によって発展した地域である。第三章で詳述するように、かつては馬産が盛んであったことから、市内にはウマのモニュメントやウマの描かれたマンホール（写真1）、ウマの資料館等、ウマに関わるものがあちこちに見受けられる。

十和田市農林部農林畜産課の平成二十八年の統計によると、十和田市の農業産出額の四割強が畜産であり、次いで野菜が三割、稲作が一割である。畜産の農業産出額は青森県内三位であり、肉用牛・ブタの飼育頭数は県内の二十％以上を占める。乳用牛の飼育頭数は青森県内七位、肉用牛とブタの飼育頭数は県内一位である。野菜の農業産出額は県内二位であり、大豆・にんにく・ごぼうの栽培が盛んである〔十和田市農林部農林畜産課　二〇一七〕。

十和田市を含む青森県南東部は、冬季の積雪が少なく日照時間が長い地域である。しかし、夏季はヤマセによる低温と日照不足により、稲作などは冷害の受けやすい地域でもある。そこで発達したのが畑作と馬産であった〔青森県地域社会研究所　一九八六　五四〕。第二次世界大戦終戦後、冷害に強い稲の品種の開発などによる寒冷地農業技術が確立されたことで稲作が盛んになった。また、昭和二十三（一九四八）年に発足した農業改良普及所[一二]による農家への助言や優良品種の導入、耕地整理等が統治の農業に果たした役割は大きい。昭和三十年代半ばの「大型トラクターによる深耕と、機械化一貫作業の指導普及は、現在における機械化の発端となった」〔十和田市史編纂委員会　一九七六　二二五〕。昭和四十五（一九七〇）年の米の生産調整以降は、稲作・畑作・畜産を組み合わせた複合経営を行う農家が多い〔青森県地域社会研究所　一九八六　五四〕。

つづいて、十和田市の年中行事にふれる。年中行事については『十和田市史　下巻』〔十和田市史編纂委員会編　一九七六〕や『小川原湖周辺と三本木原台地の民俗』〔青森県環境生活部文化・スポーツ振興課県史編さん室編　二〇〇一〕に詳しいため、ここではソウゼンや牛馬の関わる行事を取り上げる。

年の瀬の迫る十二月十九日に、ソウゼンのトシトリが行われる。この日は神棚のソウゼンの神体に豆シトギやオボコなどを供えたという〔中道　一九五五b　三一八〕。筆者の調査では、ソウゼンのトシトリを行う家を確認することはできなかったものの、現在も「集落の神社の祭礼の日には家のソウゼン様に神酒をあげる」（昭和十七年生・女性）家はあった。

トシトリはソウゼンだけでなく、山の神や観音、天神、エビス、大黒、稲荷なども行われる。十和田市では、

一一　「住民基本台帳に基づく十和田市の人口（平成二十七年三月三十一日現在）」（https://www.city.towada.lg.jp/shisei/toukei/shiryou/files/jinkou_h270331.pdf）参照（二〇二四年八月十日最終閲覧）。

一二　第二次世界大戦後の食糧不足に対処し主要食糧の増産を重点におき、生産技術の普及を通じて、農業者の経営改善と実践力を養うことを根幹として発足した〔十和田市史編纂委員会　一九七六　二一八〕。

写真２　十和田市内の家の神棚
（2014年３月５日筆者撮影）

神棚に多くのカミを祀る家が少なくない（写真２）。神棚に祀るカミは家によって異なる。青森県立郷土館によると、十和田市内の家で祀られるカミには、ウジガミ、山の神、ミョウジン様、オシラサマ、オソウゼンサマ、シンメイ様、恵比寿大黒、イナリサマ、ゴンゲサマ、がある〔青森県立郷土館　一九九五　六四〕。このうち、牛馬の守護の機能をもつカミはソウゼンのみである。[一三] 祀るカミそれぞれに、日々水や白米を供える等の行為がなされている

十二月に行われるカミに関わる一連の行事は、「神様のトシトリ」と呼ばれ、それぞれの神仏を祀る家でオコモリを行った。トシトリの内容は神仏によって異なる〔青森県環境生活部文化・スポーツ振興課県史編さん室編　二〇〇一　一二五〕。

一月十五日には馬の餅・牛の餅が行われた。この行事は、青森県南部地域に広く見られる。馬の餅・牛の餅とは、ウマやウシのためについた餅である。馬の餅は十二個、牛の餅は九個とすることが多いが、餅の種類や餅を置く場所は家によって異なる。馬の餅が十二個であるのは、馬の妊娠期間が十二ヶ月であるためであるという。馬の餅を食べると妊娠期間が十二ヶ月になるとされ、女性が馬の餅を食べてはいけなかったようである。ある家ではカガミ餅と切餅をわら苞《つと》に入れ柱に結びつけておき、二十日のカガミ開きの日におろした。ウシを飼っていない家では馬の餅だけ祀った。また、ある家では馬の餅はアワ餅で、牛の餅はコメ餅であった。十五日に供えた餅を、二十日に魚料理と共に、集まった人で食べることもあった。ウマに与えることもあったようで、十六日の朝神棚に供えた鏡餅を、飼っているウマ一頭一頭に一口

ずつ食べさせていた。残った餅は飼葉桶に入れておくと自然となくなったという。〔七戸町史刊行委員会編　一九八二　四七八―四七九〕。現在も行っている様子を十和田市内では確認できなかった。十和田市内ではソウゼンを祀る神社へ行き、シトギを食べた記憶がある人もあった（昭和十七年生・女性）。

初午の日には厩からウマを出して引廻したり、種馬を飼育する家に集ってウマの懐胎を祈り、お神酒上げをしたりした。また、この日は「稲荷様と蒼前様に詣で、家人と家畜の安寧をはかった」〔十和田市史編さん委員会編　一九七六　四九九〕。

戦前は春先になると厩の祈祷を行うマヤマツリ（厩祀り）がきていた。一軒ずつ厩に行って、十分くらい拝んでから勝手口にくるので持ってきた袋に米を皿に一盛りくらい入れてやった。ぶつぶつ口の中でいう人を「マヤマツリだ」と言ってからかったという〔青森県立郷土館　一九九五　六五〕。

農繁期には、牛馬に関わる行事も多くなる。初田植えの際には、苗を三把とって田の神へ捧げ、小豆飯を備えて拝んだ後、田の神に捧げた三把を植える。そうすると苗の成長が目立ってよいという。家によってはこの三把を持ち帰って神棚に下げて乾かし、腰痛時に煎じて飲むとすぐ治ると言われた。人だけでなくウマの病気にも効いたようである〔中道　一九五五b　三一五〕。また、牛馬がひとりで苗代へ入るとその年は豊作だとした。「此時の牛馬にはきつとお蒼前さまが乗つてござるから」、「田の神さまが見廻りにござるから」〔中道　一九五五b　三一五〕である。

五月に行われるテンノリは、田植え後の骨休みであった。期間は一日から一週間と地域により異なった。休み期間は一切の仕事を行うことを禁止したが、毎日のウマアズカリである草刈と給餌だけは許されていた。テ

一三　青森県新郷村では、「ソウゼン様を家のなかに祀ってはいけない」といわれることがある〔青森県市史編さん民俗部会　二〇〇一　一九二〕

ンノリに要する経費は各戸で負担した。経費の割当は、家ごとの牛馬数ごとであったり、子馬一頭当たり米一升であったり、また、手料理を持ち寄る場合もあったようである。牛馬がいない家では、毎戸米五合を出した〔十和田市史編さん委員会編　一九七六　五〇八―五〇九〕。子馬の数によって経費を支払うことは、子馬を所有する家が将来手に入れるであろう収入を見越してのことであると推察される。

テンノリにあわせて、ウマの血下げを行うこともあった。田畑の労働で疲れが溜ったウマの爪ぎわ、上唇、耳ないしはタテガミのあたり、尻尾のつけ根などに三稜針を刺して、古血を除いてやった。〔七戸町史刊行委員会編　一九八二　五〇一〕。血下げはハクラクに依頼した。血下げを行う場所は血下げ場、血採り場と呼び、血下げを行った馬は「血下げ馬」と呼んだ。三歳馬から五歳馬ぐらいまでが対象とされたが、弱い馬には行われなかった。血下げ馬には栄養物を与え、関係者がお神酒上げを行った後、放牧した〔十和田市史編さん委員会編　一九七六　五一〇〕。

旧暦六月一日と十五日はおいらせ町の氣比神社に参拝する蒼前参りが行われた。この日のどちらかを集落のソウゼンを祀る神社の例祭日としている地域もある。

最後に、十和田市内の芸能についてふれる。

市内の集落には神楽、鶏舞、駒踊り等の芸能が伝えられており、地域ごとに「保存会」を結成し、集落の祭礼や市で開催される「伝統芸能祭」、小学校の運動会等の機会に披露する。現在十和田市には、二つの保存会が県指定の無形民俗文化財に、十三の団体が市指定の無形民俗文化財となっている。[一四] 内訳は、駒踊りが六つ、神楽が四つ、鶏舞が三つ、獅子舞が二つである。駒踊り・神楽がそれぞれ一つずつ県の無形民俗文化財に登録されている。

十和田市に現存する芸能の保存会の中で、最も多い駒踊りは、放牧したウマを捕える「野馬追」や戦場で戦

写真３　駒踊りの様子
（2020年２月９日　筆者撮影）

う様子を表現した踊りと言われている（写真3）。踊りの種類やスピード、構成や衣装等は保存会により異なる。たとえば南部駒踊上舘保存会では、馬の頭を付けた駒枠を腰にはめ、菅笠をかぶり、笛、太鼓、手平鉦の囃子に合わせて円陣を組んで踊る。上舘保存会の男性（昭和二十六年生）によると、菅笠につけた飾りの揺れ具合で巧拙を判断するようである。

洞内南部駒踊保存会による南部駒踊りを見学した赤田光男は、駒踊りについて次のように述べている。

> 華麗な駒踊りは馬を社会経済的、宗教的に重視、崇敬してきた南部地方の代表的な民俗芸能である。駒が勇壮に踊る姿を見る時、馬の精霊が駒に憑依して生きた馬となって踊っているとさえ思われる。駒踊りに登場する駒のうち、特に白駒が重視されるのは、精霊信仰としての生きた白馬に対する崇拝観念に起因することは明らかである。〔中略〕駒踊りの駒頭は蒼前神の神体に準ずる性格を有している
> 〔赤田　二〇〇七　三九九―四〇二〕

赤田が述べているような「白駒を重視する」、また、「駒頭」が「蒼前神の神体に準ずる性格を有している」

一四　十和田市ウェブサイト（https://www.city.towada.lg.jp/bunka/bunka/bunkazai.html　二〇二四年八月二十日最終閲覧）参照。

ことは地域によって差異があるようである。[一五]

一五　たとえば南部駒踊上舘保存会の南部駒踊では、白・赤・黒の駒が用いられているが、色による優劣はないようである。上舘保存会の南部駒踊りでは駒の順番が重視されており、各色の「一番駒」と呼ばれる駒は、鈴を持つなど他の駒とは異なる特徴を持つ（昭和二十六年生・男性）。

第Ⅰ部　「家畜守護神」とはなにか

第一章 「家畜守護神」の検討

本章では日本各地で祀られる家畜守護神の分布を示すことで、家畜守護神の全体像を示す。そして、「牛馬」と「家畜」の語を検討することで、「家畜守護神」の語を用いる有効性を示す。

本書が対象とするのは、牛馬を中心とした家畜守護に関わるカミである。なぜ、「牛馬」と「家畜」を使い分ける必要があるのか。この問いに答えるためには、牛馬と家畜の語の差異を示す必要があるであろう。そこでまず、牛馬守護の機能を持つカミの分布を示すことで牛馬守護神の語を用いることの難しさを示す。さらに、家畜守護に関わる行事や儀礼を示すことで、家畜守護神の概念規定を行う。

第一節 家畜守護に関わるカミと行事

序章でも記述したように、家畜、特に牛馬守護に関わるカミは日本各地で多数祀られてきた。その中で、石仏数、報告数ともに豊富であるのが馬頭観音[一六]である。馬頭観音の文字塔・像塔は十九世紀中葉と二十世紀前葉に造立数のピークがあり、この時期に全国的に石仏が建立された〔中村 二〇一四〕。

岡山・広島・島根・鳥取の四県で牛馬守護に関わるカミの研究を行った喜多村正は、一地域に複数の牛馬守護のカミが祀られている状況に着目し、これらのカミを「牛馬守護神」と総称した。そして、牛馬守護それぞれの信仰圏や由来、伝播等を検討し、中国山地の牛馬守護神を以下の三つに分類した。

① 土着神が牛馬守護神としての機能を付与されたもの（荒神、山の神など）
② 牛馬守護神として流行神的性格をもつもの（大山信仰、縄久利神社など）
③ 牛馬守護神として限定的な地域で信仰されるもの（大津神社、車戸神社など）

そのうえで、中国地方の牛馬守護神の特徴として、「中国山地を南北に結ぶルート上を、牛馬守護神信仰の波が流れていったこと」、「明白な機能神的性格を持ち、流行神として伝わり、受容されていった」、「牛馬商たちが、牛馬守護神の信仰を伝え、広めたという側面も無視できない」〔喜多村　二〇〇一　一四〕といった事柄を明らかにしている。

喜多村により、中国山地における牛馬、特にウシの守護神の分布とそれぞれの信仰圏、そして、牛馬守護神の伝播の状況が明らかになった。また、牛馬守護神と牛馬商との関わりに関する指摘は重要である。一方で、検討が必要な点もある。まず、三分類のうちの②には、①、③との違いが判然としない牛馬守護神が含まれていることから、分類の精緻化の余地がある。また、喜多村が調査を行った中国山地はウシの飼育が優勢な地域であるため、ウマが優勢であった地域とは祀られるカミが異なるのであろうか。これらの点は、中国山地だけ

一六　馬頭観音は、馬頭観世音、馬頭観世音菩薩等とも表記されるが、本書では「馬頭観音」で統一する。

でなくより広い地域との比較により明らかになる。

ウマの守護に関わる信仰について、野本寛一は二つの点を指摘している。

① 人の暮らしや生業を様々な面から支えてくれる馬は大切なパートナーであり、尊い財産でもあった。内厩でともに暮らし、ともに働けば情も移った。ここに馬の健康・安全を願い、安産などを願った「馬の守護」祈願が生まれる。

② 馬の巨体、馬の様々な力を目のあたりにし、種々の伝承を耳にするところから「馬の力を仰ぐ」信仰が発生した。〔野本　二〇一五　四〇六―四〇七〕

野本は①、②が「複合している場合もある」と断りを入れながら〔野本　二〇一五　四〇七〕、両側面について各地の牛馬に関する年中行事や祭礼、儀礼等がどちらの側面に属するか検討を行っている。野本の考えを簡潔に述べれば、①はウマの守護の機能を持つカミにウマの守護を祈願するものであり、②はウマ自体に霊性を認め、ウマを信仰の対象として祀り上げるものである。喜多村と野本はともに、牛馬を守護するカミを広く捉えようとしている点では共通するものの、喜多村の場合はカミに着目し、野本の場合はカミだけでなくウマ自体への信仰にも着目している点で異なる。野本の挙げた②には喜多村の対象とした牛馬守護神のような具体的な信仰対象はみられず、安産祈願を伴う犬供養〔菊池　一九八〇など〕に代表されるような、動物の力、動物の特性を利用しようとするものも含まれる。

喜多村、野本の考え方を参考にしつつ本章で行う作業は、牛馬守護の機能を持つカミが、どの地域にどれだけ祀られ、どのような傾向があるのかを明らかにすることである。分析する地域の単位は現在の都道府県とする。方法として、主に民俗調査報告書等の資料を用い、一部は筆者自身の現地調査に基づく。このようなカミは牛馬を飼育する家が減少したことにより「次第に消滅しつつあ」る状況もみられることから〔小野寺　一九九五　三〇〕、現在の状況に関わらず、これまでに石仏や神社が建立され、家に祀られていたカミを対象とする。

一―一．家畜守護神の分布

家畜守護神の分布を都道府県ごとに示したものが図2である。家畜守護神の石碑は、江戸時代～現代という広い時期に渡って建立されており、建立の多寡には時代差・地域差がある。また、牛馬頭数についても、明治前期の牛馬耕の広まりや軍馬生産といった影響を受け、時代によって変化している。牛馬頭数と牛馬守護に関わるカミとの連関を示すために適切な年代を設定することは難しいが、近代から近世にかけての状況を捉えられると考え、『農務顛末　第四巻』〔農林省農業総合研究所編　一九五五〕の明治五（一八七二）年の牛馬数の統計に基づき、当時の牛馬頭数と牛馬比率を図3に示した。明治五年の牛馬数は全国合計二百一万八八五一一頭である。そのうち、牛が八十四万八九九七五頭、馬が百十六万九五三六頭である。

図2のカミは多岐にわたるが、以下に、複数の県で確認されたカミをいくつか取り上げ、概要を記述する。

【ウマの飼育が優勢な地域に多く祀られるカミ】

図3でウマの飼育が優勢な東日本と南九州に多く祀られるカミとして、駒形神・馬櫪神《ばれき》・馬頭尊・妙見・ソウゼン・早馬様《はやま》・青麻様《あおそ》を取り上げる。

駒形神は東北地方から中部地方までの東日本各地にみられ、駒形神社が建立されている地域が多い。厩神と

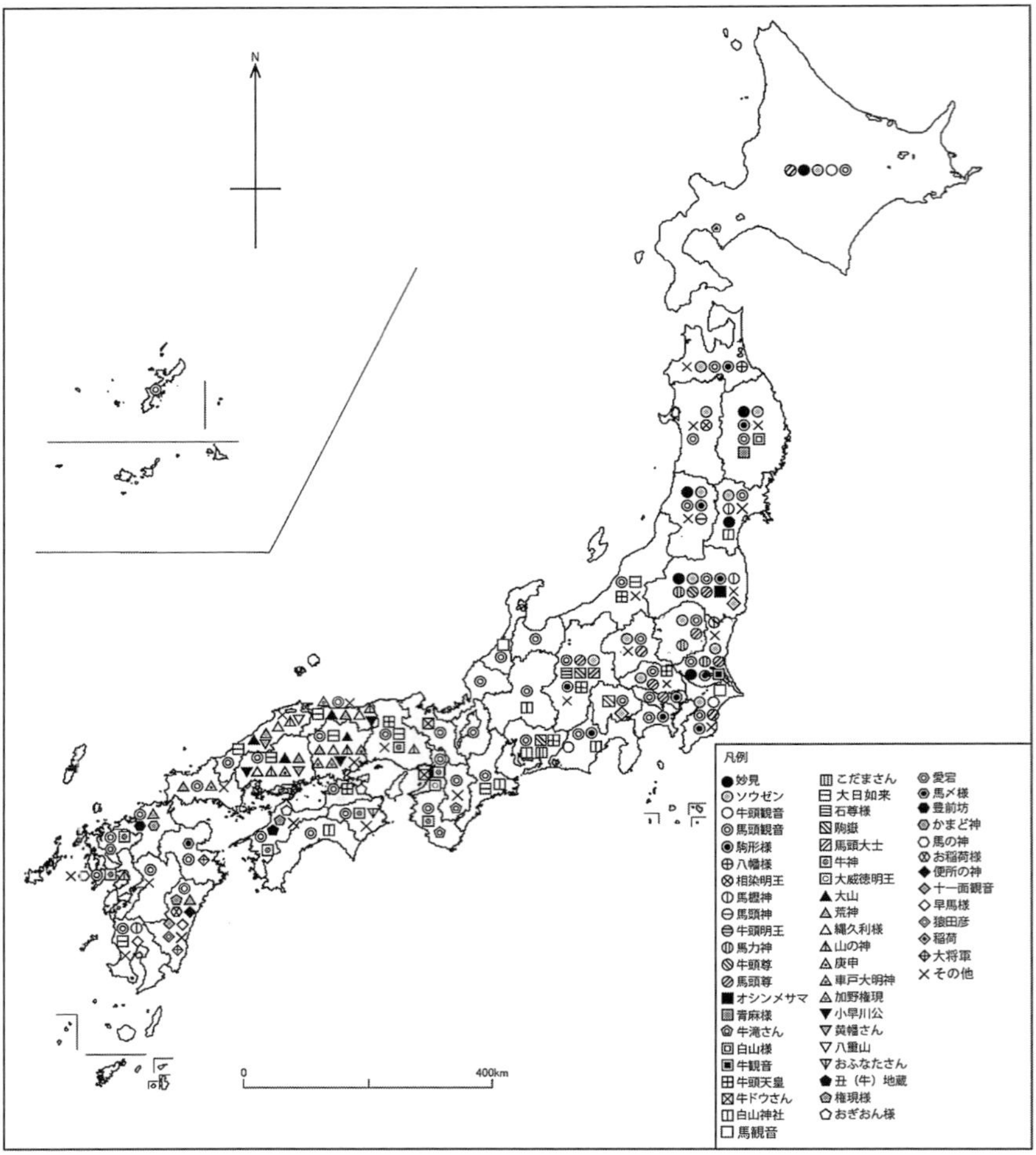

図２　家畜守護神の分布
（自治体史・民俗調査報告書に基づき筆者作成）
＊凡例に記載した名称の表記は、基本的に自治体史や報告書の表記をそのまま採用した。しかし、同じカミであっても複数の表記がある場合は、多くの報告書で用いられているものを採用した。
＊参考文献は参考文献表に「図２参考文献」として記載した。

して祀られる場合もある。青森県や岩手県では、社名は駒形神社であるものの「ソウゼンさん」呼ばれることもある。陸中一の宮となっている奥州市の駒形神社は、毎年旧暦五月五日に「勝善参り」が行われていた〔小形　一九八四　一三八〕。

馬力神は茨城、群馬、栃木、福島県等を中心として、石仏の建立や厩に護符を祀る様子がみられた。栃木県鹿沼市では、かつては春先になると札を売りに廻る人がおり、買った札は厩の門に貼る家が多かったという。〔鹿沼市史編さん委員会編　二〇〇一　四五一〕。時枝務によると、馬力神は「幕末に出現し、明治時代に盛んに造立された。明治時代に盛んに造立された背景には、神道家の積極的な活動があったとみられ、仏教色の濃厚な馬頭観音を排除しようとした彼らによって創出されたカミである」可能性が高いようである〔時枝　二〇〇〇三　九七〕。

馬櫪神は、東日本を中心に広くみられる。馬力神同様、石仏の建立や厩に護符や幣束を祀った。「櫪」とは飼葉桶や厩を指す。葛飾北斎の『北斎漫画』には、馬に乗り、甲冑を着けた六本腕の武将が、一対の腕で両刀を交叉に構え、もう一対の右手に鶺鴒、左手に猿をそれぞれ持った姿の馬櫪神が描かれている。「馬力」が訛化したものともいわれる〔東海村史編さん委員会　一九九二　七二〇〕。

馬頭尊は東北南部から関東、中部地方にかけてみられる。十九世紀初頭から石仏の造立が確認されている〔内原町史編さん委員会編　一九九七〕。「父馬頭尊」のような名称もみられる〔滝根町史編さん委員会　一九八八一七八〕。

妙見神社は北海道から東北地方、関東北部にみられる。福島県相馬市の太田神社〔福島県原町市太田〕、小高神社〔福島県相馬郡小高町〕、中村神社〔相馬氏中村〕、が三妙見と呼ばれており、各地の妙見神社はこれら三妙見を勧請したものとされることが多い〔塙町編　一九八六　一五六四〕。

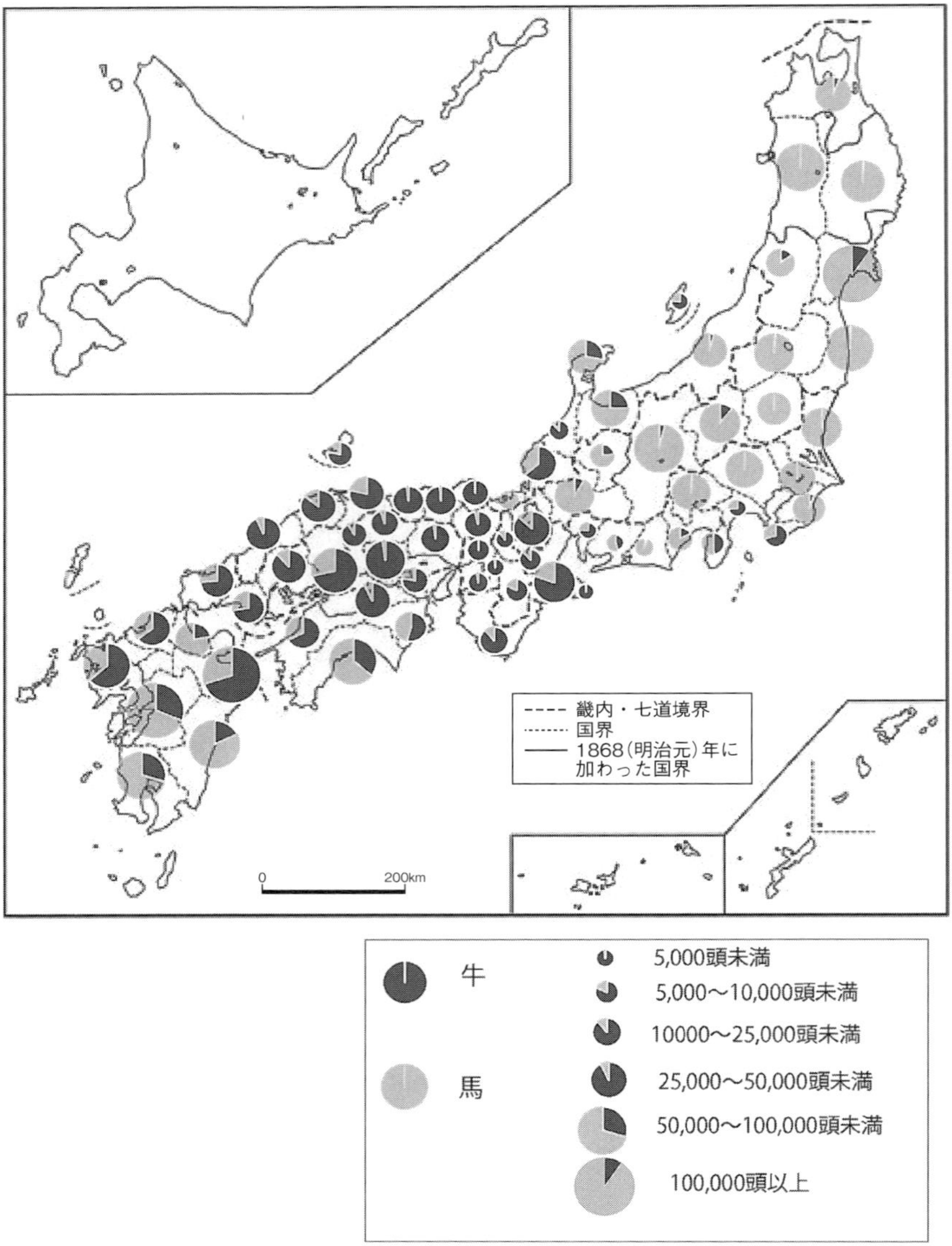

図３　明治５年の牛馬頭数
(『農務顛末 第四巻』〔農林省農業総合研究所編　1955〕から筆者作成)

早馬様は、鹿児島県・宮崎県を中心とした南九州に多い。馬頭観音と同一視されることもある。「見晴らしの良い場所で鳥居が建てられ、奥に石の祠があって花筒も供えてある」ことが多いようである〔鹿屋市史編集委員会編　一九六七　七一九〕。

青麻様はウマの薬として青麻を与えていたことからウマの神として祀られるようになったようである。青麻が薬として用いられていたことについては、「馬医草紙絵巻」（東京国立博物館所蔵）に「衣草／唐苧」と記されている。

【ウシの飼育が優勢な地域に多く祀られるカミ】

図3をみると、ウシの飼育は西日本、特に中国山地で盛んであった。ウシの飼育が優勢な地域と分布が重なるカミとして、大日如来・大山・荒神・牛神・山の神・牛頭観音を取り上げる。

大日如来は、「牛を守護する仏として信仰された」〔福崎町史編集専門委員会編　一九九四　七六七〕。新潟県・静岡県といった中部地方の一部、近畿地方、中国地方、九州地方の広い範囲で祀られている。中国地方では、大山と同一視されていることも少なくないようである。

大山は大山智明大権現を指しており、鳥取県西伯郡大山町の大山寺を中心に中国地方から中部地方にかけて分布している。大山にある「大山寺の縁日でお札を受けてきて、厩に貼っていた」〔野本　二〇一五　六三〕という。大山寺だけでなく、大山神社が建立されている地域もある〔野本　二〇一五　五七〕。

荒神は中国山地、四国、九州北部にかけて祀られている。地域により、牛荒神、マヤ荒神、おふなたさんと呼ばれることもある。「牝牛がお産をする前に洗米を供え、灯明をあげて安産祈願」〔野本　二〇一五　五六〕や、「人や牛馬の交通安全祈願」〔徳島県教育委員会社会教育課　一九六五　四〇〇〕等が行われた。牛神はウシを守護するカミとして近畿地方から四国、九州北部にみられ、牛神祭りなどが行われた。徳島県那賀郡木頭村では牛神を祀る祠があり、「牛の病気になった時や仔を産む時にお詣りする」〔近畿民俗学会編　一九五八（一九七三）七二二〕。山の神はウシを守護するカミとされ、中国地方から北九州に祠や石碑の建立がみられる。長崎県佐世保市では、「仔牛が生まれると山の神に神酒をあげ、オナメ（牝の仔）が生まれるとオコゼの頭を藁で縛って山の神様にあげた」〔野本　二〇一五　一二五〕。

牛頭観音／牛頭尊は、北海道や茨城・千葉・埼玉・静岡県等にみられる。「馬から牛へと飼育が変化するにつれて、馬頭観音ではなく牛頭観音を建てる人が出てきた」ことから〔滝根町史編さん委員会　一九八八　一七九〕、馬頭観音から変化したカミと考えられる。

【全国的に祀られるカミ】

全国的に分布がみられるカミとして、馬頭観音がある。石碑の形態は多様であり、馬頭観音の頭上に馬が二頭彫られているものや、馬に乗っているもの、文字塔（写真4）などがある。馬頭観音の前で馬供養が行われていた地域もある〔山方町誌編さん委員会　一九八二　一〇四〕。自動車の普及後は交通安全と結びついていることが少なくなく、「馬頭観世音祈願交通安全」と刻んだ石碑もある〔下妻市史編さん委員会編　一九九四　三六一〕。ペット霊園に祀られている例もある。

馬頭観音は、八世紀半ば頃に日本に伝わったとされる〔片山　二〇〇二　五八〕。馬頭観音は本来、「六観音の一つとして、地獄・餓鬼・畜生・修羅・人・天の六道のうち、畜生道に落ちた人々の守護者として知られて」いたものの、日本においては「近世以降、馬の守り神として広い信仰を得ておびただしい数の石造作品が作られ」ている〔片山　二〇〇二　五二〕。片山寛明は、これは「我が国特有の変容だった」と指摘している〔片

山　二〇〇二　五九〕。

埼玉県東松山市の妙安寺や静岡県の円通寺のように、広い信仰圏を有し、牛馬守護の中心地となっている馬頭観音もある。そのような寺社の祭礼には、個別に参拝するだけでなく、講を組織し代参を行うこともあった。

家畜守護神の中心地となる寺社の多くでは、絵馬や牛馬守護の護符、笹などが販売されていた。絵馬は持ち帰り、マヤ等に祀る。笹は「病気にならないこと」を願って牛馬に与えることが多かったようである〔蕨市編　一九九四　四〇七〕。埼玉県東松山市の妙安寺では絵馬や笹だけでなく力豆と呼ばれる一晩水に冷やした大豆や、ニンジンの販売も行う。自身の飼育する牛馬を描いた絵馬を寺社に奉納したり、牛馬をつれて寺社に参詣したりすることで牛馬の守護を願う様子もみられる。

写真４　茨城県土浦市の馬頭観音の石塔
（2015年７月９日　筆者撮影）

【牛馬とカイコの守護を目的として祀られるカミ】

オシラサマの馬娘婚姻譚やカイコのカミとして祀られる馬鳴菩薩が馬に乗った姿で描かれるなど、ウマとカイコのつながりが示される事例は少なくない。ウマとカイコ双方の守護の機能を持つカミとして、白山様・白山神社・オシンメサマ・駒ヶ岳神社・こだまさん、といったカミが祀られてきた。

岩手県等に分布する白山様は、オシラサマと同一視されることもある。神体は女性の騎馬像や女人と馬の神像などがあり、片手に繭を、腰に桑の小枝をつけているのもあり、「蚕神」としても親しまれている〔岩手県

競馬組合編　一九八三　二三〕。福島県でウマと養蚕のカミとして祀られるオシンメサマも、その名称からオシラサマとの関係がうかがえる〔猪苗代町史編さん委員会　一九七九　一七七〕。

白山神社は繭額が奉納される等、養蚕と関わることが少なくない。宮城・静岡・岐阜・長野・愛知・三重県等、東北地方から近畿地方にかけて、また四国の一部で牛馬の守護と結びつく様子がみられる。長野県や愛知県では、こだま（蚕玉）さん、駒ヶ岳神社等が養蚕、牛馬のカミとして祀られていた〔豊田市近代の産業とくらし発見館　二〇一九　四—六〕。

図2と図3をみることで、①一つの都道府県のなかに複数のカミが牛馬守護の機能を持つカミとして祀られている場合が多いこと、②馬頭観音は全国的にみられるが、他のカミの分布には地域差があること、③ウマが多い地域とウシの多い地域とでは祀られるカミに差があること、④牛馬飼育が盛んな地域ほど祀られるカミの種類が多い傾向にあること、⑤牛馬守護以外の機能を持つカミも祀られていること、の五点が指摘できる。①についてはこれまでの研究〔森田　一九八一、喜多村　二〇〇一など〕で明らかにされており、この状況が全国的にみられることが確認された。

地域差がみられる家畜守護神であるものの、②で述べたように、馬頭観音は全国的に石碑が建立されている。馬頭観音はブタやウシも守護の対象としており、近年は交通安全やペット供養を目的として祀られる。ウマとウシの比率、また、飼育頭数の多寡は、祀られる牛馬守護に関わるカミの種類や数に関連する（③、④）。図3から牛馬数比をみると、現在の石川・岐阜・愛知県を境として東側にウマが多く、西にウシが多いものの、西側にも四国南部・九州のように馬が多い地域がある。地域ごとにカミをみていくと、東北から関東にかけてはソウゼン・妙見・馬頭尊・馬櫪神・馬力神等が、中部地方から近畿地方にかけては大威徳明王・大日如来が、近畿地方から九州地方北部にはかけては牛神が、中国地方から九州地方にかけては荒神・大日如来・山の神が、そして、九州地方南部には早馬様や馬〆様、といったように分布に一定のまとまりがみられる。

⑤は、養蚕と関わるカミが多いことから指摘できる点である。近年、馬頭観音がペット供養施設でも祀られることから、牛馬やカイコに留まらず、人と関わる多くの動物を守護の対象としている。これは、喜多村〔二〇〇二〕が用いた「牛馬守護神」の語では、牛馬守護の機能を持つカミを総称できない理由となる点である。「牛馬守護神」の語については、第二節で検討する。

家畜守護神を網羅的に取り上げることで、家畜守護神の種類は祀られる地域の牛馬数の多寡や比率によって変化すること、多様なカミが牛馬守護を目的として祀られていたこと、複数のカミが一つの地域に祀られていること、そして、牛馬の守護神という名目であっても、カミの機能は牛馬の守護のみで完結するわけではないことが明らかになった。

一―二．家畜守護神のみられない行事

家畜守護を願う信仰実践の中には、明確な信仰対象が見出せないものもある。そのような実践は、本書の対象とする「家畜守護神」には含めないこととする。しかし、このような実践は人が飼育する家畜、特に牛馬の守護を願う思いから生じたものであるため、家畜守護神への信仰実践を行う「思い」と基盤を同じくするものと考える。

明確な信仰対象がない信仰実践の例として、ウマの蹄鉄を厩の壁や入口にかけて牛馬の守護を祈願するものがある。蹄鉄が普及したのは西洋系大型馬を軍馬として導入した明治以降であることから、この実践も明治以降に行われるようになったようである〔野本　二〇一五　四〇二〕。蹄鉄の普及以前はウマの沓で行っていた〔野

本　二〇一四　四〇四〕。長崎県の一部では「馬屋の入り口上部にアワビのオスとメスを二つ藁に通して掲げてあった。牛が目が悪くなった時などのまじないのため。魔よけ」が行われていた〔長崎県教育委員会文化課　一九七三（一九九四）　八四五〕。アワビを魔避けとする地域は他にもある山口県長門市では、「牛を食い殺す怪獣がシイという一ツ目であること、そのため魔よけとしてアワビ貝をつりさげ」ていた〔長門市史編集委員会編　一九七九　二二四―二二五〕。

また、厩でのサルの飼育や、厩にサルの骨を祀る行為も日本各地でみられる。サルはウマの守り神として、牛馬守護の護符に描かれることも少なくない。厩に祀られたサルの骨は厩猿と呼ばれる。牛の博物館が行ったアンケート結果によると、厩猿が「あります」という回答があった県は、岩手県・秋田県・宮城県・福島県・長野県・岐阜県・愛知県・三重県・鳥取県・島根県・岡山県・広島県・愛媛県・宮崎県・鹿児島県の十五県であった〔三戸　二〇一〇〕。筒井功は厩でサルを飼うにあたり、サルの訓練に当たった人物が猿まわしとなったのではないかと推測している〔筒井　二〇一三〕。

このような厩にまつわる信仰実践の他に、特定の日に牛馬の一年間の健康や良馬出産のための行事も行われていた。例えば初午は、東北から九州までの広い範囲で、牛馬の健康・無事を祈願する行事が行われており、馬始めとして赤飯を炊き、ウマを一日走らせたり〔東根市史編さん委員会・東根市史編集委員会編　一九八九　五六七〕、ウマに好物を食べさせたり〔戸田市編　一九八三　八六四〕といった行事がみられる。

ウマの血抜きや、爪切りといったウマの健康管理に関わる行事にも、信仰実践がみられる。例えば福島県下郷町〔下郷町史編さん委員会編　一九八二〕や、同県いわき市〔いわき市史編さん委員会編　一九七二〕では、ウマからとった血で白紙に鳥居を描き、それを厩の入口に貼ると厩安全と良馬出産の願いが成就するといわれている。

このように、明確なカミの存在がうかがえない信仰実践が各地で行われてきた。本書で対象とする家畜守護神には含めないものの、このような実践も家畜と人との関わりから生じたものであることから、家畜守護神信仰に関わる事象として注意する必要があると考える。

第二節 「牛馬」と「家畜」

本節で行う作業は、「牛馬」、「家畜」、そして「家畜守護神」の語の検討である。本章ではここまで「家畜守護神」の語を用いてきたが、牛馬の守護に関わるカミの総称として適切であろうか。この問いに答えるにあたり、それぞれの語に含まれる意味を捉えたい。

「牛馬」は、草と土のにおいの漂う語である。では、どのようなウシ・ウマを指すのか。現代の畜産農家が飼育するウシやウマも、「牛馬」であろうか。これまでの民俗学では、主に農耕用に飼育されるウシやウマをしばしば「牛馬」と総称してきた。

北海道・東北地方・栃木県・長野県・中国地方・長崎県等における牛馬飼育の方法、飼料、そして、信仰等様々な牛馬に関わる事柄を記録した野本寛一は「本書の視座」において次のように述べる。

農耕にかかわる牛馬がこの国の農山村のムラやイエから姿を消してから久しい。このままでは、牛や馬と暮らし、牛馬と生活や生業をともにしてきた人びとの貴重な体験が消えてしまう。今ならまだ間に合う、との思いで、「手のとどく過去」を箍として牛馬とともに暮らした人びとの体験と伝承についての聞き取りを進めた。

〔野本　二〇一五　二九〕

ここで対象とされる「牛馬」とは、生物種としてのウシ・ウマを指すと同時に、農耕や運搬を通して人と共に働き、人に労働力・収入をもたらし、人と共に暮らすウシ・ウマをも指す。かつての農村では、ニワトリやウサギも飼育し、収入源やときには食料源としていたが、ウシやウマのように共に働くことはなかった。カイコも同様に収入源となっていたものの、労働力を提供することはない。収入だけでなく労働力をも提供することが、ウシ・ウマとその他の人に飼育される動物との差異である。ウシ・ウマの持つ〝人と共に働き、労働力・収入をもたらす〟という性質から、「牛馬」と並び称されるようになったと考えられる。

では、「家畜」の語はどうか。日本畜産学会の定義によれば、家畜は野生動物を馴化、飼育、さらに改良して、人間の管理下で繁殖させ利用している一群の動物であり、用途に応じて①産業家畜（畜産物生産、畜力利用のための農用動物）、②社会家畜（伴侶動物、展示動物、愛玩動物など）、③研究家畜（実験動物）に区別されている〔日本畜産学会編　二〇〇一　五四〕。現代の生活において人に身近な動物であるイヌやネコ、トリといった「ペット」も②社会家畜であることから、馬頭観音がペット霊園に祀られている状況も説明できる。

ところで、『日本民俗大辞典』「家畜」の項目に興味深い説明がある。少し長いが、引用する。

「家畜」

〔前略〕

日本語での用例は現代でも明確とはいえない。

〔中略〕

人の財産と意識される飼育動物の意味と家畜の定義との混淆が、日本人の家畜概念をいまもあいまいにしている。『徒然草』が、「養ひ飼ふものには馬牛」「犬は守り防ぐつとめ」から必要だが「家ごとにあるものなれば殊更に求め飼はずとも」よいとし、他の動物飼育は無用としたのは、畜と獣との漢字知識にひかれた主張であったろう。そこでも犬は殊更に飼わなくても家にある半野性動物で、一面では畜以外の動物飼育風潮への批判があった。日本での畜獣の区別が定着しなかった姿は、十七世紀初めのポルトガル人が採録した西日本語で、畜類が「動物、あるいは獣類」と訳されている点にも示される。

〔中略〕

野生動物の親和間も無視できない条件になろう。野鳥や虫を籠で飼う趣味、ヤマガラの芸、厩の守護神から正月の芸能となった猿などの例の他、アオダイショウや鼠が住み着くと家の住居者と意識されることは多く、屋敷外の狐や狼もしばしば食物を供された。八幡宮のハト、春日大社の鹿など、神の使いとして尊崇される動物も、この心意の展開であろう。家畜の定義に該当する馬牛の飼育の場合も、放し飼いの馬を野馬とよんで、これを捉えて訓練するような飼育がされた。徳川綱吉の生類憐みの政治で、重視されたのが捨馬の禁令であったのも、そうした飼育法を背景とする。馬は支配者の権威を象徴する動物として貴種の感覚を後半まで残したが、そこでも広く民衆の飼育獣になっていったとき、家畜定義のわくを越えた動物への意識が、家畜との関係を大きく規定した。日本人の家畜観は、家畜の定義を離れた動物との関係のなかで、考えられなければなるまい。

〔塚本　一九九九　三六四―三六五〕

この記述から考えると、日本におけるウマやウシは、「牛馬」であると同時に「家畜」と称することもできる。

ウマやウシ、特にウマは、仮に飼育者がいた場合でも、放し飼いが行われている場合は野生の状態にいると認識され、「野馬」と呼ばれた。つまり、「牛馬」は常に人の支配下にいるわけではなく、いわゆる「家畜」の状態と野生の状態を行き来できる存在であった。そのため、先ほど述べた「牛馬」の定義に、もう一言加えなければならない。すなわち、「牛馬」は常に人の所有下にあったわけではなく、家と野生の間を行き来することができる存在である、と。これが、「牛馬」に漂う草と土のにおいの源であろう。

「牛馬」と「家畜」の語の対比で考えていくと、英語の domestic animal にあたるような「家畜」は、農業用機械が普及し、それまで「牛馬」が担ってきた多様な役割が失われ、食肉や牛乳の消費量が増加したことで、効率よく飼育されることが望ましい肉用牛や肉豚、乳用牛等の登場によって生じたと考えられる。注意しなければならないことは、「牛馬」は「家畜」の語に包含されるわけではないことである。「家畜」は、人間の管理下にある動物を指す語である。「牛馬」は先に検討したように、家と野生の間を行き来することのできる存在であることから、野生性も含まれる。「牛馬」の語が持つ野生性、言い換えれば、飼育者の所有意識の薄さは「家畜」にはほとんどうかがえないことから、「家畜」は「牛馬」よりも多くの動物を含むことができる語ではあるものの、一部重ならない部分もあることが指摘できる。

さて、「牛馬」と「家畜」の語の差異が明らかになったところで、本書の対象を総括するために適切な語について考えたい。本章第一節で記述したように、ウシ・ウマを守護するカミとして祀られる場合であっても、カイコも守護の対象としていたり、イヌやネコを対象としたペット供養施設に祀られていたりといった事例もあった。牛馬に留まらないこれら動物を総称する語は「家畜」である。そのため、主にウマやウシの守護を願うカミを総括する語は、牛馬守護神ではなく、ペットやカイコといった複数の種をも含むことのできる「家畜守護神」の語が適切である。そして、家畜守護神を祀ったり、祭礼を行ったりといった信仰実践を示す語を、家畜守護神信仰とする。繰り返しとなるが、本書で対象とする家畜守護神は、集落や家を単位として祀られるカミであり、明確な信仰対象となるカミが存在しない行事は、家畜の守護を祈願するものであっても家畜守護神には含めないこととする。

では、家畜守護神信仰は、人々のどのような「思い」から生じ、存続しているのか。次章以降では、ソウゼンを事例とし、家畜守護神信仰の変遷と現状を捉えていく。

第二章　ソウゼン信仰の諸相

本章では各地のソウゼン信仰に着目し、その地域差を示す。第一節ではソウゼンの先行研究から明らかにされてきたソウゼン像を提示する。第二節ではソウゼン信仰の分布図から、続く第三節ではソウゼンの関わる祭文や縁起から、ソウゼン信仰の地域差を示す。そして、第四節ではソウゼンに関わる伝承から人々の「思い」を検討し、地域の文脈でソウゼン信仰を捉える必要性を指摘する。

第一節　ソウゼン信仰の研究史

ソウゼンがいつから祀られているかは定かでないが、青森県内の寺社縁起や伝承の世界では、十二世紀初頭には寺社が建立されていたようである。宝暦十（一七六〇）年前後に盛岡藩が作成した「御領分社堂」にソウゼンを祀る社堂の記述があることから、遅くとも十八世紀半ばには盛岡藩領内の村落で社堂が建立されていたことがうかがえる。

菅江真澄は十九世紀初頭、秋田県の毛馬内から十和田へ至る道中で遭遇した三体の馬の神について「十曲湖」[17]で言及している。一つは馬櫪神であり、村の社に祀られていたという。もう一つが正徳である。「藤原の牧のありつるゆへ、しか馬の神を正徳、明応のころ建りとなん。その馬や野飼せし牛を、高岡にのほりて一めに見渡せる処とて、越へ来し山をうしうまなかねとはいふとなん」とある（品川　一九七四　二五九）。そして、三つ目が祖神である。[18]祖神についての詳しい記述はみられないものの、「や、祖神（馬の神をいふ）平をへて、雨土平よりひたんに於多流弊といふ山のツト峠へたり」とあり（品川　一九七四　二五九）、馬の神である「祖神」の名を冠した平を通ったと記されている。青森県や岩手県、秋田県などには平坦な土地に「〇〇平」と名をつけていることが多く、秋田県北部から青森県南東部にかけては「蒼前平《そうぜんたい》」という地名が点在している。菅江の出発した毛馬内周辺である秋田県鹿角市内には「花輪蒼前平」や「勝善平」があることから、菅江の記す「祖神平」は現在の「蒼前平」であり、「祖神」という馬の神は「ソウゼン」と推察される。

　さらに菅江は文化三（一八〇六）年に秋田県八森（現在の秋田県八峰町）を訪れた記録に、八森村内の地名の由来である杜として「祖神杜」と『無題雑葉集』[19]に記している。現在の八峰町内には「相染《そうぜん》」の地名があり、八峰町に隣接する能代市には「相染森」がある。そのため、『無題雑葉集』に記されている「祖神」は現在の「相染」を指していると考えられる。これらの点から、祖神は現在のソウゼンであること、菅江が訪れた十九世紀初頭にはこの地域一帯で馬の神として信仰されており地名になっていたこと、そして、馬櫪神等の他の馬の神と併存していたことが推察される。

　序章でも述べたように、「ソウゼン」は、民俗学の初期から研究が進められてきた（柳田　一九一二（一九

一七　ここでは、『十和田湖八甲田山』（品川　一九七四）から引用している。
一八　「十曲湖」にルビがないものの、「そじん」もしくは「そしん」と読むと考えられる。
一九　菅江真澄著、内田武志・宮本常一編　一九八一『菅江真澄全集　第一二巻　雑纂二』未来社所収。

八九〕、新野　一九八一、二〇〇三、伊藤　二〇一四など〕。これらの研究の共通点は、中国から伝わったカミとしての見方を継承している点である。ここでは、これらの研究から明らかになった「ソウゼン像」と、ソウゼンの分布と伝播に関する先行研究を検討する。

『日本民俗大辞典』の「蒼前神」の項目では、東北から関東・中部地方で祀られているウマの守護神であり、「葦毛四白の馬の意味で、齢八歳に達すると白馬になるといい、霊威ある馬」〔門屋　一九九九　九七〕と記されている。ソウゼンはウマの姿をしたウマの守護神である、という認識は多くのソウゼンの関わる研究でみられる[二〇]。一部では「蚕の神」として祀られることもあったようである〔文化庁編　一九七二　一三五〕。

ソウゼンを馬神とする指摘を一早く行ったのは、柳田であった。柳田は「勝善神」において、「奥州のソウゼン、オソウゼンサマという神あり。馬の保護神なるに似たり」と述べる〔柳田　一九一二（一九八九）四九六〕。また、「山島民譚集（一）」ではソウゼンの由来を次のように述べる。

> 勝前又ハ蒼前ト云神ハ奥羽地方ノ村里ニ於テ馬ノ保護者トシテ今モ崇祀セラル。其ノ由来ハ不明ナレドモ、自分ノ推測ニテハ驄騟即チ葦毛四白ノ馬ナラント思ウ。葦毛ハ古来ノ馬書ニモ七驄八白トアリテ、齢八歳ニ達スレバ白馬トナル。馬ノ最モ霊異ナルモノト認メラレ、多クノ地方ニ於ケル馬ノ神ノ正体ナリ。
> 〔柳田　一九四二（一九八九）　一二六〕

「自分ノ推測ニテハ」と断りながら、ソウゼンとは驄騟という葦毛で足が白く、八歳になると白馬となる[二一]ウマであり、多くの地方のウマの神の正体であると指摘する。また、「ソウゼンとショウゼンといずれが原にしていずれが訛ならんか」という名称に関する問いについては、ソウゼンがショウゼンとなったと推測している

〔柳田　一九一二（一九八九）　四九八〕。中島昭はソウゼンを柳田同様葦毛で足の白い馬の神であるとしながら、馬頭観音とは区別しており、「普通の馬頭観音信仰が馬の安全や健康を祈ったり、死馬の冥福を祈ったりするものであるのに対して、勝善神は、主として馬産地において名馬の誕生を祈願する意味の強い信仰であるといえよう。もちろん、勝善もショウデンも蒼前＝〔ソウゼン〕がなまったものである」〔中島　一九七九　六六―六七〕と述べる。馬頭観音との差異からソウゼンの特徴を指摘する中島に対し、青森県十和田湖村（現十和田市）や三本木町（現十和田市）でのソウゼン信仰の調査を行った中道等は、「ソウゼンは仏教における勝善神に違いない」と述べ〔中道　一九五五b　六一六〕、馬頭観音と同一視する立場をとる。馬頭観音とソウゼンの区別については、第二章第三節においてソウゼンを祀る社堂の縁起を概観することで検討したい。

一方で、伝播については猿まわし[二二]との関連が指摘されてきた。柳田は猿まわしが「厩に参り勝膳経を読誦して猿を舞わしめ祈祷をな」していたと述べる〔柳田　一九一二（一九八九）　四九九〕。猿まわしの大元を近江の小野氏と考えており、近江の俵藤太秀郷が小野氏を引連れて下野に移動したことで、猿まわしが下野、そして各地に広まったという。猿を舞わせていたことから猿丸太夫となり、各地で厩祈祷を行っていた〔柳田

二〇　ウズラをソウゼンとする場合もある。『下田町誌』には「鶉は馬の放牧期中、常に原野に棲息す。暁夕、鳴声の爽快なるを聞き、馬為に勇ものなれば、里人之を尊敬したるが故なり」と記されている〔下田町誌刊行委員会編　一九七九　六五〇〕。また、群馬県の吾妻郡高山村にはセキレイをオソウゼンと言い、これを殺すと祟ってウマが死ぬと信じられた〔根岸　一九九一　三七〇〕。セキレイについては柳田が「山島民譚集（二）」において、猿まわしが配っていた絵札に「駒曳ノ外ニ鶺鴒ヲ踏マエタル馬櫪神ノ像モア」ると述べている〔柳田　一九四二（一九八九）　一二九〕。

二一　柳田の「山島民譚集」に影響を受けた石田英一郎は白馬への信仰は世界各地に分布することを明らかにしている。そのなかで、『随書』、『北史』、『唐書』等を参照し、現在の中華人民共和国にあたる地域で龍が白馬に転じた故事等を紹介している〔石田　一九九四〕。

二二　サルを連れた祈祷者の名称には「猿回し」、「猿引き」など複数あるが、本書では「猿まわし」に統一する。

一九二〇（一九八九） 五一三―五一四〕。ひるがえって東北地方から北関東へ目を向けると、ソウゼンの伝播と日光、ひいては猿まわしとの関わりが着目されている。北関東でソウゼンを広めたとされるのが、猿まわしについての部分でも述べた猿丸太夫である。猿丸太夫は農家の厩の前で勝善経を挙げて厩祈祷[二三]を行っていた〔柳田 一九二二（一九八九）、一九二〇（一九八九）、宮田 一九七二、根岸 一九九一、筒井 二〇一三など〕。宮田登によると、猿丸太夫は「日光二荒山の神人と関連する人物」とされており〔宮田 一九七二 三九五〕、二荒山神社の猿丸太夫については二荒山神社の社家である小野氏との関連や狩猟との関連での研究が蓄積されている〔柳田 一九二〇（一九九〇）、小島 一九六二、千葉 一九六九、日光東照宮社務所編 一九七一、飯田（真） 一九八一など〕[二四]。さらに伊藤は、青森・秋田・岩手県から関東地方にまで広がる分布について「蒼前信仰は馬の移動と密接に関連があり、運送業者による蒼前講となって街道筋を南下し」たと推察する〔伊藤 二〇〇三 三九七〕。

ソウゼンの分布が色濃い青森県東部の調査を行った赤田光男によるこの地域のソウゼン信仰の特徴を、五点挙げる。

① 蒼前神を祭祀する主体は、〔中略〕超地域的な例がある。また村、畜産組合、個家と村合同、個家の類型があること。祭祀日には別当が祈祷に来たこと。

② 蒼前神像は馬のみ（神馬像）、馬と神像が一体になっているもの（騎乗神像）の二類型があること。

③ 蒼前社内には騎乗神像と神馬像を併祀する型があること。神馬像のみを祭祀する型も考えられる。

④ 神馬の色については、三浦家の事例では白馬、さらに赤い色を彩色した赤馬、屋敷林内の蒼前社内の黒味がかった馬、五戸畜産神社小祠内の銅色馬が今のところ知られる事例である。

⑤　蒼前神は一般的には葦毛四白の神馬であり、神話的な馬の守護神であるが、馬暦神社の事例は歴史的な聖馬が馬の守護神となった事例として注目されること。いずれも神馬が一般の馬を守護するという点においてはアニミズムの典型であること。

〔赤田　二〇〇七　三八四―三八五〕

これら五点は、青森県東部のみの特徴であるのか。それとも、全国的な特徴なのであろうか。ソウゼンについてはその由来や広がり等、不明な点が多い。次節では信仰の確認された地域に伝わる、「ソウゼン」の祀り方や名称の差異、そして、地域に伝わる伝承や祭文を概観することで、ソウゼンの地域差と共通点を捉えたい。

第二節　ソウゼン信仰の地域差

第一章で示した図2では、ソウゼンを含む家畜守護神の大まかな分布を捉えることができた。そこでは、長

二三　厩祈祷を行う人物の呼び名には地域差があり、福島県飯館村では「猿丸太夫」や「百槻太夫」呼ばれ〔飯館村史編纂委員会　一九七六　二一〇〕、青森県十和田市では「マヤマツリ」〔青森県立郷土館　一九九五　六五〕、茨城県大子町では「馬屋別当」〔大子町史編さん委員会　一九八八　七四三〕、のように呼ばれていたようである。

二四　猿丸太夫は小野猿丸として、「日光山縁起」や「二荒山神伝」などに記されている。日光山の社家である小野家の家系譜によると、小野猿丸は陸奥国小野里に住む小野馬王の長子であり、顔がサルに似ていたことから「猿丸太夫」と呼ばれた〔日光東照宮社務所編　一九七一　六四六〕。二荒山神社と赤城山神の争いにあたって二荒山神社に加勢し、二荒山神社を勝利へ導いたことから二荒山神社の社家となったとされる〔飯田（真）　一九八一　一五九〕。また、奥羽のマタギのうち、日光派は猿丸流と呼ばれることから、二荒山神社と猿丸太夫との関係が奥羽の狩猟伝承にも及ぶことが推察される〔千葉　一九六九　五四一〕。

野県を南限とした東日本に集中的に分布し、西日本にはソウゼンを家畜守護神として祀る場所は管見の限り確認できなかった。[二五] 本章では、県ごとでなく自治体ごとにソウゼンの分布を示すことで、ソウゼンの分布の集中している地域が明らかになる。図4からは、栃木県、群馬県、福島県、そして北東北の分布が濃く、北東北と北関東の間の分布が線状になっていることがうかがえる。新野〔一九八一〕や伊藤〔二〇一四〕の仮説に従うのであれば、秋田県の男鹿半島にウマと共にソウゼンが大陸から伝わり、その後、ウマの生産が盛んに行われた青森県南東部を中心に広まったことになる。そして、ウマが西へ運ばれていく過程でバクロウ等により伝播したと考えられる。ソウゼンの祭祀が確認できなかったため図に明示しなかったものの、現在の東京都や静岡県などで、厩祈祷に訪れた猿まわしが勝善経を唱えていたという記録もある〔柳田　一九一二（一九九〇）、筒井　二〇一三など〕。

名称に差異があることは既に述べたが、祀り方にも地域差がみられる。

まず、寺社の建立がある。栃木県にも一部みられるものの、東北地方、特に、青森県・秋田県・岩手県の三県で多い。青森県東部では、集落ごとに蒼前神社が建立されている場合もある。人々からソウゼンと呼ばれつつも、寺社の名称が駒形神社であったり、祭神が馬頭観音であったりする場合もあり、秋田県や山形県では、馬頭観音をソウゼンと呼ぶ地域が多く見られる。一方、岩手県の一部では駒形神と、宮城県大崎市などでは保食神とソウゼンを同一視する状況がみられる。

神社にウマを連れて行き、その土を踏ませたり、神社で絵馬を購入したり、境内に生えている笹（熊笹）を持ち帰り、帰宅後やウマが病気になったときにウマに与えたりする地域もみられた。社殿や堂には絵馬やウマの写真が奉納されていることもある。

一方、関東地方に目を向けると、石碑の建立が目立つ。栃木県の日光や那須等に多くみられ、「勝善神」と刻まれていれることが多い。栃木県教育委員会によると、栃木県内には「勝善」と刻まれた石碑が、少なくとも一三一基建立されている。最も古いものでは天保元（一八三〇）～天保十（一八三九）年に建立されているようである〔栃木県教育委員会　一九七三〕。隣接する茨城県においても、主に栃木県との県境付近に「勝善神」の石碑がみられる〔岩瀬町教育委員会　一九七五（二〇〇三）など〕。

さらに、屋内神、特に厩に祀られる場合もある。個人宅での祀り方としては、①家の神棚にソウゼンの神体や幣束を祀る、②厩に神体や護符、幣束を祀る、③勝善柱に神体や護符、幣束を祀るといった大きく三つの形態がみられる。三つの形態の差異は、同一の集落内であっても異なる場合があるが、ここでは三形態それぞれについて確認された地域の一部を示す。

①屋内の神棚などにソウゼンの神体や幣束を祀る形態は、青森県・岩手県・山形県などで見られた。岩手県宮古市では「カッテの部屋に牛馬の神というオソウゼンサマを祀った」〔岩手県教育委員会編　一九七九（一九九五）　四一七〕。山形県最上町では、「馬を飼っている家々の神棚に蒼前が祀られて」おり〔最上町　一九八四　五三九〕、「年越しの宵にはお蒼前様を新しく祀っていた」〔最上町　一九八四　五五八〕。

②厩に神体や護符、幣束を祀る形態は、秋田県や茨城県でみられた。秋田県男鹿市では、「相染様を馬の神様として祀」っていた〔男鹿市史編纂委員会編　一九九五　一三六四〕。茨城県大子町では厩に小型の駒形神社を祀り、この社の祭神を「蒼前様」としており、毎年、馬屋別当が神札の配布に回ってきた〔大子町史編さ

二五　柳田国男は信仰としての分布だけでなく、全国に残る「ソウゼン」に類似した地名から全国的に広がっていた可能性を指摘した〔柳田　一九一二（一九九〇）〕。しかし、ソウゼンを爪を切る「爪繕＝ソウゼン」の意味で用いていた地域もあったため、地名と信仰の関係は単純に肯定できない。本書では「家畜の神」としてソウゼンやショウゼンの信仰が確認された地域のみを対象とする。

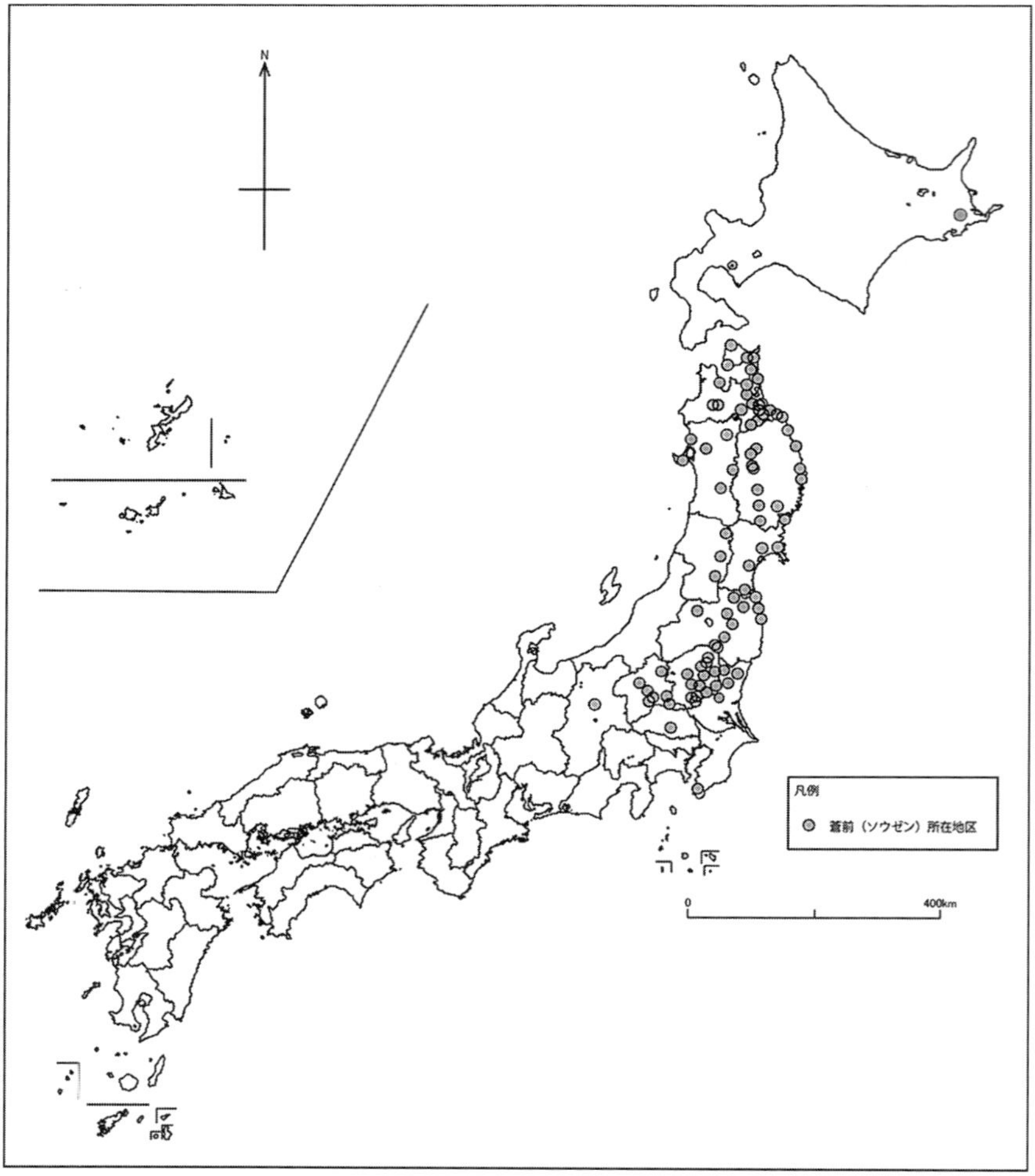

図４　ソウゼンの分布
（自治体史・民俗調査報告書を参考に筆者作成）
＊図中の「○」は、一つの市町村（令和２（2020）年10月現在）に一つずつつけている。
＊参考文献は参考文献表に「図４参考文献」として記載した。

ん委員会編　一九八八　七四三〕。群馬県前橋市では厩に「オソウデンサマ」を祀っていた。バクロウから馬を買うとオソウデンサマに酒を供え、近所や親戚を招いて[二六]「オソウゼン祭り」を行ったという〔根岸　一九九一　三六九〕。

③勝善柱に神体や護符、幣束を祀る形態は、宮城県・栃木県・福島県・群馬県等でみられた。どの柱を「勝善柱」と呼ぶのかは地域によって異なる。厩の中で最も太い柱を「勝善柱」と呼ぶ地域や家の茶の間の最も太い柱を「勝善柱」と呼ぶ地域がある〔矢板市史編集委員会編　一九八一など〕。柱の位置は異なるものの、家を支える太い柱を勝善柱と呼ぶことから、牛馬が家を支える役割を持っていたことを象徴している様子がうかがえる。勝善柱には、厩祈祷の際にもらった幣束や護符、牛馬守護に関わる神社から受けた護符を祀っていた。

このように、ソウゼンが地域ごとのかたちで祀られてきたことが明らかになった。続いて、伝承や祭文からソウゼンの姿を捉えたい。

第三節　祭文と寺社縁起に描かれたソウゼン

三―一．祭文への着目

ソウゼンに関わる祭文として、柳田によって早くから指摘されてきたのは猿まわしが厩祈祷を行う際に唱えていたとされる「勝善経」である〔柳田　一九一二（一九八九）〕。猿まわしは日本各地に分布していたものの、

二六　群馬県太田市でもウマをとりかえたときにソウデン祭を行っており、バクロウと近所の人を一人か二人呼んで祝ったという〔太田市編　一九八五　一八一〕。

すべての猿まわしが「勝善経」を唱えていたかは定かでない。「勝善経」は現在のところ発見に至っていないが、バクロウや牛馬飼育者によって唱えられていたとされるソウゼンに関わる祭文が四地域に残っている。さらに、祭文はみられないものの、一地域の行事で祭文が唱えられていたことが明らかになっている。ここでは、五地域の事例を記述することで、馬として、人として祀られるソウゼン像の一端を示す。

a.「御馬屋祭文」(福島県二本松市)

福島県二本松市で馬屋祈祷を行う際に唱えられていた「御馬屋祭文」である。『旅と傳説』第七年十一月号(通巻八三号)において饗庭斜丘が記したものである。

資料二―一:「御馬屋祭文」

あゝあら奏上、天清浄地清浄、内外清浄六根清浄、天清浄は天の二十八宿をかため、地清浄は地の三十六神をきはめ、内外清浄とは内外の悪魔を払ひ六根清浄なり。さつて今日は月よし日よし吉経吉出かけ吉、あしきを去つてよき用になつたりや、七々馬苦労、奥の勝善、関東の勝善、横美の勝善、奥の勝善は大和星の尊、関東の勝善は瀉守の尊、横美勝善は鐺込の尊、みことに尊三尊とは申すれど、お浦はあまの逆戟の御神、勿体なくも天照らす天道大日如来、南無馬頭観世音菩薩、秩父は三十三番、西国は四十四番、坂東は三十三番、合せて百番の観世音菩薩。駒のはじまりは天竺にて天らん国、金らん古木のもとより、伊勢の国渡会が嶋と申す処に、駒二ツ天降り、その駒なにと云ふ人あらば、父駒は天輪龍王と申すなり、母駒こそはうばふ太郎と申すなり。その時文武遣事しらずして、奥山法師土子道六神の家来引出し、其時は其駒誉めようものならば、鉢かうべはハチス蓮華の如し、耳は伊勢内宮健祓の如し、ふり毛は真かうとして、目は月日照らす日月の如し、花すくとふし法螺貝二ツ集し如く、歯は十二数十二正を表し、四六十歯は十正を表し、五六十一枚は十一面観世音菩薩、六七十三数は地六七曜を象り、勿体なくもべろざしは金宇位しやくの如し。左右の轡掛は霄の明星夜明の明星、凡そ髪かたは長当にして、脊つれは大海よふ弓の如し。かさひ虫内うつぐい、四十八筋の毛巻なくして、尾ざし肉さしは友色にして、けつめどは長い頭の如し、睾は延命袋の如し、羅は尺八の如し、尾は採配の如く、神明の轡しつかとはめ、金覆輪の鞍を掛け、五十三ふしの鞭を持て、乗つて廻はれど引て廻はれど益々驚かず、小川にて橋を嫌わず、大川にて船を択まず、水呑でよしかい喰てよし。山に立て棘ふまず野に立てくづれず、浜に立てざり上りせず。

抑々馬苦労の始まりと申するは、神武天皇時代の御時、緋の袴を着し天竺より天降り、伊原流久は嶋流、白楽天と馬苦労のしめんを許され、其時其駒のしやう連を許されしは、二ツ折のりやうきやうを着せ、三ツ折の菰を二重縄に取て、七五三に綴ぢ、四ひろかたわきの道しめしめ、六尺六寸二タ布にて切て吹流となし、ゆひ上げとも申す、髪中八寸ほふ六寸、うはづく下づくふたい立こをしつかとはめ、六尺六寸のわつさきを掛け、ともには一ツ白天地を表し、ふり沓を付け十一目の口籠をはめ、新とふ一ツぱの玉襷をかけ、三十六間の其あいだ、地道を引せ御気入らせ、其時の手打を証文と致し、馬代金何十何両何日の日掛と相定め、七ツ柏手を打ち、其時駒の毛色を誉めようものならば、連銭栗毛に鴫かす毛、野雀鹿毛には鶴鹿毛、ぶち蔦黒那とて誉めながし、其節其御酒を譽めようものならば、池田諸白鳴の池、くゝんだ心は満願寺、呑だ心は隅田川、養老酒なぞと誉めながし、まツた御家の吉経には、裏三十丁表三十丁脇三十丁、合て九十丁、其間に構へ堀を掘り廻し、蔵数立並べ、御家には人の数奉公人を使ます[redacted]くうし奉る。此駒売て十分買て十分、仕れん十分と奉り申す。まツた買たる旦那の吉経は、其駒十五年も使まして東京に引出、小荷駄馬に望まれまして、三千両にも売ますように奉くうし也。まツた馬苦労共の吉経には、其金請取まして奥州に下り、駒の一万はなも買まして、日本国中は申すに不及、横浜にて交易いたし、富士と筑波ほど儲けますようくうじ奉る。御家繁盛には鶴千年亀は富貴、御寿長く万々年の祝い申納候也。

〔饗庭　一九三四　六七―六八〕

＊■■■■は、饗庭斜丘が判読不明であった箇所である。

この祭文は、奥州二本松で古本屋が買ったものを饗庭が入手したものである。標題は「御馬屋祭文」と記し、肩書に「明治十六年旧三月吉日ノ撰」とある〔饗庭　一九三四　六七―六八〕。

祭文の成立年代は定かでない。しかし、東京や横浜での交易についての文言があることから、赤田も指摘しているように近代以降に成立したものと推察される。縁起の良い語呂を組み合わせてウマを褒め、ウマによる家の繁栄を祈願すると同時に、ウマやバクロウの起源についても述べている。バクロウの起源も述べることで、バクロウへの権威づけの効果があると考えられる。「奥の勝善、関東の勝善、横美の勝善」の場所は明確でないものの、福島県相馬郡駒ヶ岳の蒼前社は「奥の勝善」といわれていたようである〔小形　一九八四　三二九〕。

b. 「オソーゼン祀り」（宮城県気仙沼市）

福島県から北上した宮城県気仙沼市でバクロウとの売買が成立した際に唱えていた祭文がある。

気仙沼市では、バクロウがウマを売ったときやウマを交換したときに、「オソーゼン祀り」の儀礼を行う。バクロウは、戸の口や母屋で五升桝に米五合と少量の豆と味噌と金を入れ、主人に向かってその桝を片手で揺すりながら次のような「オソーゼン祀り」の祭文を唱える〔気仙沼市史編さん委員会編　一九九四　一四一〕。

資料二―二：「オソーゼン祀り」の祭文

さーらば、この御座にて、どなた様の御前もはばからず、桝を取り上げて祝い奉る。本日は月良し日良し出掛け良し。悪しきを去って吉日良し。そもそも馬の始まりと申すは、伊勢の神明わたらいが島劉馬岳、金山古木のその下に、名馬が二匹天下り、父馬の名をば天地地主といい、母馬の名をば母駄花黒という。文武この馬を使うこと知らずして、奥山より庚申眷属かけ出でて、金と銀との張りわけの轡を、駒の奥歯にガンジとかませ、金福輪の鞍を置き、東西はやりの紫小紋のタズナを、三縒りによってザックとかけ、三尺三寸三節の鞭を持ち、この馬にまたがり日本六十余州は宏といえど、乗って回れど引いて回れど、主にかからずタズナにかからず、一本橋もとろとろと、山に登って山の神、川に下って川水神、道中にてはドッコドウロク神、大川に立って船を嫌わず、小川に立って橋を嫌わず、千間の松に立って千駄の荷を嫌わず、万間の松に立って万駄の実を嫌わず。さーて馬の毛色毛才御承十毛とは申せども、一黒二鹿毛コウジ栗毛に、虎月毛連銭葦毛カモ河原毛などと、まっ黒黒井は太夫黒、カミ白尾白額白。さーて、ならばなったか七手綱、今日この方にてお買上し馬は□□毛の□□才と申す。さーて、この馬買って吉相には、この馬にて取り仕付たる田畑の作八重穂なり。畝枕畔枕、積もり積もって山となり、溜り溜って置きどころなきままに、前に七倉、脇に七倉、後ろに七倉、三七二一の倉を建て並べ、光り輝かし、近くの人は見て喜び、遠くの人は聞いて喜ぶ。さーて、奥のソーゼン所のソーゼン相模のソーゼン、相模三三ソーゼンと拝み奉る。病厄難水難火難盗難剣の難もなきように。孕みし女も安産に。旦那の前の福エビス、宝を握ってニッコと笑う。

〔気仙沼市史編さん委員会編　一九九四　一四一―一四二〕

＊□□には、買った馬の毛の色と年齢が入る。

資料二―一の「御馬屋祭文」と同様、ウマを褒め、ウマの成り立ちを述べた後、三つのソウゼンの名を挙げている。しかし、三つのソウゼンの場所は資料二―一と異なる。

この祭文を語れない者はバクロウの資格はないといわれていたようである。祭文を唱えた後は、拝んだ米五合と少量の豆と味噌を鍋の蓋に乗せ馬に与える。この場合の米は「田」、豆は「畑」、味噌は「家族の一員」を意味しており、鍋の蓋は丸いので「丸く納めるように」という意味があるとされている〔気仙沼市史編さん委員会編　一九九四　一四〇―一四二〕。供物に込められた意味から、バクロウによるオソーゼン祀りには、ウマが家族の一員として迎えられ、田畑で労働に励み、ウマが富をもたらすことが期待されていたと推察される。「孕みし女も安産に」の部分は「馬は難産をしないことから、オソーゼン祀りに上げた米を取っておいて、お産が近い人に与えると安産するといわれた」ことと関連すると考えられる〔気仙沼市史編さん委員会編　一九九四　一四二〕。

c.「お蒼前まつり」（山形県最上町）

山形県最上町では、毎年旧暦六月十七日の馬頭観音の縁日に行われる「とねこ振舞い（当年仔祀り）」で「お蒼前まつり」の詞が読み上げられる。とねこ振舞いとは春に産まれた仔馬の祝い振舞いで、一種の披露をかねたご祝儀である〔最上町　一九八五　五三七〕。『最上町史』に従って流れをみると、当日は獣医や産馬事務所の人たちを招待し、膳が並び一座が揃うと、客はそれぞれが馬主をほめたり、励ましたりと祝言を述べる。「お蒼前まつり」が唱えられるのは、一同の揃った座敷である。座敷の中央で盆の上へ盃をのせ、それに神酒を注ぎ、拝んだ後に、詞を謡う〔最上町　一九八五　五三八〕。

資料二―三：「お蒼前まつり」の詞

さあーらば、どなたさまも憚らず、このお座敷において、お蒼前さまを祭り奉る。今日は月もよし日もよしでかけよし。手には七はずな（七手綱）南無八幡八幡宮、風の宮、ばくろうを今日の日天と拝し奉る。浅間岳では福一万、虚空蔵尊、竹生島では弁財天、奥羽駒岳では駒岳大明神。まづお蒼前にとりては、この家のお蒼前を祭り奉る。ところのお蒼前にとりては、仙台、南部、最上、庄内日本六十余州のお蒼前を祭り奉る。仰ぎ願わくばこの馬屋繁昌して、年々当才馬五匹六匹七匹ずつ伝えまするように祭り奉る。さてまた、出生の馬共無病息災にて、いずれも高金になります様に祭り奉る。そもそも馬のはじまりと申すのは、出羽と奥州との境なる駒岳に、天から北向星と申す星二つ、天下り忽名馬となりしためなり。その後伊勢の国渡会やすまと申す所にわたらせ給いて、父馬の御名をば馬前馬王と申すなり。さて馬は五性に毛は十毛なり、五性と申すは月日水金土。十毛と申すは鹿毛、柏毛、栗毛、こうじ栗毛、栃栗毛、ひばり栗毛、月毛、とら月毛、ひたて星これをあわせて十毛と申すなり。さて馬の讃と申すは、耳は法華経八巻二巻合わせたるが如く、目は日月光り輝くが如し。鼻は海に千年、河に千年、山に千年、三千年を経たるほら貝の中より、ぼたんの出ずるが如く、上唇は父文字、下唇は母文字、歯は十二の菩薩のつく息、はく息、阿吽の如し。背中には十三本の髪を立て、風は龍魂が滝、雨風吹き切るが如し。さてこの馬ども持ったる人の吉相は、前に七蔵、後に七蔵、東に七倉三・七・二十一の蔵を建て、万の宝をつめ込み、星の下にはとうろく神を奉り、三尺二寸、三十二節の鞭をもってのりこみ、ひきこみ、大川には舟きらわず、小川は橋きらわず、砂地に立てば砂はまず、この馬どもを買ったる次の人の吉相は、売ったる人も千両もうけ、買ったる人も千両もうけ、ばんそう人（仲人）は申すに及ばず、ここにお座りのお客様、皆さま方、富貴万福に暮らすようにと祭り奉る。三こんの神酒をば、この家のお蒼前にとささげ奉る。

〔最上町　一九八五　五三八―五三九〕

この「お蒼前まつり」の詞も、資料二―一、二―二同様、ウマを褒め、ウマの成り立ちを述べた後、各地のソウゼンの名を挙げている。しかし、ソウゼンの場所は異なる。また、「出生の馬共無病息災にて、いずれも高金になります様に祭り奉る」、「この馬どもを買ったる次の人の吉相は、売ったる人も千両もうけ、買ったる人も千両もうけ、ばんそう人（仲人）は申すに及ばず、ここにお座りのお客様、皆さま方、富貴万福に暮らすようにと祭り奉る」のように、他の二つに比べて馬が高く売れることに対する祈願を直接的に述べている。

謡いが終わると、お盆に供えてある盃を取り上げ、その神酒をさっと天井に向かって飛ばし掛ける。最上町を含む小国地方は、かつて山形県随一の馬産地であったとされており、どの集落でも「とねこ振舞い」が行われ、「お蒼前まつり」が謡われていた〔大友編　二〇〇一　四七二〕。ソウゼンはウマを飼育する家々の神棚に祀られており、栗駒山や駒ヶ岳の山麓地帯を中心とした馬産地帯に広くみられる〔最上町　一九八五　五二二〕。

d. 相染の祭文（秋田県仙北市）

馬の出産や売買は祝いを催す機会であり、馬主を主催者とした祝宴が行われる。先述の山形県最上町のトネコ振舞いだけでなく、青森県や岩手県、秋田県、群馬県等でも「ソウゼン祝」が行われていたようである。藤田秀司は、ソウゼンの祭文が唱えられたとされるソウゼン祝いについて、次のように記述している。

仙北郡角館町には川村森雄、川村幸次郎、坂井吉雄という三人の馬太夫がいた。川村家は［中略］仙北一円を掠《かすみ》とし、戦前は一人で千四百戸の講中があり、春秋の二回、農家を巡回して祈祷をしていた。売買が成立すると売人三分、買い人二分の口銭のほか、酒と肴を準備させ、居合わせた一同を加えて手じめをし、馬神、相染様に対してのりとを捧げた。仙北では相染（そうぜん）祝ののりとを上げられる博労は、清水村の三浦孫一、大川西根村の品川虎之助くらいのものだったと伝えられている。

〔藤田　一九七八　二九〕。

この記述から、「馬太夫」という馬の祈祷を行う宗教者が厩祈祷を行っていたこと、そして、「博労」が「相染祝」を行っており、そこでは「博労」が祝詞を上げていたことがうかがえる。ここで挙げられている「相染祝ののりと」と同一かは不明であるものの、藤田は二つの相染の祭文を挙げている。

資料二―四：相染の祭文①

そもそも今日の日天とう祝いこうじ奉る。八幡伯楽天、馬頭観音、今日日天、ソヨーとさべって、ソヨーと出来たり、七花七馬苦労、買い手の沙智、売り手の老じょうぶん、さんじゅう舟と祝いこうじ奉る。東三十三ヶ国、西三十三ヶ国、合わせて六十六ヶ国のご相染、がってんし給え（柏手）

〔藤田　一九八九　七八〕

資料二―五：相染の祭文②

抑々大坐に祭り上げ来り逢うたり、願いたり、恵比寿、大黒、お賀の神、七福神舞込み祭る。神は天照皇太神、伊勢は神明八幡、伯楽天、馬頭観世音、今日の日天祝、幸の詞奉る。そもそも馬の始りは天から七曜の星、奥州出羽の平野に天降り、気候風土のため野生動物なり、天馬という時代は羽があり、竜馬という時代に馬を産み殖やし置いたる馬は七折百層倍、儲けるよう売った馬には口説苦情のないよう、厩に於ては馬癖がないよう今日の相善に合いたる人、向う三軒両隣、悪事災難は事火難、四百余病のなきよう、当家は福内に向い家事は繋昌、子孫栄え、千代も八千代も伝わるよう、手は七五三、七転八起きと達留磨の如く締るものなり

〔藤田　一九八九　七八—七九〕

これらの祭文は、「仙北郡きっての大博労」と呼ばれた佐藤東治郎博労が唱えていたものである。商談が成立し手打ち式が終わると、相染さんをまつり、ろうろうと祭文を唱えることで有名であったという〔藤田　一九八九　七七〕。資料二—四の祭文は口伝であり、意味のはっきりとしない箇所もある。一方で資料二—五は、軍馬や農商務省の買い上げ等の際に唱えられており、秘蔵の巻物に記されていた〔藤田　一九八五　七八〕。

e．蒼前祝の記録（青森県八戸市）

最後に、祭文が唱えられていたと考えられる場である、「蒼前祝い」について記述する。八戸市立図書館所蔵の泉山家[二七]（新井田）文書には「蒼前祝請記」（写真5、資料二—六：「蒼前祝請記」（泉山家（新井田）文書。八戸市立図書館所蔵））が残されており、蒼前祝に出席した人々の祝儀内容が記録されている。蒼前祝が行われた年代は明記されていないものの、泉山家が八戸藩に定住した天明四（一七八四）年以降であると考えられる。出席者は金や酒を持参し、持ち寄った酒類は直会のような場で飲んでいたと推察される。

豪商の記録ではあるものの、農村部においても「蒼前祝」が行われていたことは自治体史などで明らかにな

っている。この地域での「蒼前祝」はウマが産まれたときではなく、ウマの売買が成立したとき、特にウマが高値で売れたときに行われていたようである。ウマが「軍馬御用」となり、大金で買い上げられた農家では、親戚や近所の人を集めて「蒼前祝」の振る舞いをしてから馬を送り出した〔軍馬補充部三本木支部創立百周年記念実行委員会　一九八七　一七二〕。

三―二．寺社縁起への着目

続いて、寺社縁起と寺社の建立された地域の伝承との関わりに着目することで、地域のソウゼン像を捉える。

a．勝善神社（栃木県矢板市）

まず、栃木県矢板市の勝善神社を取り上げる。

矢板市の勝善神社は建久四（一一九三）年の創立とされており、明治期に生駒神社に改称され村社となった。名称は変わったものの「玉田のそうでん様」と呼ばれ、矢板市内だけでなく、近隣の栃木県日光市、那須塩原市、さくら市、茨城県大子町といった地域から参拝者が訪れていたようである〔矢板市史編集委員会編　一九八一　四七四〕。社殿には近隣の市町村の馬車組合などから奉納された絵馬が複数が祀られている（写真6）。『喜連川のむかしばなし』〔喜連川町教育委員会編　一九九三〕には、「勝善」にまつわる次のような話が記

二七　八戸藩の豪商。泉山家が八戸に定住したのは、天明四（一七八四）年に泉山武兵衛が十三日町で呉服商を営んだ時に始まるとされている。五代目の「乙吉」は銀行や起毛工場を経営し、八戸市の金融業や工業を発展させた。八戸の居宅は現在「更上閣」と命名され、集会施設に利用されている。明治期の貴重な近代和風建築物として、平成十五年十月に国の登録有形文化財となっている（八戸市「5代目泉山　吉兵衛」(https://www.city.hachinohe.aomori.jp/soshikikarasagasu/shakaikyoikuka/bunka/1/5429.html) 参照。二〇二〇年三月二十二日最終閲覧）

資料二―六：「蒼前祝請記」（泉山家（新井田）文書。八戸市立図書館所蔵）

蒼前祝請記
一、御樽弐升　石吉様
　　金参拾銭　仝人
一、御樽壱升　太三郎様
一、金弐拾銭　妙　彦次郎
一、御樽壱升　別家　石松
一、金弐拾銭　妙　五郎八
一、金拾銭　町畑　勘之助
一、御樽壱升　山道　又太郎様
一、同壱升　畑中
一、同壱升　坂ノ　時二郎
一、同壱升　のハ　石光八
一、同壱升　山道　熊次郎
一、御樽壱升　はうハ　助二郎
一、御樽壱升　西ノ　弥平
一、鰔弥山　糀屋
一、（ママ）

＊網かけは、判読が不十分であった箇所である。

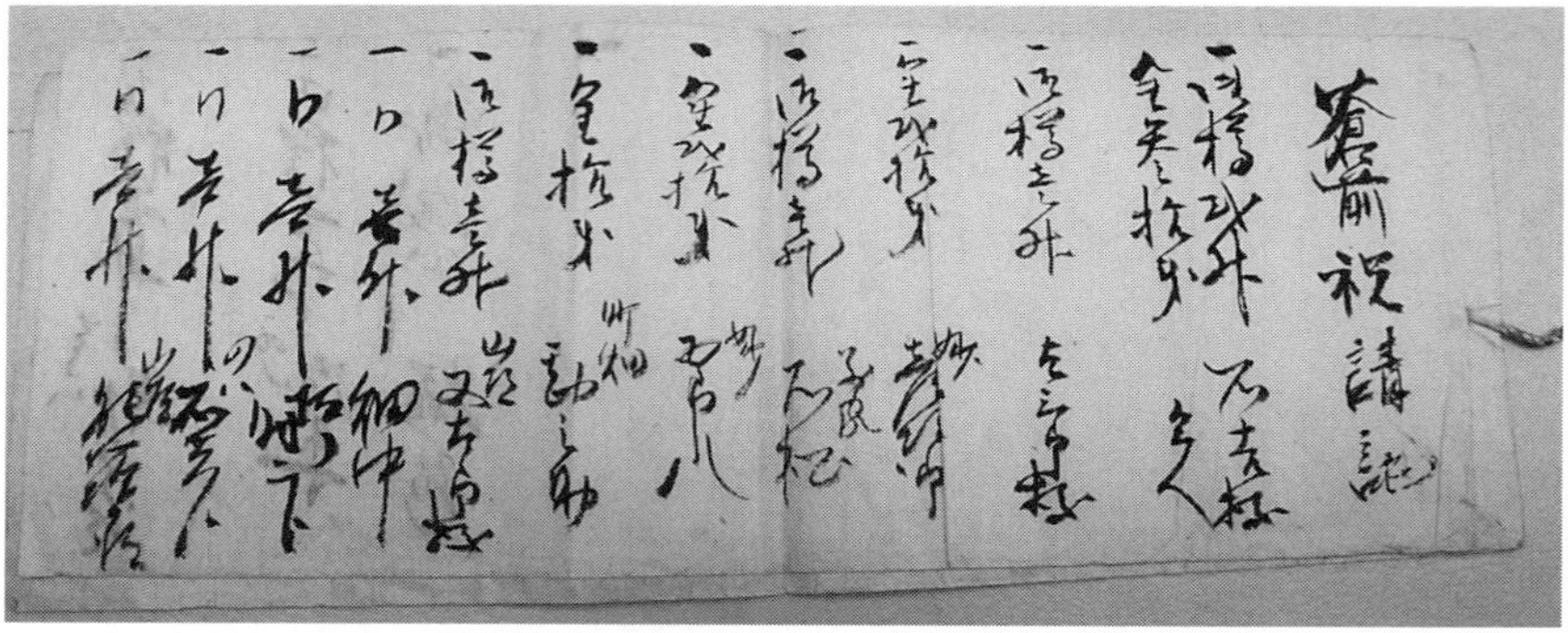

写真５　蒼前祝請記の一部（2019年11月13日　筆者撮影）

写真６　生駒神社社殿に奉納された絵馬
（2020年11月１日　筆者撮影）

されている。（二八）

資料二―七：「影さし璉光院」

むかし、金毛九尾の狐が、中国から日本に渡って来て、或る御殿にひそんでいた。その狐は、後に御殿を追われて、下野の地方に逃れて来たが、いつか川上にある槻の大木の根かたに住みつくようになった。この狐を退治しようと、後に追いかけて来た勝善卿という人が、斧で大木の幹を切りはじめたが、不思議なことに、木の切り屑が翌日には、もとの通り、幹に納まってしまうので、作業はいっこうに進まない。そこで、思案のすえかまどをつくって、切り屑は焼きすててしまうことにした。さすがの大木も切り倒され、狐は那須野が原に逃げ去って行った。

この大木が倒れたとき、伐り手が肘を打たれたので、そこを肘内というようになった。また、押し上げられた処を押上村と呼び、木が倒れて長い窪みができたところを長久保と呼ぶようになった。

この大木は、月夜になると長く影を映して、その先が璉光院にまで届いたので「影さし璉光院」の名が生まれたと言う。また、槻の大木の根元を流れる川は、いつか狐川と呼ばれるようになり、後に喜連川と改められたとのことである。

〔喜連川町教育委員会編　一九九三　七二〕

この話では、「勝善卿」が「金毛九尾の狐」を退治するという話を中心として集落の成り立ちが語られている。

二八　喜連川町は平成十七（二〇〇五）年、合併によりさくら市となっている。喜連川町と矢板市は、かつて旧塩谷郡に属していた。

この話のみでは勝善とソウゼン信仰との関わりが判然としないが、『下野神社沿革誌　巻之七』に、以下のような「由緒」が記されている。

資料二―八：「塩谷郡神社明細帳」

近衛天皇の御宇白面金毛九尾の悪狐宇宙間に横行し當國當郡大槻村に飛来り槻の大木に匿籠し人民を悩ますこと夥多にして止ます。依て鳥羽天皇の皇子勝善親王に勅し追撃せしむ。親王士卒を率いて同郡玉田村に下向し彼の大樹を伐らしむるに、一夜の中に其伐口埋塞して伐倒すること能はす。之に依りて親王伊勢の豊受大神に祈願しければ、其の夜夢に伐たる小屑を焼却すへしと神告あり。依て教の如く焼捨つれは、遂に大樹も忽ち倒れ悪狐は何処にか飛去りぬ。勝善親王神助により其功を奏したるを以て後建久四癸丑年正月廿八日をもって、伊勢外宮豊受大神宮を遷座し親王永く玉田の里に止り遂に薨す。因て親王の霊を合祀し是より勝善神社と尊称し衆馬崇敬の社なり後明治元戊辰年勝善神社の旧号を改めて生駒神社と号す。

〔中略〕

編者案するに御厩は勝善親王愛する所の名馬を祀りし所ならんか。世人今尚牛馬の守護を祈るは祭神に由縁もあるけれと又此馬霊の霊験著しきを哉

〔風山編　一九〇二　九〕

＊原文に句読点がないため、読みやすさを考慮し、適宜、句読点を補った。

資料二―七と共通するキツネの討伐の話に加え、勝善親王を祀ったことで「勝善神社」となり、親王のウマを祀ったことが牛馬の守護につながっていることが記されている。親王のウマと牛馬守護との関わりについて

は、『大子町誌　上巻』にも「親王の愛馬が埋葬され、馬の守護神として信仰された」と記述がある〔大子町史編さん委員会編　一九八八　七四三〕。

矢板市を含む栃木県北部には玉藻前に関わる伝説が多く残っており、那須には玉藻前に関連する殺生石がある。勝善親王の倒した悪狐は、玉藻前の影響がうかがえることから、玉藻前の伝説とソウゼンとの結びつきとが推察される。

勝善神社の縁日は一月二十八日であり、この日は勝善親王の命日とされている〔氏家町史作成委員会　一九八九　二九八〕。ウマを飼育する人々は勝善神社の護符を「そうぜん」と呼ぶ厩の中柱に護符を祀っていたという〔矢板市史編集委員会編　一九八一　四七四—四七五〕。

b. 勝善神社（福島県白河市）

福島県では、源義経伝説との関連がみられる勝善神社がある（写真7）。福島県白河市の内松と高萩に建立されている勝善神社には、それぞれ源義経との関わりが伝わっているので概要を示す。

資料二—九：「勝善神社の伝説」

内松の勝善神社の場合は、兄の頼朝が鎌倉で平家追討の兵を挙げたことを聞き、源義経は奥州の兵を集めて鎌倉に駆けつける途中内松を通り、戦勝祈願に関山に登った。下山するとつないでおいた愛馬が死んでいたため泣き泣き愛馬を埋葬し、近くの水溜りで手を洗おうとすると愛馬が水に映っていた。これを聞いた村人はそこに駒形勝善神社をまつって牛馬の守り神にした。

一方高萩の勝善神社には内松で愛馬を亡くした義経が高萩を通りかかると愛馬の膣が落ちていた。不思議

写真７　白河市高萩の勝善神社
（2019年８月19日筆者撮影）

に思いそばの清水を見ると愛馬の姿が映っている。そこで脛をそこにまつり傍らの清水を駒形の泉と呼ぶようになった。駒形の泉は山の中腹にあって、どんな日照りにも水が涸れることはなく、馬が負傷した時にはその水で傷を洗うとたちまち治るという。
〔表郷村史編さん委員会編　二〇〇八　三七二〕

源義経は日本各地でその伝説が語られ、その伝説にウマとの関わりが付随することも少なくない。[二九] 福島県白河市では、勝善神社だけでなく、義経が兵を集め出発した地とされる白旗神社なども祀られている。このことから、白河市の勝善神社は表郷村に伝わる義経に関わる伝承とソウゼンとが融合したものと考えられる。

c．蒼前神社（岩手県滝沢市鬼越）

さらに北上した岩手県滝沢市鬼越の蒼前神社に「蒼前様に祀られた馬」という話が伝わっている。

資料二—十：「蒼前様に祀られた馬」

「五月の節句に馬を使うと、その馬は乱気になって走り出し、最後には立ち往生する」という恐ろしい伝説があったため、この日だけは馬を休ませることを守ってきた。

川舟の新山に、吉右エ門という屋号の家があり、この家ではいつも山かげ（雫石方向）から来る博労から世話されて、絶えず名馬を飼育していた。

この家で、ある年の旧五月の節句に、通り歩く人も足を止めて見入るほどのたくましい馬を出して田かきをしていた。ところが、その馬は少し働いたと思った頃、急に暴れ出した。そして頭を北の方に向けて立ちすくみ、大きく身震いしたかと思うと鞍を振り落とし、岩手山の方向を目指して走り続けた。滝沢の人々は、乱馬が地響きを鳴り響かせて山に入っていったため大騒ぎとなり、わいわいと後を追っていく。そして、岩手山が目の前にきれいに見える鬼越山まで登ったとき、乱馬が四つ足をじっと踏ん張って立っているのを目にした。おそるおそる近づくと、馬は立ったまま死んでいた。これぞまさしく立ち往生だった。

一方、吉右エ門の家では騒ぎのため仕事をやめ、人の休む節句に働いたことをただ悔いていた。馬が沢内から走り出ていったことを知ると、翌日、道行く人たちに尋ねながら滝沢へ向かった。鬼越山で立ち往生の馬があると聞き、そこへ向かうと、葦毛の馬が立ち往生していた。主人は走り寄って涙ながらに顔をなでてやったが、どうにもできず、ねんごろに馬を葬って家路についた。そして、人々は節句に馬を使うことを恐れるようになった。

馬の立ち往生した鬼越山には、村人たちによって蒼前様が建てられ、永くこの馬の霊を弔うとともに、馬の守護神として崇められるようになった。

〔高橋　一九八六　一八一―一八二〕

二九　埼玉県東松山市や岩手県一関市等にも義経との関連が伝承されている馬頭観音が祀られている。また、坂上田村麻呂や平将門といった人物との馬との関連が伝承されている地域もある。先に取り上げた栃木県矢板市には、坂上田村麻呂、源頼朝との関わりが伝わる木幡神社がある。

写真８　青森県おいらせ町の蒼前宮
（2013年７月７日筆者撮影）

写真９　正善由来記の石碑
（2013年７月６日筆者撮影）

節句にウマを使ってはいけない理由、そして、「蒼前様」がウマの死を弔うために建てられたこと、の二点が記されている。この記述から、ソウゼンが生きている馬の守護だけでなく、死馬の供養のために祀られる場合があることを示している。[三〇]

d．青森県おいらせ町

滝沢市から北上し、同じ盛岡藩領内であった青森県上北郡おいらせ町の蒼前宮（写真８）と氣比神社にまつわる話を取り上げる。[三一] 氣比神社は第三章で詳述するように、盛岡藩の牧に祀られていた馬護神とされている。それぞれに複数の縁起が伝わっているため、それぞれの概要を示す。

まず、蒼前宮の由来である「正善由来記」をみていく。参考としたのは、蒼前宮のベットウ家に伝わる「正善由来記」（個人蔵）である（写真９）。本文は漢字・カタカナ文で表記されているが、引用が長文に及ぶため読みやすさを考慮しカタカナ部分をひらがなに改めている。

資料二―十一：「正善由来記」

［前略］

藤原是實公、貞観十四（八七二）年壬辰五月三日故有て都を落ち、陸奥仙台気仙岡と云処に仮の御殿を構え御住居有らせ給う。然るに是實公他界ましまして、御子是行公の御世とならせ給え、特に困窮身に迫り、下女下男をも離散し、岡の御所もご住居不叶して、夫より北の方へ落ちさせ給う、東の宮子と云所に御着有り、又此所を御出立、北の方へ参りて斗嘉村へ御着有り。

時に名を藤原正善と改め、霊現堂別堂藤原式部の御恩情に依り、其御困難を御凌ぎ被成居りしに、時に苫仙人の案内にて新井田平と申所に参りて四方をなかむるに、平地にして野馬を飼立するに宜敷所なれは、其事を苫仙人に聞くに、御最の事なりと仙人答えたり。正善殿聞召れ、又斗嘉村へと帰りける。且又、数年を経て再び新井平に参りて、該地方の民家に頼みて数多の馬を飼立す。

正善殿常に云うに　我午の年午の日午の刻に生まれしと聞けば　我が身死ての後には一宇を建立して馬頭観世音と祭るならば　馬一通りの願は何にても守るべしと遺言ある儘延喜十年庚午年午の日午の刻に御五十九才にして空しくなり給う時に一宇建立して馬頭観世音と祭りける時に新井田平を正善平と改めた六月十五日を以て其祭日と定め馬を授け給えと祈願する方々には松の枝に思い思いの毛色を寫し繪馬として備え奉る時に、陸浦に居住せし豊原右兵衛源正綱と云う人常に馬を好きゆえに正善平に参りて祈願す。［中略］

三〇　死馬の供養を目的としたソウゼンを祀る神社の建立については、他に、青森県十和田市蒼前平の蒼前神社、同じく十和田市赤沼の蒼前神社などがある［十和田市文化財保護協会編　二〇〇三］。

三一　蒼前宮と氣比神社には、それぞれの管理者がいるが、蒼前宮のベットウによると、戊辰戦争で逃れてきた会津藩士をかくまうために氣比神社のベットウ職を与えたという話も残っている（二〇一三年七月七日聞き取り）。

夢に馬頭観世音顕れ［中略］此地は手狭にして数多の馬を飼立難し依て汝の豊原に移し永世馬の守護神となりて汝に別当職を頼むなりと御告げ有る。［中略］
豊原に社地を設け馬頭観世音を正善平より豊原に移し奉［中略］三代目別当松林九郎左エ門正高の代に［中略］是よりして西北に当りて土地高き処に宜敷の箇所有り又木の生立も宜敷所なれば　如何してや右土地に移され度と御告げ有るに依りて［中略］夫より西北に当り大木の有る中に社地は移しけり。［後略］

「ソウゼン」を指していると考えられる正善が死後、馬頭観世音として祀られたとされていることから、ソウゼンと馬頭観音が同一視されている様子がうかがえる。「馬一通りの願は何にても守るべし」という遺言があったことから、正善が祀られた馬頭観世音堂には、「馬を授け給えと祈願する方々」が「松の枝に思い思いの毛色を寫し繪馬として備え奉」っていたようである。ここから、ウマの繁殖を願う人々の姿、そして、第五章で述べる絵馬奉納につながる習俗がうかがえる。

ベットウとなった豊原右兵衛源正綱は、「正善由来記」によると、「祖先は宇多源治式部興敦實親王の胤にして、佐々木右兵衛介正綱」の代に「故有りて豊原に来往」したという。夢にあらわれた馬頭観世音をかつて祀っていたとされる場所には小さな祠が祀られており、不動明王が祀られている〔青森県民俗文化財等保存活用委員会　二〇一三　一〕。

つづいて、蒼前宮ベットウ家に伝わる「氣比神社の縁起」を取り上げる。ここでは、『下田町誌』〔下田町誌刊行委員会編　一九七九〕を参考に、一部省略して記述する。

資料二―十二：「氣比神社の縁起」

当代松林勇治（現今同社の社掌にして、社司は田中銀次郎氏也）より十五代前の祖先喜蔵なるもの、幼にして父に後れ、母の養育に成長し、孝に優しく、死に事ふること生に事ふる如く［中略］。或時、只一頭所有の家畜を引連れ、右村より数里程北方に隔りたる小川原沼近傍に参り、クゴ草を抜取しに偶々北方に聞馴ざる駒の嘶く声あり、仍て其声の発したる方を知辺に参りたるに不計も、神服に粧ひ馬上に召されたる神体を見参らせり、［中略］我家に立帰り其事を告ぐ。母も大に悦び礼拝し［中略］、其後只一頭所有の馬匹突然い相煩ひたれども其頃ほひ近傍に馬医とても無之、兎に角、日頃信ずる神仏に祈り、就中該神前に燈明を捧げ余念なく其馬病の全快を祈り上げし所、其霊空しからず、忽ちにして平癒に到りたるを持って、弥々信心肝に銘せり。されば其事誰言ふともなく、広く世間に流布となり、遠近も馬病の全快を祈り、亦は繁殖の事等、祈誓の為め詣ずるもの日に着きに数多くなれり。

然るに或日、［中略］例により彼の神前に向ひ礼拝せしに神体の見得ざるより母子共心ならず家中捜し求むるも見付奉らず。［中略］

或夜、寝所に就き、神体の御在所を案じ物語し内、眠に就き夢現ともなく外面にて「キナンソウニアリ」と高声に呼はるあり。其高声に母子共寝醒め、［中略］外面を見るも人影だも無［中略］畑に出でんとする所へ一人の旅僧参られ、我は小川原沼を見物に来りし途中、野中の道に迷ひ、夜に入り一歩の進みも出来がたく野宿し来れり。途中聞くところによれば、当家にて神体を拾ひ上げしに其霊験著しき旨問に随ひ、委細の事を物語且昨夜夢となく「キナンソウニアリ」と外面にて高声に呼はる音あれど誰人とわからぬ奇絶の事共なりと物語れば、其僧［中略］、わづか南のくさむらの中にあると云ふことなれば、明早朝南の方へ参り相尋ねよ、必ず見付可申。見付し上は其神体を穢不浄のなき所に一宇建立し、其神体を安置し崇敬信心怠りなくすべし、夢々疑ふ事なかれ。牛馬守護神尊敬すべしと云ふて暇を告げて立去り、又而も其日は五月三十日にして、翌六月一日早朝に起出て南方を尋るに奇絶にも時間を費やさずして生茂りたる叢の中に光を放つものあり、近づき之を見参らするに違ふ事なき先きの御神体なれば［中略］早々に家に帰り母に其向きを告げ、神体を拝さすれば母の悦び一方ならず。［中略］夫よりいっそう信仰を深くし、［中略］一宇建立の事を企て、翌年即ち文明九（一四七七）年六月に至り造営成就し、同月十五日を以て遷宮安置し、再び神体を神僧よりの教にて見付参らせし六月一日及造営成就遷宮挙行の六月十五日を以て以後毎年の大祭日と定め、其草創の時より其後の縁起由来等を編纂したる書類位階等皆建立の一宇の内に納め置きし所、其後天明九（一七八九）年三月野火起り、折節西風烈しく消防に術なく、右一宇消失し下連綿として相伝はり、其新徳を慕ひ詣するもの逐年数多にして祈誓する願望一つも成就せざるはなく、其後、神号を季比大権現、亦、季比大明神等と称へ奉りしも明治六年に至り、神仏御仕分に際し、気比神社と改号、一の郷社となる云々

〔下田町誌刊行委員会編　一九七九　六六三—六六二〕

喜蔵の見つけた神体の「神服に粧ひ馬上に召されたる神体」という描写は、現在青森県東部、特に上北郡や三戸郡で祀られるソウゼンの神体に酷似している。「神仏御仕分に際し、気比神社と改号」となり現在の神社名も氣比神社であるが、氣比神社周辺に住む人などは「ソウゼン」の名称を用いている。

おいらせ町の蒼前宮の縁起は、十和田湖との関わりがみられる。十和田湖の龍神伝説や、南祖坊と八郎太郎との合戦が『三国伝記』や『十和田山由来記』等に記録されている。また、青森県三戸郡斗賀村（現三戸町）や青森県黒石市、岩手県平泉等、各地で十和田湖や南祖坊についての伝承が残っている。

数ある十和田信仰についての記録の中で、十和田湖に伝わる南祖坊の伝説を集めた『十和田山神教記』[三二]〔板

垣（松）　一九六二）に着目する。十和田湖の主とされる南祖坊には藤原宗善という父がいたとされる。

資料二―十三：「宗善堂の由来の事」

［前略］宗善殿には斗賀村にて何の慰めもあらざれば、当国は草深にて馬の出る処とて数多の馬を飼ひおいて、御慰めなされける。

不思議や如何なる悪馬荒馬にても宗善殿厩に入るとたちまち癖直り、何れも乗馬に変る故名馬の数多あり里の宝となりにける。次第に馬も数になり厩に余りて野に放し、是より野馬という事初めける。

扨又宗善殿常々お話しにも、我は午の年に生まれし時午の日午の刻と聞くなれば、我身死ての跡にても一宇を建て我を馬頭観音と祭るならば、馬壱通りの願難に手も守るべし。とありけるが終に六十一歳午年午の日午の刻と申すにはついにはかなく成給ふ。故読人感心の余り、やがて一社を建立して宗善殿を馬頭観世音と崇め奉るに、誰いうことなくこの宮を宗善堂と申しける。

是より馬頭観音を御宗善という事は当国ばかりに限らず、他国に類なき事共なり。

扨又絵馬のはじまりは宗善殿常に馬を好みし故数多の馬を絵に写し、これを御堂に奉納せばこれを見真似て馬の祈願に信者松の板に銘々思い思いの馬を書き額の替りに納めつつ今の世までも絵馬という。是も余国類なし。

〔板垣（松）　一九六二　一七―一九〕

三二　『十和田山神教記』は、万延元（一八六〇）年に成立したとされている〔小舘　一九七六　一九一〕。

藤原宗善は、わけあって現在の三戸町に身を寄せる貴族であった。ウマを好み、ウマの扱いに長けた人物であり、死後に馬頭観音として祀られた。興味深いことは、死後に宗善は「馬頭観音」として祀られたものの、堂の名称は「宗善堂」である点、そして、絵馬を奉納する習俗にふれている点である。

『十和田山神教記』は十和田湖の主とされた南祖坊を中心とした十和田信仰に関わる資料であり、ソウゼンと関わるのは「宗善堂の由来の事」のみである。十和田湖の縁起は、奥浄瑠璃や本山派修験の寺院との関わりからも検討されている〔須田　二〇〇二など〕ことから、ソウゼン信仰と十和田信仰との関わりを考える必要があると考える。即ち、十和田信仰を広めるにあたり、信仰の中心となる南祖坊が高貴な血筋の人物であることを特徴づけ、さらにその父はこの地域の重要な産業である馬産のカミである、という二点を人々に示す戦略が推察される。[三二]『十和田山神教記』からは、ソウゼンが宗教者などによって脚色され、広められた様子がうかがえる。

第四節　ソウゼンの伝承にみる「思い」

ソウゼンの名称や祀り方の差異、そして、寺社縁起や祭文などを通じて、ソウゼン信仰の地域差を明らかにしてきた。ソウゼンは北海道から中部地方にかけての広い範囲で祀られているものの、名称や祀り方には地域差がある。名称の分布としては、ソウゼンが多いものの、福島、栃木県は「ショウゼン」が優勢となる。屋内神としてソウゼンを祀る様子は広くみられるが、祀る場所は、神棚と厩の大きく二つに分けられる。青森県南部地域では人の守護に関わるカミと共に、ソウゼンの神体を家の神棚に祀り、厩には絵馬を祀った。秋田県仙北町では、「「家の不幸は馬屋からくる」と信じられ、各農家は馬太夫の訪れるのを待っていた」〔藤田　一九

七八　二九〕という。「馬は半身上」といった言葉が表すように、ウマの存在は重要な財産であったため、馬の病気や死は、多大な損害になる。そのため、厩での祈祷や護符・神体を祀るといった信仰実践によってウマを〝守る〟ことは、家の財産を守ることにつながり、「家の不幸は厩からくる」ことを防ぐために厩で様々な行事が行われたと考えられる。

ここでは、ソウゼン信仰の地域差と共通点からソウゼン信仰の伝播について触れた後、ソウゼンの伝承からみえる人々の「思い」について検討する。

バクロウが各地で馬の売買を行いソウゼンの祭文を唱えていたことから、ソウゼンの広い分布の背景に、伊藤〔二〇〇九〕が指摘するような牛馬の運送業者であるバクロウの存在があることは十分に考えられる。また、猿まわしや十和田湖信仰との関わりでもふれたように、宗教者の存在も無視できない。そのため、バクロウと厩祈祷等を行う宗教者双方とのソウゼンの関わりから、ソウゼン信仰の伝播を考える必要がある。

バクロウとソウゼンとの関わりは、牛馬の売買の場や牛馬が生まれた場でみられる。青森県上北郡七戸町で行われていた「蒼前祝い」は、「産馬・馬の売買の場合には親戚・故旧を招いて催す宴」であり、馬喰の人々も蒼前様と言われ、御祝の席では上座を与えられたとも言われている」〔七戸町史刊行委員会編　一九八二　五一二〕。また、岩手県花巻市においては、代々バクロウだった家が蒼前の屋号を名乗っている〔野本　二〇一五　三三四〕。ほかにも、秋田県大曲市では、大伯楽であった人物がソウゼンを祀っており、ウマの売買が

三三　森田清美〔一九八一〕は、一八世紀の石造物製作ブームに乗じて馬頭観音像が鹿児島県で建てられていく過程に着目した。森田は、馬頭観音の「密教的な教えが近世修験の影響により農村社会に浸透していく過程で牛馬や農耕の守護神として変容し定着していった」と推察し〔森田　一九八一　四〇〕、馬頭観音を建てて祀るための基礎として、現在は大隅半島のつけ根の部分に残る牧神、「早馬サァ」の存在を指摘している。十和田信仰においても、馬頭観音、もしくは十和田の南祖坊を普及させるために宗善（ソウゼン）が利用された可能性が考えられる。

成立し、「手打ち式が終わると、蒼前さまをまつり、祭文を唱えていた」〔小島編　一九九一　二〇〕という例もあり、秋田県能代市では、相染講の代表者を「伯楽という昔馬畜の医者とされた家」が担当しているという報告がある〔能代市史編さん委員会編　二〇〇四　六三二〕。ウマに関する知識を持ち、ときには治療も行っていたバクロウは、ウマを守るという立場から、「ソウゼン」のような存在として敬意をはらわれていた様子がうかがえる。[三四]

厩祈祷を行う宗教者や修験とソウゼンとの関わりも各地の事例から見出せる。日光を中心とした北関東、及び南東北で厩祈祷を行っていた猿丸太夫は「勝善経」を唱えていたとされる。また、青森県南部地域のソウゼンは十和田湖の伝承と関わることから、十和田信仰と関わる宗教者との関連が推察される。地域の他の信仰や伝承との結びつきは、十和田信仰に留まらず、栃木県北部の玉藻伝説と生駒神社（勝善神社）、福島県白河市の勝善神社と義経伝説なども挙げられる。各地に残るソウゼンの伝承から、ソウゼンがバクロウや宗教者によって広められ、その土地の文脈で昔話や寺社縁起が作られ、祀られていたと考えられる。

続いて、ソウゼンに関わる儀礼や祭文から、人と牛馬との関わり、そして、人々のソウゼンへの「思い」を検討する。ソウゼンに関わる祝詞や祭文には、「ウマの繁栄」、そして、「家の繁栄」が盛り込まれていた。ウマは半身上と呼ばれるような財産であったことから、ウマが十分に働き、子を産み、さらにはその子が高く売れることが家の繁栄につながっていたことが読み取れる。これらの祭文のうち、宮城県気仙沼市の「オソーゼン祀り」の祭文では、安産祈願とのつながりが見られた。このような動物の性質を人間に応用しようとする様子は人とウマとの連続性を見出した結果であり、福島県や茨城県等で行われる犬供養のような行事に通底すると考える〔菊池　一九八〇〕。

ここまで述べてきたように、ソウゼンは牛馬、特にウマの守護を目的として祀られてきたカミではあるものの、その実態は地域により異なる。中島は馬頭観音とソウゼンの相違点として、馬頭観音信仰が馬の安全や健康、死馬の冥福を祈願して祀られるのに対し、勝善神は馬産地の名馬の誕生を祈願する意味の強い信仰であると指摘する〔中島　一九七九〕。しかし、資料二―十で示したように死馬の供養のためにソウゼンを祀ることもある。ソウゼンに関わる様々な伝承を俯瞰することで明らかになったことは、ソウゼンは「ウマの守護」という性質はそのままに、地域の文脈の中で語られる、という点である。バクロウや宗教者といった人々によって運ばれていくなかで、時代や地域に応じた脚色が加えられていったと考えられる。

蚕神である金色姫を祀る蚕影神社の寺社縁起を取り上げた沢辺満智子は金色姫の物語はカイコの生態を連想させることから、金色姫の物語はカイコを育てる人々の民俗的想像力を反映していると述べる〔沢辺　二〇二〇〕。資料二―一～十三で示したように、ソウゼンは地域により伝承に差があるものの、貴族や天皇、武将といった身分の高い人物として描かれることが多く、その人物のウマや人物自体の死がソウゼンを祀る契機となっていた。青森県おいらせ町に伝わる藤原宗善は、身分の高さに加え、ウマの扱いに長けている、という特徴も有している。このような伝承から推察されるのは、身分の高い人物の乗るような立派な馬を育てたい、どのようなウマも上手く扱いたいといった人々の「思い」である。この「思い」は、人がウマを飼育する過程、つまり、人とウマとの関わり合いから生じたものであることから、ソウゼンの伝承には、人と家畜との関わりから形成されたソウゼンへの「思い」が表れていることが指摘できる。[三五]

では、青森県東部のソウゼンの伝承が生まれた背景、具体的には、ウマと身分の高い人物を結びつける伝承

三四　バクロウに対する見方は複数あり、ときには嫌悪される存在としても語られる〔大山　二〇〇二〕。

三五　ウマと身分の高い人物を結び付ける思想は、人生儀礼にも見受けられる。青森県おいらせ町には一歳前後の子供を、木馬に乗せ、子供の健康や「馬に乗るような立派な人になること」等を祈願した（おいらせ町在住の女性の語りより）。

の基盤には、いかなる人とウマとの関わりがあったのか。この点については、青森県東部の牛馬飼育の展開を踏まえて検討する必要がある。

第Ⅱ部　人・牛馬・ソウゼンの関係史

第三章　近代までの牛馬飼育とソウゼン信仰

第一節　信仰と政治

本章では、青森県十和田市を含む南部地域における近代までの人と牛馬、そしてソウゼンとの関わりあいを示す。第二章で記述したように、ソウゼン信仰には地域差があり、この差異は地域において超時代的に継承されてきた伝承世界の差異と考えられる。人と牛馬、そして、ソウゼンとの関わりを通時的に捉えることで、青森県南部という地域の文脈の中で生成されたソウゼン信仰を把握することが、本章の作業である。〝当地に生きる人々にとっての馬産の重要性〟を示すことで、牛馬に関わる年中行事や芸能が生まれ、ソウゼンが祀られてきた背景を捉える。

第二節では、青森県東部から岩手県にかけての広い範囲を統治していた盛岡藩の馬政、そして、第二次世界大戦終戦までの軍馬生産について記述する。

第三節では近代までのソウゼン信仰を記述する。ソウゼンを祀る寺社の分布やソウゼンに関わる芸能、そして、政策から、近代までの人とソウゼンとの関わりを明らかにする。

第四節では、第二・三節から明らかになった人とウマ、人とソウゼンとの関わりから、近代までの人・ウマ・ソウゼンの関わりを検討する。ここで着目するのは、ソウゼンの役割である。信仰は人々を集める力もあることから、政治的な利用や観光への利用も行われてきたことは、これまでの研究でも指摘されてきた〔福島　二〇〇二、安藤　二〇〇六、有富　二〇〇八、松崎（圭）　二〇〇九、大坪　二〇一七など〕。例えば、大坪加奈子はカンボジアにおいて「人・モノ・カネが集まるという寺院がもつ特性」をNGOや開発学研究者が利用してきたことや、政府が政治的に僧侶の活動を利用してきたことを指摘している〔大坪　二〇一七　七四―七五〕。このように、「集める」、という信仰の特徴は、戦争のように国が一丸となって取り組む出来事が生じた際、支配者層に利用される傾向がある。

近代日本の戦没軍馬祭祀に着目した松崎圭は、軍馬祭祀が「前近代の動物供養の歴史の上に、近代の人間兵士の戦死者祭祀制度が重ねられたことで派生的に誕生した」と述べる〔松崎　二〇〇九　一五五〕。そして、公的な行事として大規模に行われた軍馬慰霊祭である「軍馬祭」がラジオの全国放送で中継されていたことに着目し、「軍馬祭が慰霊行事としてのみならず、総力戦体制下の一種のメディアイベントとして開催されていたこと」を指摘している〔松崎　二〇〇九　一四五〕。後述するように、青森県南部地域においては、近世期、馬産を奨励する支配者層とウマを供給し、自身もウマを利用する被支配者層という構図が明らかにされてきたが、このような状況下で、ソウゼンはどのような役割を担ってきたのか。第二節・第三節の内容から検討する。

第二節　近世・近代の馬政―盛岡藩と軍馬補充部―

現在の十和田市の中心部は三本木原と呼ばれる台地上に位置する。東西約四十km、南北三十二kmのこの台地には、現在でこそ水田が広がり、人家や商店が立ち並ぶ人の往来の多い土地であるものの、近世期の見聞録や紀行文には殺伐とした景色が広がっていた様子が記されている。[三六] この広大な土地を利用して発達したのが馬産である。

二―一．近世までの南部地域とウマ

陸奥のをぶちの駒も野がふには荒れこそまされ懐く物かは　詠人知らず

これは、天暦九（九五五）年から天徳二（九五八）年の間に成立したとされる『後撰和歌集』に記された和歌である。この和歌は、尾駮（青森県上北郡六ヶ所村辺りの地域を指す）が平安時代中期には馬産地となっており、陸奥から遠く離れた平安京の貴族の間にもその名が知られていたことを物語っている。[三七]

「正倉院文書」によると天平五（七三三）年から平安時代にかけて陸奥国から朝廷にウマが献上されている〔新野　二〇〇三〕。朝廷に送られたウマは、国家や為政者により、支配を象徴的に表現する視覚的効果を生む動物として活用された〔中込　二〇〇九　一六〕。「正倉院文書」が書かれた当時、東国や近畿といった陸奥国よりも朝廷に近い地域[三八]にウマが多くいたものの、なぜ、朝廷は陸奥国のウマを求めたのか。その理由として、新野直吉は東北のウマと他地域のウマとの差異を挙げる。東国や近畿のウマが朝鮮半島を経由して輸入された

小型のウマであったのに対し、陸奥国のウマは高句麗や渤海といった騎馬民族の「馬の遺伝子を受けた精鋭種」〔新野　二〇〇三　五八〕であった。

武士の台頭により、南部地域は名馬の産地としての名をさらに高めていった。朝廷への陸奥交易馬は十二世紀前半には奥州藤原氏からの貢馬に変化し、奥州藤原氏滅亡後には鎌倉幕府が貢進するようになった。幕府が馬を貢進する際には将軍が御覧の儀式を行い、受取る天皇も紫宸殿や清涼殿で貢馬御覧の儀式を行った。このような貢馬について、中込律子は「天皇の御覧によって陸奥への支配を象徴的に示す必要があった」〔中込二〇〇九　四三〕と述べる。

藤原氏滅亡後、南部地方に入ってきた伊豆の工藤氏や甲斐の南部氏、そして、津軽地方に入った小田原の曽我氏等はいずれも牧畜経営に優れていたとされる。特に三戸に入った南部光行は甲斐の牧士であったため、その経験を生かし、南部九牧を開いた。現在、郡市町名として残る一戸から九戸までの行政区画もその遺制とされる〔正部家　一九九八〕。

三六　安永九（一七八〇）年に三本木平を訪れた橘南谿の『東遊記』には「人家もなく樹木も一本も見えず、実に無益の原野なり」、嘉永五（一八五二）年に訪れた吉田松陰の『東北遊日記』にも「之を要するに亦皆荒原なり」と記されており、享和元（一八〇一）年の冬期に訪れた伊能忠敬は、大吹雪に遭遇した記録を残している〔新渡戸・新渡戸　一九九八　一一〕。

三七　その後、「尾駮の駒」や「糠部の馬」（糠部は青森県東部から岩手県北部を指す）を詠んだ和歌は、応徳三（一〇八六）年の『後拾遺和歌集』に二首、『袖中抄』（文治年間（一一八五～一一九〇）ごろの成立）に一首、『奥義抄』（天治一（一一二四）～天養一（一一四四）年の間に成立）にも一首あり、『和漢三才図会』（正徳二（一七一二）年）にも尾駮牧・奥牧・荒野牧・花牧について「共在南部領駒牧也　毎年出数万匹駒　放仙台及出羽新庄尾花沢　市立賣之云々」と述べ、「陸奥のあらのの牧の駒だにもとればとられてなれゆく物を」と、藤原俊成の『長秋詠草』（治承二（一一七八）年）の一首を挙げている〔十和田市史編纂委員会編　一九七六〕。

三八　『延喜式』によれば、平安時代の牧地は、信濃・甲斐・近江・駿河・相模・武蔵・上総・下総・上野・下野・常陸・周防・長門・伊予・讃岐の十五ヵ国にあった〔十和田市史編纂委員会編　一九七六　二九三〕。

二―二．盛岡藩のウマとウシ

戦乱の世を経て、泰平の世となった江戸時代のウマについて、兼平賢治は次のように述べる。

馬は、主君から家臣に下賜され、家臣から主君へ献上されることで、主従関係をより強固なものとする媒体の役割を果しており［中略］、そこでは、実践の場で活躍する馬（使う馬）以上に、見た目が美しくなるように筋を切るなどの処置が施された拵馬《こしらえうま》（見せる馬）がもてはやされた点が、江戸時代の大きな特徴であろう。

〔兼平　二〇一五　二〇〕

江戸時代には戦いに「使う馬」から、人々に「見せる馬」が求められた。社会状況に応じて求められるウマが変化している様子がうかがえる。

盛岡藩の家老席日記である『雑書』には、ウマに関する記述が多くみられる。百姓の家の火事等の出来事の記事では「人馬怪我無し」の語が用いられ、不作や飢饉に際しては「人馬減少」という文言が用いられた。このことから兼平は「「人馬」という言葉が象徴するように、それだけ人と馬が密接にかかわりあいながら生活した」ことを指摘している[三九]〔兼平　二〇一五　一一―一二〕。

二―二―一．ウマの飼育と売買

鎌倉時代に南部氏が開いた九牧は戦乱が続く中で荒廃していったが、近世に入って再興が図られた〔久慈

二〇一六　二四二〕。盛岡藩は現在の岩手県から青森県東部にまたがる広大な藩であったが、九牧のうち岩手県側に属したのは二牧であり、実質的に南部馬の主要産地は青森県に置かれていた〔盛田　一九七二　二五八〕。

盛岡藩におけるウマは、大きく二つに分けられた。藩の牧（御野）で飼育された野馬[四〇]と領民が所有した里馬である。藩主や将軍等の「御厩」で飼育される「御馬」も存在した。〔兼平　二〇一五　一二〕。

野馬は新草が生える春から秋にかけて放牧された。秋になれば近村の勢子[四一]を動員して「御野取」を行い[四二]、十月から翌年三月まで牧近隣の農民の家で飼育された〔盛田　一九七二　二五九〕。十八世紀半ばごろからは、複数の牧で冬期間も放牧を行うようになった。舎飼の手数を省き、強力なウマを育成するための措置であったようであるが、大雪で斃死するウマが少なくなかったという〔十和田市史編纂委員会　一九七六　二九七〕。

里馬は領民が飼育するウマである。盛岡藩営の九牧以外に、盛岡藩に属する八八〇村に村共同の牧場が七〇〇あったとされる。これは、「南部の七百牧」と称された。〔十和田市史編纂委員会　一九七六　二六七〕。

ウマと共に暮らす家の造りとして南部曲屋が知られているが、青森県側の民家に曲家は少なく、厩と土間と

三九　江戸時代を通じて各藩で馬産が行われていたが、藩直営の牧を有していたのは、津軽藩六牧、盛岡藩九牧、仙台藩一牧、水戸藩二牧、高鍋藩一牧、薩摩藩七牧であった。藩直営の牧の多さから、盛岡藩が熱心に馬産に努めていたことがうかがえる〔久慈　二〇一六　二四一〕。

四〇　藩所有の馬の名称について、盛田実〔一九七二〕は「官馬」を用い、兼平〔二〇一五〕は「野馬」を用いている。本書では『雑書』の記述に従い「野馬」を用いるが、盛田〔一九七二〕を直接引用する際には「官馬」と記述する。

四一　野馬を捕獲する農民を指す。南部藩の九牧の管理については盛田〔一九七二〕に詳しい。

四二　広沢安任は『奥隅馬誌』において、「御野取」の様子を次のように述べている。

　之を捕る力を労する最も多く、その馬最強悍なりしは木崎野なり。余新しく其人に聴くに、場広く草長く、灌木疎々林を為すの歳、牡馬に乗て之を駆馳するものは名子にして所謂牧士なり。四百人余の要所々々に団を結び、伴を為し、之を援くる賦兵の如きものは勢子なり。之を駆るに放略を以てして聚散開合進退の間殆ど軍陣と異ならず〔広沢　一九〇九　二四〕。

座敷が直線的に配置された直屋《すごや》と呼ばれる造りが多かった。厩にはマゲ（二階部分）があり、カヤ・わら・板類その他をぎっしり積んでいた。厩には敷草がうずたかく積まれていることが誇りであったという。〔十和田市史編纂委員会編　一九七六　五八三―五八五〕。ウマの飼料のための草刈りは、四月から九月まで天気の良い日は必ず行った。成長期の子馬や農繁期には草だけでなく大豆、青刈大豆、稗、粟などの栽培作物も飼料に加えていた〔久慈　二〇一六　二四八〕。

ウマの所有の有無により収入に大きな差が生じたため、ウマを持たない人々は馬小作を行った。馬小作とは牝馬を借り、生まれた子馬の売れた金額を貸主と折半するものである。[四三]軍馬の需要が多かった戦前まで引き続いて行われ、中には数百頭を馬小作に出す地主（馬主）もいたという「馬小作慣行は、どちらかというと小作人に不利であったといわれているが、たとえ不利であっても、馬を持たないことの不利以上ではなかったので、この慣行は長く続いた」ようである〔盛田　一九七二　二六〇―二六一〕。

里馬は領民が所有していたものの、牛馬籍や牛馬役等の存在が示すように、全ての馬が藩の管理の下に置かれており、売買も自由にできない状況であった。

盛岡藩による牛馬の規則をまとめた「牛馬定目留書」[四四]には、他領に売却するウマの基準や、牝馬を上中下の三等級に区別するため鬣を切ること、といった規定が定められていた。

田畑が少ない上に冷害も多く、安定した収入を見込めない農民にとって、ウマを売ることで得る収入は重要であった。農民の所有していた里馬の販売方法は、オスとメスで異なっていた。[四五]メスは三歳になると自由に売ることができた。一方、オスは、二歳の秋に競売市場で売りに出され、これ以外の売買方法は許されなかった。[四六]

『奥隅馬誌』〔広沢　一九〇九〕には、盛岡藩の競りの様子が記されている。本文は漢字・カタカナ文で表記されているが、読みやすさを考慮しカタカナ部分をひらがなに改めている。

南部家管領中三十三ヵ所の代官ありて競売場は凡て二十六七ヶ所なり。但し二ヶ所を一場に合せたるもありて然るなり。その中最盛なりしは五戸・七戸の二場なり。秀逸最も多くして名声を占めたり

〔広沢　一九〇九　四七〕

盛岡藩一帯が馬産地であったが、藩内でも特に良馬の産地として位置づけられていたのが、七戸・五戸代官所（現在の七戸町・十和田市・五戸町・おいらせ町に相当する地域）であった。この二つの代官所内で行われる市場が、藩内で最も盛んであったようである。両地域のウマは別格の扱いであり、競りにも多くの人が集まっていた様子がうかがえる。

『青森県史資料編　近世四』によると、「五戸・七戸の場合は下駄でも、他領では上駄に相当するとして、領

四三　馬主に支払う金額は、足一本、足二本、というように表した〔十和田市史編纂委員会編　一九七六　五八五〕。

四四　『青森県史資料編近世四「南部一　盛岡藩領」』所収の「牛馬定目留書」を参照した〔青森県史編さん近世部会　二〇〇三　四五三〕。

四五　売買の規制や馬戸籍の存在などから、農民はウマを所有している状況にありながら、藩にウマを管理されている状況にあったといえる。この状況について西村嘉は、「この地方の農民は、土地と馬について〔中略〕〝お上〟からの預かりもの、下されものという観念から抜けきれなかった」〔東奥日報一九七六年九月二十五日「南部駒むかしいま」〕と述べる。

四六　牡馬を競りに出すと、ウマ一頭につき一両と、一～五両で売れた時には売れた金額の一割、それ以上であれば二割を与えられた。例えば、五両のウマ一頭を生産した時の百姓の手取りは、三両となる。三両は米でいうと三石から六石の間に相当したため、良馬一頭の販売収入は南部地方の一年間の農業収入を優に凌いでいたという〔盛田　一九七二　二六四―二六五〕。

内での販売が認められていたのみ」であった[四七]〔青森県史編さん近世部会　二〇〇三　三九六〕。そのため、「七戸通の百姓らが困窮を理由に販売規制の緩和を願い出てい」たことが史料から明らかになっている〔青森県史編さん近世部会　二〇〇三　三九六〕。

　ウマが亡くなると、飼育者が所属する五人組、村の肝煎、藩の代官立ち合いのもと、馬肝煎らが連名で書いた死馬証文（死馬手形）を藩に提出した〔兼平　二〇一八　一四〇〕。耳は実検後に鉈で裁断などして処分されたが、尾、さらには鬣は筆の毛や川釣りの糸や能面の髭といった日常品に用いられていた〔兼平　二〇一八　一五一〕。死馬は村のはずれの馬捨て場に埋められることが多かった。十八世紀になると全国的な革細工製品の製造と需要の増加や、松前藩におけるアイヌ蜂起やロシアとの緊張といった軍需による皮需要の増加を受け、馬皮が利用されるようになった[四八]〔兼平　二〇一八　一四三―一四五〕。

　皮の剥ぎ取りは、城下においては穢多[四九]が、村々においては死馬の飼育者が行っていた。飼育者にとって皮の剥ぎ取りは負担であったようで、嘉永六（一八五三）年に発生した三閉伊一揆では、死馬の皮まで剥ぎ取りが求められて迷惑しており、皮剥ぎと皮の上納を免除するよう訴えが出ている〔兼平　二〇一八　一四七〕。農民からの「迷惑」の内容は詳しく述べられていないものの、皮剥ぎ作業に伴う重労働、といった時間的・体力的理由の他に、それまで共に暮らしてきたウマの皮を剥ぐことに対する精神的苦痛もあったのではないかと推測する。

　度々指摘しているように、盛岡藩は冷害による不作や凶作に見舞われることが少なくなく、飢饉の記録が多数残る。飢饉の惨状について、「人馬大半渇死」や「人馬共に餓死」といった記述が『雑書』にみられる〔兼平　二〇一五　一五八〕。

　飢饉時には馬肉食も行われていたようである。平時においては、「生きている馬を殺して食べることを「賤し」

く「至て罪科」とされ、「馬肉を食べて生きながらえてもいずれ毒にあたり死ぬ」といった考えもあったものの、馬肉食に対する忌避感は飢饉を経るたびに薄くなっていき、江戸時代後半の天保の飢饉時にはウマも「食料」とみなされるに至っている〔兼平　二〇一五　一六二〕。重要な収入源であり家族であるウマを食べてでも生きる、ということに対する、当時の人々の複雑な心境がうかがえる。

二―二―二．ウシの飼育

近世期、南部地域の畜産において最も盛んであり重要であったのはウマであったが、ウシを飼育していた記録も見られる。

南部地域で飼育されていた南部牛は、「主として肥料生産と運搬用」〔青森県史編さん近世部会　二〇〇三　三九七〕であった[五〇]。山野の長距離駄載用として優れた体型を備えており、山岳地域の主要な輸送機関とされてきた〔十和田市史編纂委員会　一九七六　三一八〕。毛色は、黒と黒駁が多かったが、赤駁・簾毛などもあった。牡牛の体高が一一六～一二七cm、牝牛が一一二～一一八cmであったという。〔市川　一九八一　一二六―一二七〕。南部牛は、閉伊郡（現在の岩手県下閉伊郡）と九戸郡（現在の岩手県九戸郡）といった北上山地

四七　南部馬は関東の農村においても流通していたようであり、千葉県旭市の金杉家の「百姓用馬心得」には、「股は内肉有りて太く大いなるがよし、南部出の馬は股太し見覚えるべし」という記述がある〔鈴木（直）　二〇〇五〕。

四八　皮を加工する過程で生じる牛馬毛は、田の肥料になったという〔兼平　二〇一八　一五二〕。

四九　馬皮は牛皮に比べると低質であることから、ウマを中心とする東日本とウシを中心とする西日本とでは被差別民に差があるようである〔有元　二〇〇九〕。兼平は、盛岡藩では皮革業が十分な発展をみなかったことで、被差別民の存在は数としては少なかったこと、経済的利権をめぐる利害対立も生じなかったこと、そして、ウマを身近な存在としていた盛岡藩における「人馬」の関係性が、差別意識や穢れ意識を薄めた面もあろうと指摘している〔兼平　二〇一八　一四九〕。

五〇　南部牛はシベリア経由でロシアから来たとする説がある〔十和田市史編纂委員会　一九七六、市川　一九八一など〕。

の村々で集中的に飼育されていた。北上山地で粗鋼を運ぶほか、三陸海岸から塩や塩魚、干し魚、ワカメ、昆布などの海産物を内陸部へ、そして、内陸から米、酒、日常生活品を北上山地や三陸海岸へ輸送していた〔市川　一九八一　一二二〕。ウシはウマほど厳重な販売に関する規定はなかったようであり、黒毛牛の八歳までの他領移出が禁止されている程度であった〔青森森県史編さん近世部会　二〇〇三　三九七〕。そのため、安房・上総・越後・羽前・陸奥・羽後・陸前・岩代・磐城・常陸・下総・上野・信濃などの国々に移出されていた〔市川　一九八一　一二五―一二七〕。

ウシの皮や角、爪も利用されていた。牛皮は、騎馬具足・太鼓等に用いられていた。角や爪は細工が施されて武具や工芸品となった。また、白牛の油は薬として用されていた〔兼平　二〇一五　一三一―一三三〕。ウマとウシの飼育をみることで、盛岡藩では厳格な管理の下、武士・領民が一体となって馬産に取り組んでいたことが明らかになった。一方で、輸送や皮革利用の点で優れていたウシは飼育地帯は限られ、ウマと比較するとその価値は低かったようである[五一]。

二―三．近代の牛馬飼育

明治に入り、盛岡藩による厳格な牛馬の管理体制が終わりを告げることになった。これにより、人と牛馬との関係はどのように変化していったのか。本節では、明治期から第二次世界大戦終戦までの牛馬飼育の様子を記述する。

二―三―一．組合の結成

近代の大きな変化として、民間の馬産家で結成した三本木産馬組合の結成、そして、軍馬補充部の設立が挙

げられる。[五二]

明治十一（一八七八）年、現在の十和田市、三沢市、六戸町、おいらせ町、倉石村（現五戸町の一部）の地域の馬産家たちが三本木産馬組合を結成した。『青森三本木産馬組合要覧　明治四十三年』によると、産馬組合の結成により、明治政府が運営していた牛馬市場が民間に委託されるようになり、政府が民間に貸し与えていた種馬の管理は組合が行うようになった〔岩舘　一九一〇　五―六〕。市場での売買と繁殖という近世に公的権力によって統制されていたものが民間へと移行していった様子がうかがえる。

三本木産牛組合は、三本木産馬組合員の中で明治三十四（一九〇一）年に結成された。組合の範囲は、産馬組合と同様で、牛市も馬市と同様の場所で開催された。組合員は、各地区の市場の取締り等を行った〔岩舘　一九一〇　二一四―二一五〕。

組合管轄内で飼育されるウシは、日本短角種（以下、短角と記述する）が多かった。農林省畜産局の行った東北地方の短角系種に関する調査によると、短角は青森・秋田・岩手県の旧盛岡藩領で飼育されていた南部牛に明治四（一八七二）年以来輸入された短角種との交配によって生まれた種であるという〔農林省畜産局　一九五一　一〕。この地域のウシの飼育は「犢《こうし》の生産売却と冬季舎飼の厩肥を目的とし牛の経済的能力である役乳等の利用は全然無関心に等し」かったようである〔農林省畜産局　一九五一　一一―一二〕。「犢の生産売却」

五一　白ブタがいた記録が残されているが、その利用については明らかでない〔盛田　一九七二　二六一〕。

五二　産馬組合と軍馬補充部については、大瀧真俊〔二〇一三〕に詳しいため、本書ではその概要を示すにとどめる。

が目的と述べられているように繁殖用の牝牛を飼育する家が多かったようで、生まれた子牛は三本木畜産農協が運営する子牛市場に出されていた。成牛をバクロウから購入し、肥育を行う家もあったようである。農耕や運搬といった役牛としてだけでなく、食肉用としても飼育されていた。

三本木で馬市が初めて行われたのは、文久三（一八六三）年である。三本木原開拓を行った新渡戸傳が新駅を開発した際、市場の盛岡藩に開設を申請し、実施された〔十和田市史編纂委員会　一九七六　二九八―二九九〕。場所は現在の十和田市の大素塚通りにあたる産馬通りであった。馬市は「セリ」や「オセリ」と呼ばれた（以下、セリと記述する）。二歳馬のセリは十一月一日から半月間に渡って行われ、軍馬の幼駒購買も同時に行われた。産馬通りは、衣類、瀬戸物、玩具、団子、果物等、様々な露店が立ち並び、喧騒を極めていた〔軍馬補充部三本木支部創立百周年記念実行委員会　一九八七　六七〕。

『軍馬のころ』〔軍馬補充部三本木支部創立百周年記念実行委員会　一九八七〕には、セリの様子について次のような記述がある。

農家の生産者は、このため［セリのため］に、仔馬育成に精魂を傾け、軍馬として買いとられることに努力した。セリの日は朝早くから家族に付添われ、四〜二〇キロメートルもの山奥から歩いて市場へ出て来た。［中略］午前中は軍馬の資格検査、細密検査、血液検査で忙しい。検査で合格した馬は、午後のセリにかかり、セリ場の中央は軍馬補充部、農林省、県厩の購買間が、周りには博労並びにその周囲には一般の群衆が集りセリが始められた。［中略］鑑定人は指をたくみに動かし、セリ値を読み上げていく「ハア二百円」「ハア三百五拾円」軍の購買官が値をつけた。「ハア三百五拾円」、鑑定人は微笑して周りを確認した。軍の購買官の値は決定的であることは、博労達は知っているから、どこからもそれ以上の値ぶみはない。［中略］しばらく沈黙が続いた後「ハイ三百五拾円軍馬ご用」と鑑定人は威勢良くシャンシャンと手を打った。軍馬と決定した瞬間で、馬主は喜びをかくしきれず、購買官の前にうやうやしく進んで丁寧に頭を下げた。

〔軍馬補充部三本木支部創立百周年記念実行委員会　一九八七　六五―六七〕

この記述からうかがえるのは、当地の馬産における軍馬補充部の多大な影響力である。誇張もあると思われるが、軍馬御用となることは名誉なことであり、軍馬御用は当時のウマの生産者にとっての大きな目標となっていたことが推察される。

軍馬が三〇〇円前後の値段がつけられ、優秀馬〔騎兵学校砲兵学校馬術馬〕になると一〇〇〇～二〇〇〇円の値段がついたのに対し、一般馬の平均価格は昭和六年の九十七円を除き、一五〇円前後であった。軍馬御用となると、農家の人は名誉を示すために厩舎に絵馬を掲げるならわしがあったようである〔軍馬補充部三本木支部創立百周年記念実行委員会　一九八七　六七―六八〕。第二章の蒼前祝いで記述したように、牛馬が高く売れた際には、宴会が行われたこともあった。

五三　文明開化や欧化政策により牛肉を食し、牛乳を飲むことが奨励され、流行したことを受け、日本各地で明治初期に産牛事業が隆盛した。青森県も明治十年代前半に大規模な産牛牧場が開かれた。しかし、牛肉の消費が伸びず一時期の流行で終わったため、青森県内の産牛事業の多くは牧場開設十年にも満たない明治十年代末には衰退したようである〔末永　二〇〇二　四五五―四六六〕。

二―三―二．三本木軍馬補充部の設置

明治期、主にフランスを規範とした近代軍隊を導入した日本は、在来馬よりも大型のウマを軍馬のために必要とした[五四]〔大瀧　二〇一三　三三―三四〕。

軍馬の育成を行った軍馬補充部は東京都に本部を置き、支部が北海道、青森県、岩手県、宮崎県、朝鮮半島等、計一六ヵ所に置かれた。馬産が盛んであり広大な放牧地が確保できるといった利点から、明治十八（一八八五）年、軍馬補充部三本木支部の前身である軍馬局青森出張所が三本木村（現十和田市三本木）に設置された。明治二十七（一八九四）年、軍馬補充部三本木支部に改称され、以後は昭和二十年に終戦を迎えるまで、日本各地におかれた軍馬補充部の中心的存在として機能していた〔軍馬補充部三本木支部創立百周年記念実行委員会　一九八七　三〇〕。軍馬補充部が置かれた三本木町は、第二次世界大戦終戦まで、「軍馬の町」として栄えることとなった。

軍馬補充部は、軍馬を育成する場であるだけでなく、人々に働き場所を提供する場でもあった。副業の機会に乏しい上北郡では、軍馬補充部は貴重な現金収入の場となった。軍馬補充部で働く人々は「軍馬ッ人《グンバット》」、「軍馬人《グンバト》」と呼ばれ、牧草収穫等の作業に従事した。他の仕事に比べて給金が高かったため、上北郡[五五]だけではなく、下北郡や岩手県二戸郡等からも働きにくる人がいたようである。〔軍馬補充部三本木支部創立百周年記念実行委員会　一九八七　一一五―一一六〕。

二―三―三．農家の飼育状況

明治後期から昭和十九年までの十和田市内のウマの飼育頭数を図5に示した。大瀧はウマを飼育する地域に

ついて、使役するものの繁殖はあまり行われない使役地と、繁殖を行う生産地にわけ、「使役地では繁殖があまり行われず、生産地から導入された牡馬と馬が主に農馬として利用されていた」ため、「生産頭数や牝馬頭数の割合が高いほど、馬産地の性格が強かった」と指摘する〔大瀧　二〇一三　四七〕。飼育されていたウマは圧倒的にメスが多いことから、十和田市は生産地としての性格を有する。

大瀧〔二〇一三〕は、軍馬政策の内容に応じて、①第一次馬政計画第一期（明治三十九～大正十二年）、②第一次馬政計画第二期（大正十三～昭和十年）、③第二次馬政計画・内地馬政計画期（昭和十一～二十年）の三つの時期にわけている。

①第一次馬政計画第一期では、去勢法の制定や軍馬補充部の設立によりウマの体格向上が図られた。ウマの体尺が改良前と比べて大きく向上したことについて、堀内孝は「体尺の向上は、飼料代など馬産農家の負担を増加させ、同時に、女性や子どもにとって、馬のあつかいを難しくすることにな」ったと指摘する〔堀内　二〇一九　三七〕。国の政策に応えることは多くの収入を得る機会となった一方で、飼育者の日常的な負担は増加していたことがうかがえる。

②第一次馬政計画第二期は、軍と農民を中心とした民間との対立が顕在化した時期であった。明治四十年から昭和二年までの牛馬の価格推移を示した図6をみると、大正八、九年頃に上昇したものの、大正後期や昭和初期の大恐慌により下落している。[五六]

五四　軍馬改良の必要性を日本が痛感したのは、日清戦争・日露戦争を経験してからである。この戦争で導入された軍馬の多くは在来馬であり、軍馬の体格が軍用には小さすぎるという欠点が露呈した〔大瀧　二〇一三　三五〕。

五五　現在の六戸町、おいらせ町、十和田市、七戸町が含まれる。

五六　生活に困った農民は軍馬購買価格の値上げ交渉を行うこともあった〔軍馬補充部三本木支部創立百周年記念実行委員会　一九八七　八四―八七〕。

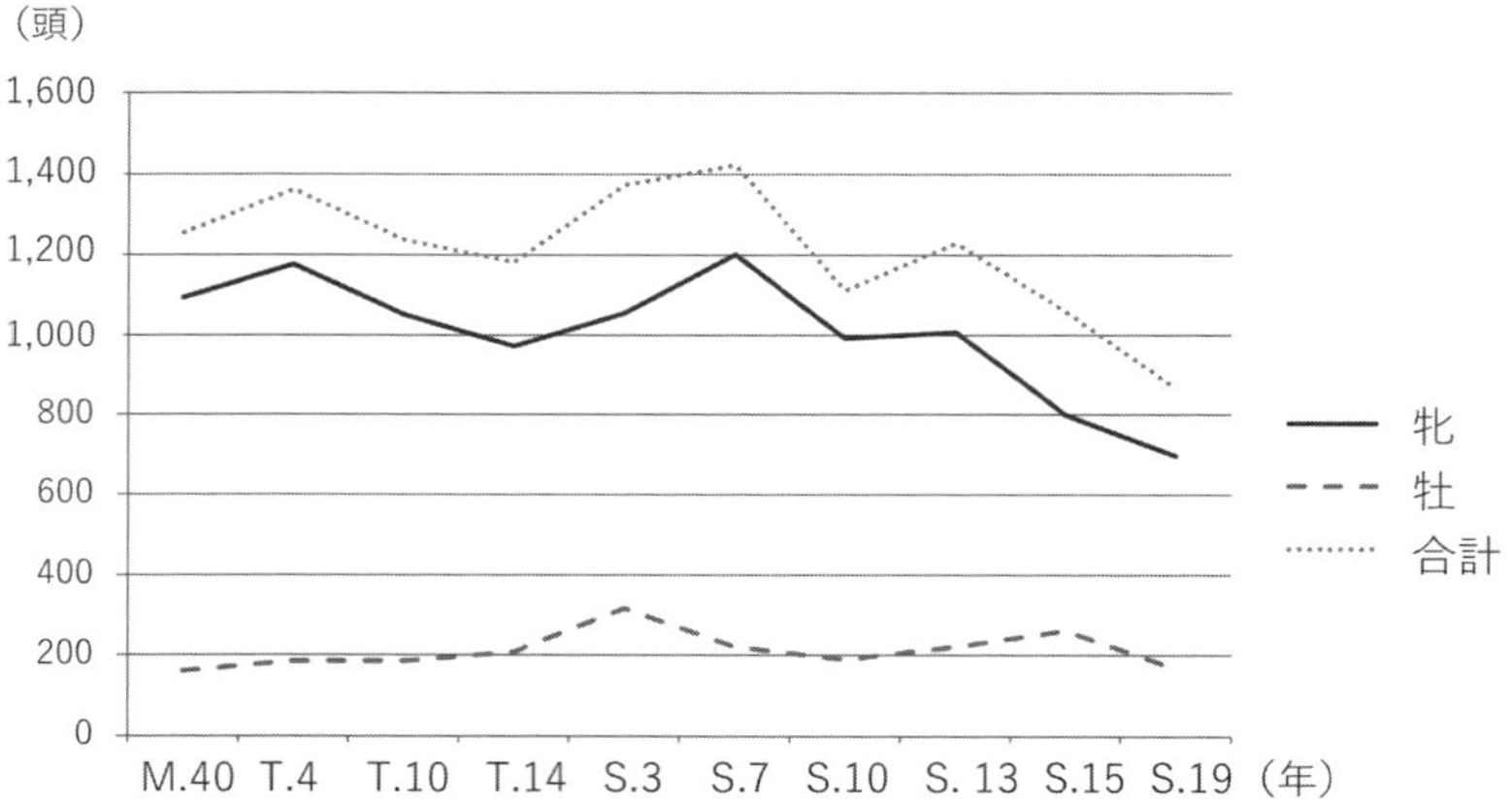

図５　明治から第二次世界大戦終戦までの十和田市における馬の飼育頭数
（『馬の町三本木と馬車』に基づき筆者作成）

対立が生じていたのは軍と民間だけではなかった。この時期の東北地方では、農家役畜に馬と牛のどちらを有利とするか、より正確にいえば、軍馬供給に向けた改良馬（馬論）と小格馬・ウシ（牛論）とのどちらを有利とするかの対立が起きていた〔大瀧　二〇一三　一五八―一五九〕。加えて、重要な収入源として行われてきた馬産そのものについての反対意見も出ており、例えば、大正九年一月五日の『陸奥の友』第二巻第一号には青森県の県会議長を経験した北山一郎の筆による「南部を禍するものは馬である」という論稿が発表されている。[五七] 北山は、青森県は「他の各県に比べて如何にも貧弱」であり、その大きな原因は「南部の馬である」と述べる。そして、馬の放牧をやめ、放牧地の一部を桑園とし、残りを他の田畑にすることを提案している〔北山　一九二〇（二〇一六）一七四―一七五〕。このような馬産への反対意見があったものの、馬産が行われなくなることはなかった。その理由を、大瀧は経済的側面と技術的側面から説明している。経済的側面とは、ウマから得られる労働力が雇用労賃の削減となり、厩肥の自給により飼料購入費を抑えることができたことである。また、技術的側面として、代掻き作業を迅速に行う目的があった。雪解けから短期間に田植え

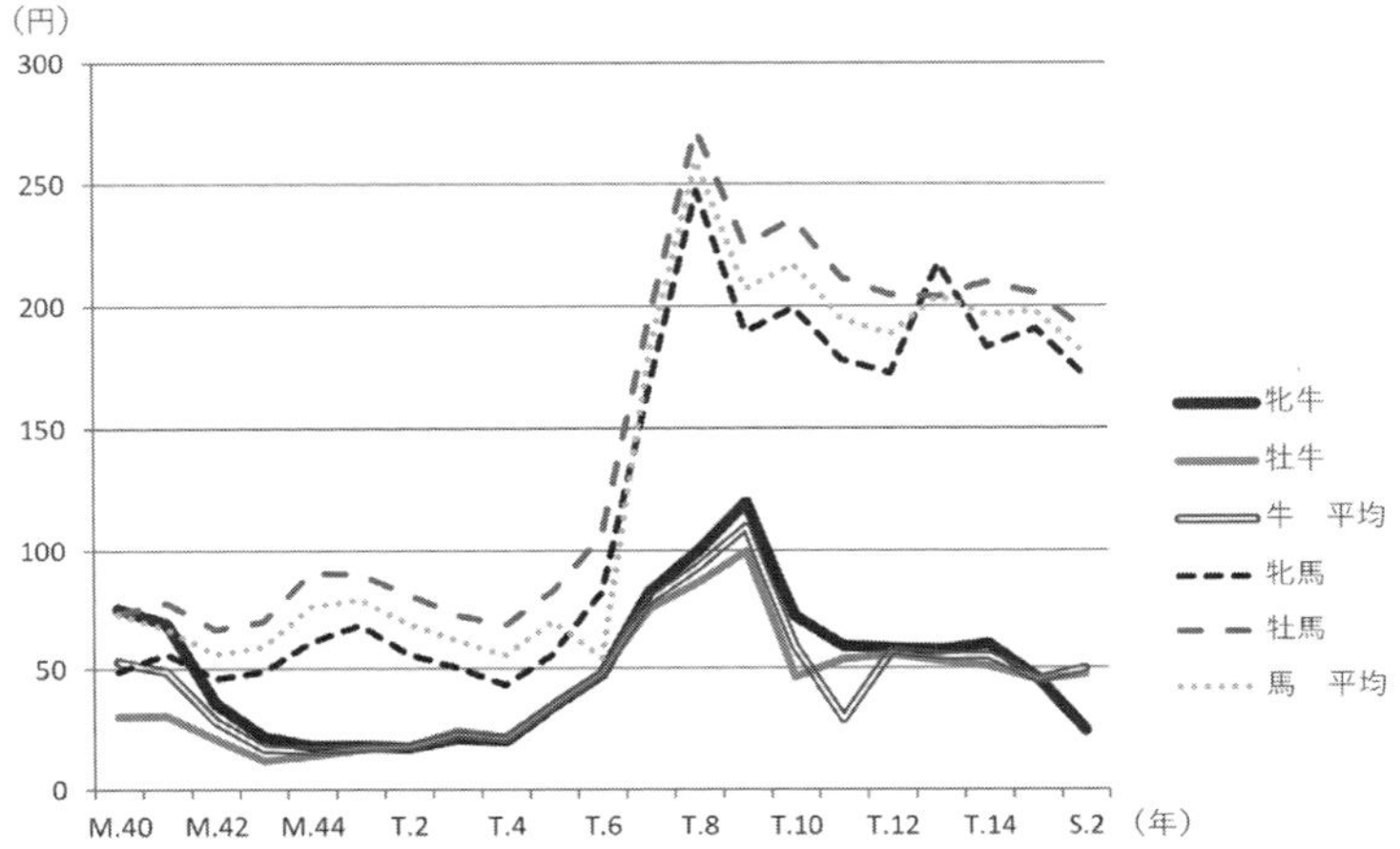

図６　牛馬の価格推移
（『昭和二年度青森県統計書』「八八，牛馬一頭平均価格累年比較」に基づき筆者作成）

を終わらせる必要があったため、ウシよりも作業速度の速いウマが用いられた〔大瀧　二〇一三　一六〇―一六二〕。

③第二次馬政計画・内地馬政計画期では、昭和十二年の日中戦争の開幕により、軍馬需要が急増し、民間馬の大規模徴発が行われた。昭和十八年にはウマの生産頭数が戦前最大に達したものの、長期かつ大量の軍馬動員により国内馬資源は枯渇し、終戦を待たずに馬体制は崩壊することとなった〔大瀧　二〇一三　三八〕。ウマの飼育頭数を示した図5をみると、昭和十九年は最盛期の三分の二ほどの頭数となっている。この減少の背景には、民間馬の大規模徴発があったと推察される。

つづいて、当時の様子を雑誌記事等からみていく。昭和十七年十一月十一日の『月刊東奥』第四巻第一一号「戦ふ南部馬産地帯」[五八]には、当時の子どもたちは「五、六才になれば朝牧場へつれて行き、夕方つれて帰るぐらゐのことを」していたという。また、「自分の女房と馬が一緒に子を生んだ時、女房なら近所の誰か来て世話をしてくれるだらう、

五七　『青森県史　資料編　近現代七』〔青森県史編さん近現代部会　二〇一六〕所収。
五八　『青森県史　資料編　近現代七』〔青森県史編さん近現代部会　二〇一六〕所収。

馬ならだれも構つてくれないといふので、早産したその子馬を四十日も抱いて寝て見事に救つた」人物の話が挙げられていた。「他の家を訪問する時は先づ厩に立ち寄つてその厩舎の出来と持馬を見」、「話はその馬のことから始まる」、というように、人々がウマと共に暮らしていた様子がうかがえる〔青森県史編さん近現代部会　二〇一六　七二三―七二八〕。

ここまで、近代までの牛馬飼育の様子を記述してきた。近世においては盛岡藩の馬政の下、南部馬の生産が行われていた。ウマは家で飼育される私的な存在であると同時に、持ち主を体現する公共性をもつ存在でもあった。特に将軍や貴族といった人々は自身の権力を示すに相応しいウマを求めた。このような購入者のニーズ、更に言えば、購入者・飼育者をとりまく社会環境で必要とされるウマを生産することが求められた。ウマを生産する側の人々にとって、ウマは糞畜として、収入源として不可欠な存在であったことから、家族として大切に扱われた。

明治期から第二次世界大戦終戦までの牛馬飼育は、軍馬生産と共にあった。野本〔二〇一五〕が指摘するように、軍馬御用は、青森県東部や岩手県北部の馬との関わりを語る上で欠かせない言葉であり、軍馬生産が行われなくなった後も、人々の記憶に鮮明に刻みこまれていた。一方で、大瀧〔二〇一三〕が指摘するように、軍馬政策は一筋縄ではいかなかったことも事実である。近代における牛馬、特にウマは国策により体格が変化し、それによって飼育者の側は扱いが困難になり、飼料の面での負担が生じた。しかし、収入源が少なかった当地方において、軍馬御用による大金は貴重な収入源であり、馬産熱が下がることはなかった。

第三節　近世・近代のソウゼン信仰

続いて、近代・近世におけるソウゼン信仰を記述する。青森県東部では、近世は盛岡藩により、近代は国策により、馬産が奨励されてきた。支配者・被支配者が共に馬産に取り組む中で、ソウゼン信仰はどのように展開していったのであろうか。

三―一．盛岡藩におけるソウゼン信仰の展開

まず、盛岡藩におけるソウゼン信仰を、ソウゼンを祀る寺社や馬医学との関わりから記述する。

三―一―一．ソウゼンを祀る寺社

元文四（一七三九）年五月七日の『雑書』には、御駒蒼前宮が歓化・建立されたことが記されている〔兼平二〇一五　一一一〕。

盛岡藩領一帯にソウゼンが祀られていたことが、社堂の分布からうかがい知ることができる。盛岡藩の作成した「御領分社堂」[五九]によると、盛岡藩領内においてウマに関わる堂は五十六を数えた。ウマに関わる堂、と記述したように、ソウゼンだけでなく、馬頭観音や駒形明神等も祭祀対象とされている。「御領分社堂」に記述されているウマに関わる社堂の中で最も多く祀られているのは、「ソウゼン・ショウゼン（勝善・騙騸）」と「馬頭観音」である。名称がショウゼン・ソウゼン・馬頭観音となっている堂の数はそれぞれ、十六・十・二十二であり、馬頭観音堂が最も多い。現在青森県東部で多くみられる「蒼前」が用いられている堂は一つもなく、「蒼前」に類似したものでは「ショウゼン（勝善・正膳）」・「ソウゼン（騙騸）」がある。また、「勝善堂」と記載

五九　宝暦十（一七六〇）年前後に作成されたとされている。ここでは、『青森県史　資料編　近世四　南部一盛岡藩領』〔青森県史編さん近世部会編　二〇〇三　四八五―四八七〕に翻刻されたものを参照している。

されつつも「本地馬頭観音」とする記述もあることから、一部の社堂ではソウゼンと馬頭観音は習合した存在として扱われていたようである。これは、第二章で挙げた『十和田山神教記』の「宗善堂の由来の事」に記されているような状況と考えられる。

ソウゼン堂には、修験とのつながりがみられるものがあり、[六〇]「御領分社堂」に記載されている限りでは、羽黒派と本山派の二つの宗派がある。[六一]青森県史によると八戸藩・盛岡藩においては他宗派と比較して修験が優勢であり、「修験者たちは村方に居住し、祈祷を行い、守札を配布するなど人々の最も身近に存在する宗教者であった」〔青森県史編さん通史部会　二〇一八　一九三〕。花輪・毛馬内といった秋田県側には羽黒派が、青森県・岩手県側には本山派が関わるソウゼン堂が多い。各堂には別当、もしくは俗別当が置かれている。別当とは僧籍にある堂の管理者を指す。一方、俗別当は俗人身分のままで寺院統轄の責任者である別当を務める者を指す。現在の十和田市、そして、青森県や岩手県の多くの地域において、寺社の管理を行う者を「ベットウ」と呼ぶ。この史料からは、少なくとも江戸時代中期にはベットウによる寺社の管理が行われていたことがうかがえる。[六二]当時のベットウを務めていた家のなかには、第二章で記述したおいらせ町の蒼前宮のように、現在もベットウを務める家もある。

ソウゼンは村々に祀られていただけでなく、藩との関わりも深かったようである。伊藤一充によると、「各藩牧には必ず蒼前が祀られ、その中核に当たるのが「木ノ下蒼前」であった」〔伊藤　二〇〇三　三九七〕。「木ノ下蒼前」は現在のおいらせ町にある氣比神社を指す。氣比神社が祀られた由来が記されている「木崎野馬護神祠堂の由来」によると、寛永十六（一六三九）年に牧を開いた際、南部重直が「野の中に一の堂宇を建て丶その馬祖を崇」んだとされる。堂に祀られている馬祖とは、「方言に謂うところの馬護神」である。馬護神は「すべて畜馬と駒馬とを業とするものは、一たび拝謁して其欲する所を乞《ねが》わんか、数月ならざるに其意《こころ》に充《かの》う」とされており、「藩中のみか、接壌の諸藩仙台・津軽より羽の秋田に至るまで四時奔走して途に尽きぬ」という様子であったという〔百石町　一九八五　一四四六―一四四八〕。

馬護神堂がいつから「蒼前」となったのかは定かではなく、そもそも「木崎野馬護神」は民間に祀られることになって「木ノ下蒼前」と呼ばれるようになったのか、それとも、元来「木ノ下蒼前」が通称であったものを「馬護神」と記したのかは詳らかでない。盛岡藩三戸代官所給人の記した『万日記』[六三]の弘化三（一八四六）年七月六日には、「木下馬頭観世音江心願之儀有之」と記されており、「馬頭観世音」の名称も用いられていたことがうかがえる。このような記述からうかがえるのは、ソウゼンや馬頭観世音といった名称ではなく、〝ウマの守護〟という利益を求めて領民武士と身分を問わずに木ノ下に参拝していた様子である。

「木崎野馬護神祠堂の由来」にみられる「馬祖」の語は、南部家で行われていたウマに関わる祭事でも用いられている。南部家で行われていた祭事を示した、「馬祖等神陳設図」[六四]（写真10）によると、この祭事では馬

六〇　修験とソウゼン信仰との関わりは、盛岡藩のみではない。佐竹藩に属していた能代市の享保八（一七二四）年の神社分布によると「相染堂」が少なくとも六社建立されている。この六社いずれも修験が管轄していた〔能代市史編さん委員会編　二〇〇四　五七〇―五七一〕。

六一　盛岡藩・八戸藩領の修験道分布については、『青森県史　通史編　近世二』に詳しい。修験道の中でも、「熊野信仰が盛んな南部領においては、天台宗系の本山派（聖護院派）が優勢であり、真言宗系の当山派は振るわなかった」〔青森県史編さん通史部会　二〇一八　二一二〕。また、八戸藩では「羽黒派はまったく振るわなかったのに対し、盛岡藩では羽黒派は一定の勢力を持っており」、盛岡藩内で「本山派が羽黒派を支配する体制となったあとも二派の勢力争いが頻発していた」ようである〔青森県史編さん通史部会　二〇一八　二一一〕。

六二　青森県内において寺社の管理を行うベットウの役割については、村中健大〔二〇〇九〕による研究がある。

六三　『青森県史　資料編　近世四』〔青森県史編さん近世部会編　二〇〇三〕所収。

六四　八戸市立図書館所蔵。

祖之神だけでなく、馬社之神・先牧之神・馬歩之神の四神が祀られていた[六五]。四神のうち馬祖は龍馬であり、先牧之神は馬の飼育を始めた神、馬社之神は乗馬を始めた神、そして、馬歩之神は災を除く神と記されている。神事の詳細は記されていないものの、このようなカミを祀ることで、南部家ではウマの健康や成長、繁殖などを祈願していたと考えられる。

盛岡藩一帯へのソウゼン信仰の広がりの背景には、芸能との関わりも無視できない。門屋光昭によると、七軒丁と呼ばれる芸能集団が駒形祭神の守札を藩内諸神の絵像を一手に販売していた。御駒太夫一族が駒形神社の近くに住んでいたことが名前の由来のようである。もとは盛岡藩の産馬奨励策、ソウゼン信仰と結びついて生まれた集団であり、御駒太夫の名もそれに由来する。木馬を使った飛馬などウマに関する芸も行っていたという〔門屋　一九九〇　三〇〕。

七軒丁は盛岡藩内各地で芸能を披露していた。文政十（一八二七）年四月ごろから、御駒堂修復勧化のため太神楽をもって藩内を巡行しており、この際に藩内各地に七軒丁より伝承されたという民俗芸能団体が少なくないようである。この御駒堂とは、蒼前駒形明神御宮を指す。享保二十一（一七三六）年の歓化をもって建立され、延享五（一七四八）年盛岡藩藩主から鳥居を寄進された際に名称も「倉前」から「蒼前」に改めるように沙汰されたという。社伝では、南部氏が三戸に下向後、三戸城下で産馬守護のため奉祀され、南部氏御厩別当「御駒太夫」加藤京吉の先祖が代々別当に任ぜられていた。慶長年間の盛岡築城にともなって御駒堂も盛岡に移されたという〔門屋　一九九〇　三三〕。七軒丁の藩内各地での巡業により「蒼前」が伝播したのであれば、伊藤一充〔二〇一三〕が指摘するように、九牧がある範囲、すなわち盛岡藩内に蒼前地名が集中していることもうなずける。

三―一―二．ウマの病への対処

盛岡藩には馬医がおり「御馬」の治療を行っていた。村にも馬医がおり、牛馬の扱いに長けたバクロウもウマの病気の治療法や薬の知識を有していた。薬には、鶏糞、イヌの糞、たばこの脂を酢に溶いた薬等が用いられていたようである。このような治療法が発展する一方で、神威に頼ることもあった。藩の厩にはウマの守護神とされるサルが飼われており、藩の宗門人別改からは猿まわしの存在がみられる。藩の厩で病馬が多い時には祈祷が行われることもあった（兼平　二〇一五　一一〇―一一二）。

ウマの病気への治療薬や治療法が記された医学書『勝善安驥集』[六六]が南部家と淵沢家[六七]にそれぞれ残されている（写真11、12）。二冊の名称は同じであるものの、内容は異なる。南部家所蔵のものは病気の治療法に特化していた一方で、淵沢家のものは、龍からウマが産まれたとするウマの由来や「馬師皇」という人物とのウマに対する鍼灸問答が記されている。書名に用いられている「驥」は、「すぐれた馬。一日に千里を走るという名馬。駿馬」を意味する字である。第二章で記述したように、バクロウがソウゼンと呼ばれることもあることから、ウマの病を癒し健康にする対象に対して、「ソウゼン」の名を冠していたことが推察される。

三―二．近代のソウゼン信仰

続いて、近代のソウゼン信仰をとりあげる。ここで着目するのは、開拓と軍馬補充部の設置におけるソウゼ

六五　これらの神については、中国の五経の一つである『春秋正義』にも記されている。

六六　南部家・淵沢家の史料共に八戸市立図書館所蔵のものを参照した。

六七　八戸藩領陸奥国九戸郡軽米町（現岩手県軽米町）の豪農。製鉄業などにも関わっていたようである。

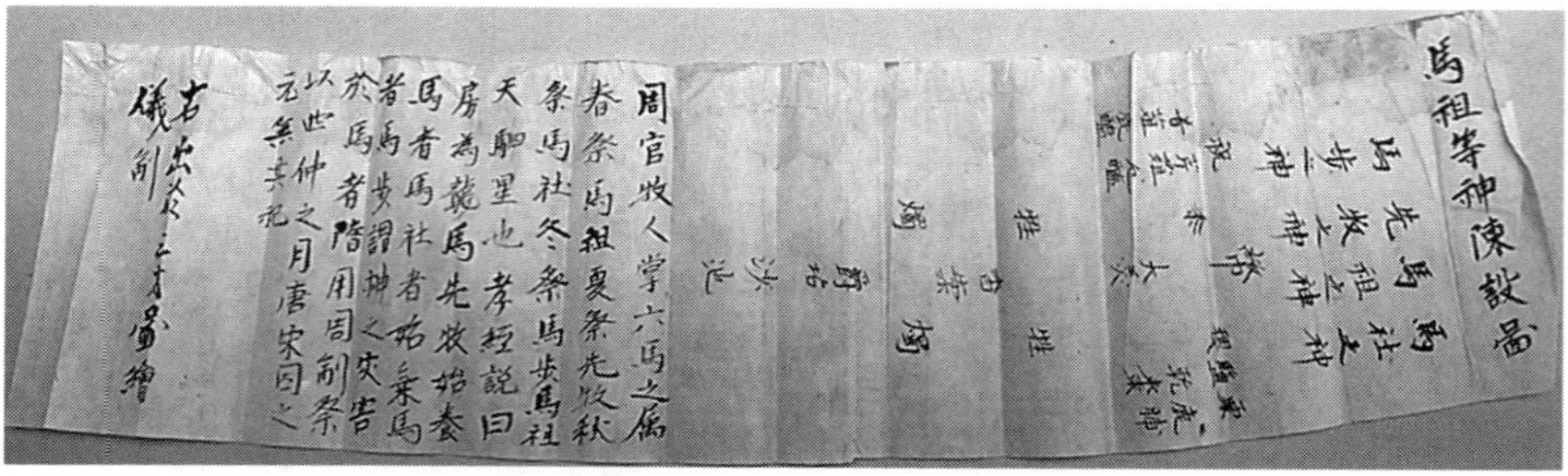

写真10　八戸市立図書館所蔵の南部家文書「馬祖等神陳設図」
（2019年11月13日筆者撮影）
＊写真では文字が読みにくいため、神事の図の部分のみ翻刻する

馬社之神
栗監稗
鹿乾
脯棗　牲　燭
馬祖之神
幣　大羹　香案　爵坫沙池
黍　牲　燭
先牧之神
祝
芹菹■醢
馬歩之神
着菹鹿醢

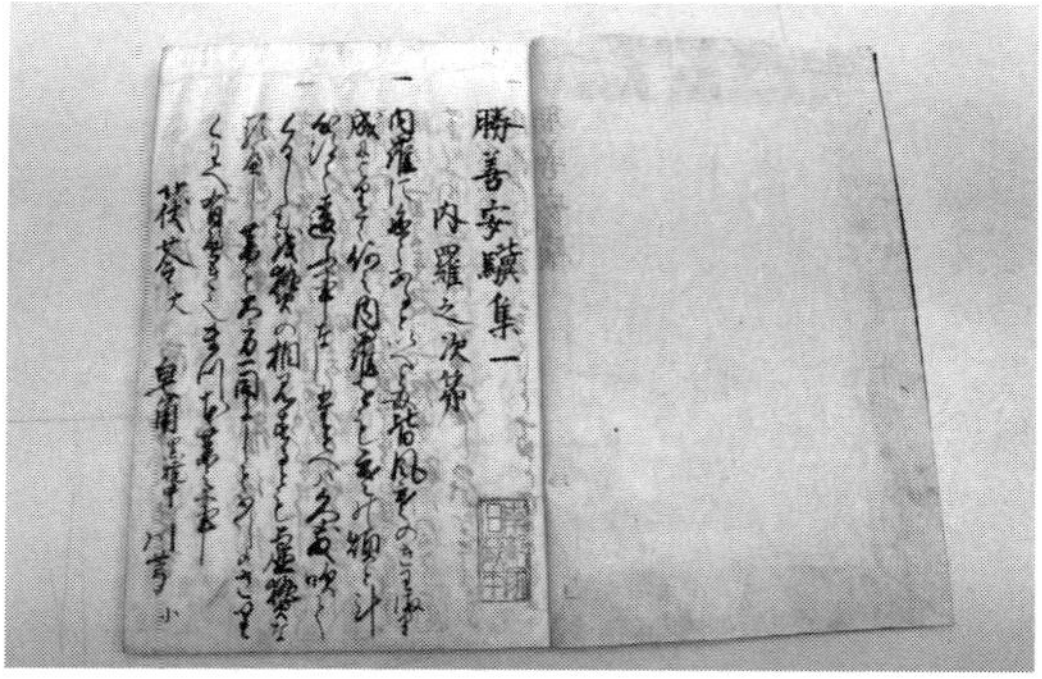

写真11　『勝善安驥集（南部家）』の冒頭部分
（2019年11月13日筆者撮影）

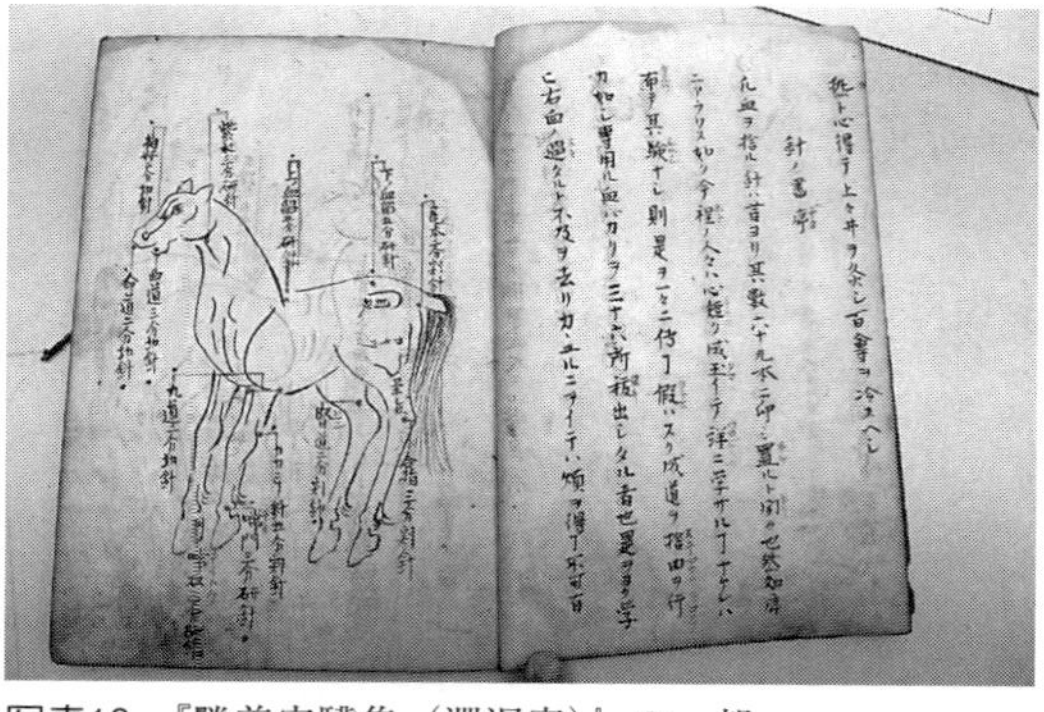

写真12　『勝善安驥集（淵沢家）』の一部
（2019年11月13日）
＊図は馬に針をさすべき場所を示している。

ンとの関わりを記述する。

三―二―一．三本木原開拓とソウゼン

安政二（一八五五）年に着手された三本木原開拓により、三本木原には各地から人々が集い、新しい町が生まれた。異なる環境で育った人々が一つの町で暮らすにあたり、三本木原開拓を主導した新渡戸傳やその息子の十次郎がまず行ったのは、養蚕や製革業といった産業を誘致し、雇用の場を創出すること、次いで、神社仏閣の誘致であった〔中野渡　一九九五〕。

三本木開拓を行った新渡戸傳、十次郎、邦之助三名が連名で万延元（一八六〇）年に記した「三本木開業之記」[六八]には、次のような記述がある。

> 新地開業に付て第一に神社仏閣を造営し滅罪祈願の寺院を建立して人民を教道し殃災を退除せしめんはきて神明宮を建立しては大皇国の安らけく平かならん事を弥き奉り稲荷社を建立しては五穀の豊熟を祈り馬頭観音を安置しては庶民安寧六蓄無難を願ふものなり［後略］。
>
> 〔「三本木開拓誌」復刻刊行会　一九八〇a　九〕

住民の結束を高めるために誘致された神社仏閣は、神明宮・稲荷社・馬頭観音であった。馬頭観音の誘致について、中野渡一耕は「古来の馬産地であった現在の青森県南地域で広く信仰されていた」ため、「開拓指導

六八　『三本木開拓誌　中巻』〔「三本木開拓誌」復刻刊行会　一九八〇a〕を参照した。

層が民心掌握のための手段として利用したのは当然」と述べる〔中野渡　二〇一四　九二〕。中野渡の示すように、ウマは南部地域にとって古来重要な収入源であり、多くの家でウマが飼育されていた地域であることから、人だけでなくウマの無事を祈願する対象が求められたことは想像に難くない。そのため、多くの集落で馬頭観音が誘致されたと考えられる。

馬頭観音は毎年八月十一日に祭礼が行われていた。「蒼前祭礼の所今日雨天にて参詣人々遠来より来るも皆々戻る相撲興行無之」[六九]といった記述から、祭礼の際には相撲が行われ、各地から祭礼に訪れていた様子がうかがえる。この時期、木ノ下蒼前の祭礼も行われていたようである。「木ノ下参詣願出る残り人足かし人会所畑拵こやし土手崩し等なり」[七〇]と三本木開拓に関わっていた人足が、木ノ下蒼前の参拝のために暇を申し出た記録が残っている。

三―二―二．軍馬とソウゼン

軍馬を調達するため、馬産の啓蒙活動が行われた。例えば、軍馬が戦地で立派に活躍する小説や歌謡曲、農家が育てたウマが軍馬として買い上げられる喜びを描いた映画をつくることで、ウマが戦場で最後を迎えることを名誉とする思想の普及を諮った〔武市　一九九九、石井　二〇〇一など〕[七一]。また、当時民衆の娯楽であった競馬に「速歩」という軍馬鍛錬を目的とした種目を組み込むことで、現在の地方競馬に展開していった〔杉本　二〇〇三〕。

栗田直次郎は馬頭観音が「死馬の供養塔としてではなく、直接生活にかかわる馬の出産、成育、事故防止などの祈願の対象となっているものがあ」り、「その多くは馬の産地である北海道や東北地方にあり、改めて生産神としての信仰を集めている」ことから〔栗田　二〇〇九　三六〕、戦時中の軍馬徴用との関わりを示唆した。

また、「生産に関しては供養塔としての仏教上の馬頭観音ではなく、神号がついた石碑形式が多いのも特徴的である」と述べている〔栗田　二〇〇九　三六〕。

a. 馬産振興と祭礼

昭和初期には畜産振興の一環として家畜守護神への信仰を奨励する論文が畜産雑誌に掲載されたこともあった〔竹中　一九二七〕。ソウゼンも馬産振興に利用されていた様子がうかがえる一つの例が、岩手県滝沢市で行われる「チャグチャグ馬コ」である。

チャグチャグ馬コは、飾り立てた馬の行列が岩手県滝沢市の蒼前神社から盛岡市内の盛岡八幡宮に行進する行事である。毎年六月十五日に行われる。安藤直子によると、この祭りが現在のような団体行進行事となったのは、昭和五年以降のことである。それ以前は「蒼前参り」と呼ばれ、個々人が飼い馬を連れて夜明け前に蒼前神社に行き、朝食前には参拝を済ませて帰る行事であった。個別に行っていた蒼前参りが団体行進行事へとなったきっかけは、皇太子（後の昭和天皇）と秩父宮による岩手訪問であった〔安藤　二〇〇六　二二一〕。皇太子の岩手県訪問に合わせて装束馬が集められ、皇太子に披露された。秩父宮が訪問した際も同様に、装束

六九　「安政六（一八五九）年三本木平開発留」八月十一日〔『三本木開拓誌』復刻刊行会　一九八〇a　三二五〕。『三本木開拓誌（中巻）復刻版』〔『三本木開拓誌』復刻刊行会　一九八〇a〕所収のものを参照した。祀られた当初は「馬頭観音」の表記であったものの、後の記述では、「馬頭観音社」、「蒼前社」とも記されている。

七〇　「文久四（一八六四）年稲生開発留」六月十五日〔『三本木開拓誌』復刻刊行会　一九八〇b　四七〕。『三本木開拓誌（下巻）復刻版』〔『三本木開拓誌』復刻刊行会　一九八〇b〕所収のものを参照した。

七一　「名誉」が強調される一方で、ウマが戦地で酷使され死んでいった現実が明らかにされることはなかったようである〔石井　二〇〇二〕。

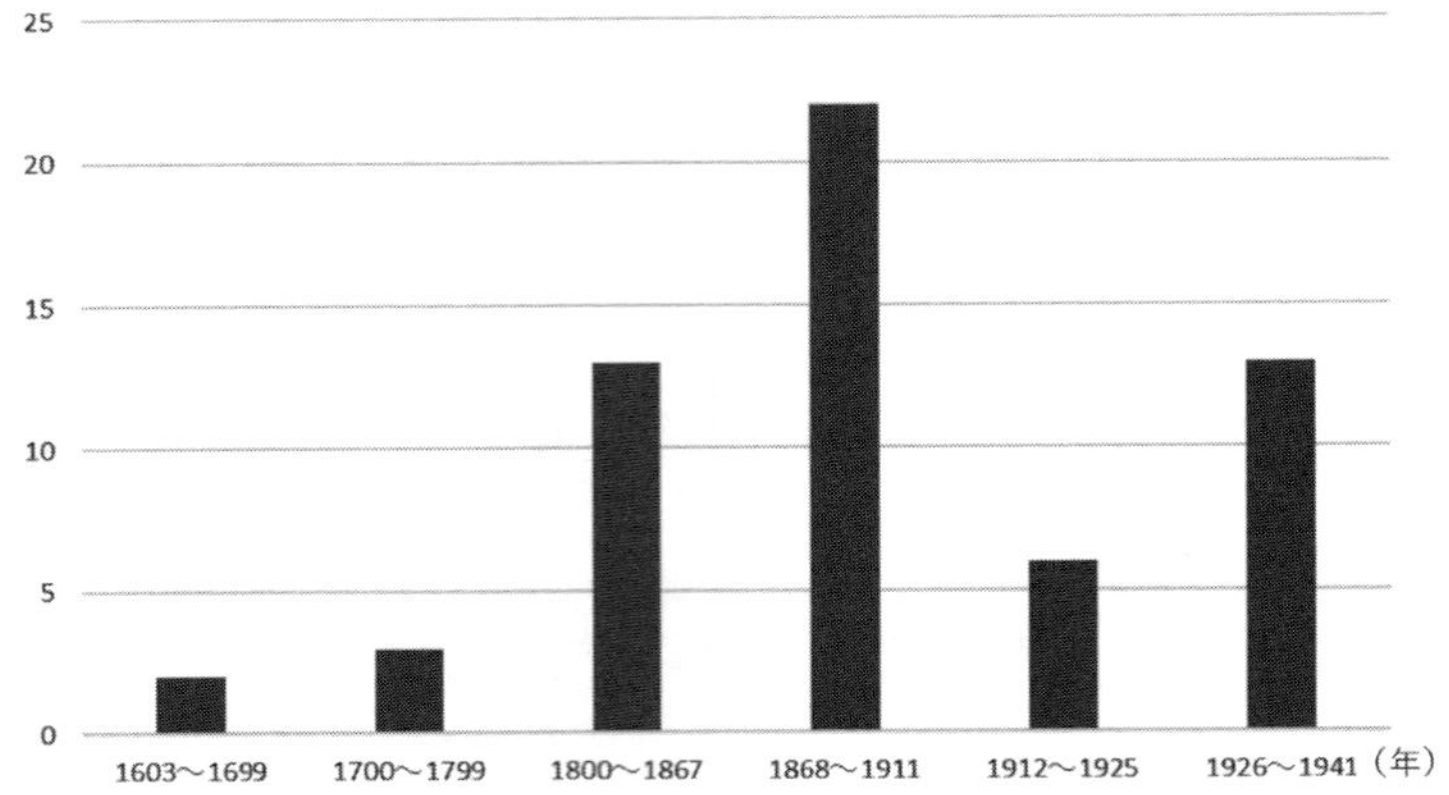

図７　ソウゼンを祀る神社の建立年代
（『十和田市の蒼前信仰』〔十和田市文化財保護協会編　2003〕に基づき筆者作成）
＊建立年代が不明な神社は含めていない。
＊建立年代が江戸時代末期と記されていた神社は1800～1867年に含めた。

馬を集めて秩父宮に披露〔安藤　二〇〇六　二一二〕。秩父宮が訪問した翌年から、チャグチャグ馬コは団体行進行事となり、最盛期には三〇〇〇頭ものウマが参加していた。

皇太子と秩父宮の訪問をきっかけに、「飼育馬の健康や繁殖を祈る目的から離れて」、国民の戦意を高揚させるために利用されるようになっていった。そして祭礼が、共進会やせり市としての役割も果たしており、チャグチャグ馬コの際には、近郊の村などから数百人のバクロウが集まり、秋のせり市に供えてウマの下見をしたり、その場で取引をすることもあった〔安藤　二〇〇六　二一三〕。

チャグチャグ馬コが「飼育馬の健康や繁殖を祈る目的から離れて」いるとは断言できかねるものの、チャグチャグ馬コが人々の馬産熱が高まる場として機能していった点は重要な指摘と考える。

b．軍馬補充部に建立された蒼前神社

軍馬補充部では亡くなった軍馬の霊を慰めるため[七二]、本部庁舎前に軍馬蒼前神社を建立した。祭神は、「相馬妙見大本営神魂」、「陸奥木下蒼前神社魂」である〔軍馬補充部

三本木支部創立百周年記念実行委員会　一九八七　四八〕。「陸奥木下蒼前神社魂」とは、おいらせ町の気比神社を指すと考えられる。

軍馬蒼前神社は終戦後、軍馬補充部用地の解放後にできた八郷集落に移され、毎年九月一日に祭典が行われている〔軍馬補充部三本木支部創立百周年記念実行委員会　一九八七　四八〕。八郷集落では、蒼前神社とは別に「人間の神様も祠って祖先崇拝・家内安全・子孫繁栄・商売繁盛・部落繁栄などを祈願しようということになり、昭和二十六年九月六日、岩手県水沢市の八幡神社を勧請している」〔軍馬補充部三本木支部創立百周年記念実行委員会　一九八七　九三〕。このことから、昭和二十六年の時点では蒼前は家畜守護神としての機能を持つに留まっていたと推察される。

c. ソウゼンを祀る神社の建立

十和田市内における蒼前神社について報告されている『十和田市における蒼前信仰』〔十和田市文化財保護協会編　二〇〇三〕によると、市内には少なくとも六十一社の蒼前神を祀る神社が建立されている。十和田市内のソウゼンを祀る神社を、建立年代別に集計した図7をみると、明治期（一八六八〜一九一一）に多く建立されていること、そして、戦後は新たな神社の建立がみられないことがうかがえる。最も新しい神社は昭和十六年の建立とされており、軍馬補充部が解体され、軍馬の需要がなくなって以降は新たな神社の建立はされて

七二　松崎圭は、軍隊における軍馬碑の建立の背景には、「軍馬の慰霊」に留まらず、「人間の兵士に対して愛馬心」を涵養させるため」という意図があったこと指摘する〔松崎　二〇〇九　一四二〕。軍馬補充部に建立された蒼前神社でも賑やかな祭礼が行われていたものの、軍馬を供出した農家、軍馬を調教し戦場に送りだした兵士や軍馬人が戦死した軍馬を偲ぶ場所でもあったのかもしれない。

いないようである。

ソウゼンを祀る神社の社殿には、自身の飼育する家畜を描いた絵馬や賞状、写真や旗などが奉納されている場合が多い。賞状は品評会等で受けたものであり、写真は馬力大会や品評会で優秀な成績を収めたウマや軍馬御用となったウマもある。

以上、近世から近代にかけて、ソウゼンが武士、農民、軍を問わずに祀られてきた様子が明らかになった。近世の盛岡藩と近代の軍馬補充部は、ウマの使用目的は異なるものの、馬産を奨励し、農民等が育てたウマを買い上げることで、目的とするウマを手に入れる点では共通していた。支配者側は権力の象徴を得、ウマを供給する被支配者の側は収入が手に入ることから、支配者層と被支配者層双方にとって、ウマは重要な存在であった。重要なウマを守るために、そして、よりよいウマを生産するために祀られてきたのがソウゼンであった。ソウゼンを祀る神社には写真や絵馬、賞状等、多数の奉納物がみられる。人々は奉納物を通し、立派に育ったウマやウシの姿を報告していた様子が推察される。

第四節　馬政とソウゼン信仰

本章では、馬産を奨励する盛岡藩と軍馬補充部、ウマを生産する人々、そしてソウゼンに着目し、近世から近代にかけての、人・牛馬（主にウマ）・ソウゼンの関わりを明らかにしてきた。ここで、本章の内容を整理し、ソウゼン信仰の変遷を示す。

四―一．馬匹政策における人とウマ

第二節では近世までのウマの歴史を概観し、「人馬一体」となり暮らしてきた盛岡藩の状況を確認した。近世までのウマは、武士や貴族といった支配者の側にとって自身の権力を示すものであった。そのため、権力の象徴として相応しいウマを求めた。ウマは戦や儀礼などの場で披露され、主従関係を強固にする贈答品ともなった。ウマは権力と不可分に結びついていたことから、ウマを生産・供給する側の人々は、支配者が求めるウマを生産することが求められた。例えば、戦乱の世にあっては体格のよい好戦的なウマが求められた一方で、泰平の世では体高が低く扱いやすいウマが求められた。

近世は盛岡藩による馬政のもとでウマを管理されていた。では、ウマを生産する側はウマとどのように関わっていたのか。ウマは労働力であり、収入源でもあるなど、農民の生活に不可欠な存在であった。飢饉等の非常時には食料となることもあったものの、人々は積極的にウマを食べることはせず、馬肉食を正当化するための説明を必要とした。一体となって生活してきたウマを人が食べることに対する罪悪感と生きるためには仕方がない、という複雑な当時の人々の心境が存在した。

近代の牛馬市場を牽引した存在の一つが、軍馬であった。明治十四（一八八一）年に軍馬補充部の前身が三本木町に置かれたことにより、青森県東部や岩手県北部では「軍馬御用」を目的とした馬産が行われるようになった。軍馬生産をめぐっては、大瀧〔二〇一三〕の指摘するような軍と農の対立が生じたものの、野本〔二〇一五〕の述べるように軍馬として買い取られる「軍馬御用」は当地の人々が馬産を行う上での大きな目標となっていた。大きな収入をもたらすと同時に名誉なことでもあったためである。

ウマは所有者の権力や軍事力を示す存在であり、主従関係を強固にするための贈答品であり、儀礼において所有者の権力を示す存在であり、高く売れること、特に軍馬として売れることで、飼育者に名誉を与える存在であった。つまり、ウマの身体は、飼育者、そして、社会情勢を体現するものであった。そのため、ウマを取り巻く社会状況に応じた飼育を行うことが、当地の「生きていく方法」であった。

四―二．ソウゼン信仰の変遷

第三節で記述したように、ソウゼンは馬産振興と結びつき、盛岡藩や軍馬補充部においても排除されることなく積極的に祀られてきた。近代に着目すると、七軒丁の存在などから盛岡藩は産馬振興のためにソウゼン信仰を奨励していたことがうかがえる。ソウゼンは、馬産を奨励する側・ウマを生産する側双方にとって重要な存在であった。そのため、農民がそれまで祀ってきたソウゼンを盛岡藩の側が取り入れ、馬産振興のために信仰を利用したと考えられる。ソウゼンには藩・農民一体となって馬産に取り組むための紐帯として役割が見出せる。

盛岡藩におけるソウゼン信仰の展開には、修験による活動、そして、七軒丁のような芸能集団の活動があった。修験はベットウ、更には俗ベットウとして村々のソウゼンを祀る社堂を管理することで地域の信仰の存続に関わっていた。第二章で取り上げた、修験の一派によって広められたとされる『十和田山神教記』〔板垣（松一九六二）〕には「宗善堂の由来」が記されていた。ベットウが管理するのは、ソウゼンだけでない。熊野神社や稲荷神社など、大小さまざまな神社をそれぞれのベットウが管理していることが常である。ここからうかがえるのは、修験によって形成された地域の複合的な信仰世界であり、ソウゼンはその一部をなしているということである。修験だけではなく、他の宗教者や芸能、ソウゼンの場合には、七軒丁がソウゼン信仰の伝播に関わっていた。盛岡藩全域において活動していた七軒丁は、藩内に芸能を広めただけでなく、藩内に「蒼前」が広まるきっかけを作ったと考える。

ところで、ソウゼンには「ショウゼン」や「シュウゼン」の名称があった。ソウゼンに複数の名称があることは、盛岡藩内のみではなく、第二章で記述したように東日本に広くみられる。柳田は「ソウゼンとショウゼンといずれが原《もと》にしていずれが訛ならんか」という問に対し、「自分はいまだ確証を得ざるもまずは前者を正しと思えり」とし、「ショウゼンに勝善の文字宛てたるは多少もっともらしき理屈を言うひとの所為なるべければおそらく後の事ならん」と述べる〔柳田　一九一二（一九八九）　四九八―四九九〕。更に、文字については「蒼前、⿰馬蒼前、⿰馬相騚などと書するは正しからず、正しくは驄前と書くべし」と結論づけている〔柳田　一九一二（一九八九）　五〇八〕。ソウゼンの名称について、盛岡藩の「御領分社堂」（一八世紀半ば）、第二章で取り上げた菅江真澄の紀行文（十九世紀初頭）と十和田湖の「十和田山神教記」（十九世紀半ばころ）といった限られた史料からではあるものの、盛岡藩内での変遷を検討したい。

一七六〇年頃に記された「御領分社堂」には漢字は複数あるものの、「ショウゼン」・「ソウゼン」双方が記されており、数でみれば「ショウゼン」の方が多かった。また、これらの名称以外にも、一部の地域ではソジンやシュウゼンなどが用いられていたことから、十八～十九世紀前半にかけてはショウゼンが優勢でありながら、ソウゼン・シュウゼン・ソジンなどの名称が混在する状況であったと考える。その後、文政十（一八二七）年に七軒丁が太神楽で各地を巡業したことで、盛岡藩各地で「ソウゼン」に統一されていったと考えられる。第二章で明らかになった山形・宮城県以南で勝善地名が多く見られる様子は、十九世紀ころまでの盛岡藩領の様相を呈していると推察される。その後、蒼前駒形明神御宮は明治維新後旧村社大宮神社の末社駒形神社と改称された。[七三] 一方、木ノ下の蒼前は、明治期に氣比神社へと改称されている。

また、『十和田山神教記』〔板垣（松）　一九六二〕が示すように、ソウゼンが馬頭観音と同一視されていた

七三　門屋〔一九九〇〕によると、村社大宮神社とあるが、盛岡市内の大宮神社は郷社のため、盛岡市仙北町西浦地の駒形神社の可能性もある。

事実も特筆すべき点である。三本木開拓を行う際、新たに稲生町に住む人々の心の拠り所として寺社が誘致された。そのうちの一つが「馬頭神社」であり、「蒼前社」とも称された。「馬頭観音／ソウゼン」という名称の差異について史料では言及がないものの、第三節で取り上げた「御領分社堂」をみていくと、修験の社堂が別当を務める寺社では「馬頭観音堂」や「勝善堂／本地馬頭観音」のように、馬頭観音が用いられる一方で、俗別当が管理する社堂では「勝善・騚駧・正膳」のようなソウゼンの名称が多い傾向が見出される。

近代に入ると、ソウゼンと馬頭観音との関連が薄れていく。盛岡藩解体後、青森県南部地域の馬産熱を高めたのは、軍馬補充部であり、軍馬御用という収入と名誉であった。馬産熱を高める一つの方法が、ウマを高値で買い取ることであるが、このような経済的政策だけでなく、精神的な面でも馬産熱を高める方法がとられた。その一つが、軍馬蒼前神社の建立である。軍馬供給に関わる馬匹政策においては、第二節で記述したように農民の側から不満が出ることがあった。また、軍馬補充部には、青森県や岩手県各地から働きに来る人がいた。このような軍馬補充部を取り巻く状況のなかで、ウマを生産する人々、そして、軍馬補充部で働く人々の身近に祀られていたソウゼンを祀ることが重要であったのではないか。ソウゼンは支配者層と被支配者層を結びつける役割、すなわち人と人とを結びつける役割を果たしていた様子が推察される。

人々は寺社を建立してソウゼンを祀り、祈願を行うだけではなかった。第三節で記述したように、遅くとも昭和初期にはソウゼンへの祈願を受けて育ったウマやウシの写真や賞状が神社に奉納されていた。写真や賞状は、いわばウマやウシを育てた成果である。写真や賞状を奉納するという行為は、人々がソウゼンへ一方的に祈願をするだけでなく、祈願をした結果の報告、ひいては感謝を表していると推察される。ソウゼン神社への多数の奉納物の存在は、人がソウゼンに祈願する、という一方向的な関わりではなく、人がソウゼンに祈願をした結果良いウマやウシが育ち、ソウゼンに感謝をした人々が報告と感謝を兼ねた奉納を行う、という人とソウゼンとの双方向の関わりが見出させる。

青森県十和田市、そして青森県南部地域において、ウマは必要不可欠な存在であった。そして、ウマを守り、人と人をつなぐ存在としてソウゼンが祀られた。第二次世界大戦の終結により軍馬需要がなくなり、農業用機械や乗用車の普及等によりウマやウシの役割は減少していくことになる。では、当地における家畜飼育はどのように変化していったのか。次章において検討する。

第四章　高度経済成長期における家畜飼育の変遷

第一節　経済成長と生業変化との連関

昭和二十（一九四五）年に第二次世界大戦が終戦を迎えたことで、青森県南部地域の馬産に大きな影響を与えてきた軍馬補充部三本木支部は解体された。軍馬補充部の跡地は、国営開墾事務所の計画に基づき土地の分配が行われ、三本木町やその周辺の町村に住む家の次三男、満州や樺太からの引揚者、北海道・九州からの移住者の入植地となった〔軍馬補充部三本木支部創立百周年記念実行委員会　一九八七　六五―六七〕。

本章で対象とするのは、第二次世界大戦終戦後、高度経済成長期を迎え、現在に到るまでの時代である。安室知は、民俗学における生業研究は「現在とつながる直近の過去」を対象とすることに意味があるとし、「現在に到るプロセスをきちんと理解すること」が必要と指摘する〔安室　二〇一二　五〇七〕。本章では、現代の十和田市の畜産業の基盤が形成されたと考えられる第二次世界大戦終戦後～昭和六十年ころまでの十和田市の家畜飼育とその変遷を記述する。約四十年に及ぶ期間を記述するものの、特に焦点を当てるのは、高度経済成長期である。高度経済成長期は「一九五〇年代半ばから七〇年代初めにかけて」の、「膨大なエネルギーを消費する新しい都市型生活のスタート地点として位置づけられる」〔関沢　二〇一八　二〕時期である。十和田市においても、道路の整備や家の建て替えといった集落の景観の変化、都市部への移住や核家族化による家々の関係の変化といった多くの変化が生じた。この時代の家畜飼育で着目すべきは、農業用機械や自動車、そして、化学肥料の普及により、牛馬の果たしてきた役割が失われていったことである。

野本寛一はウマから耕運機へ転換していったころの農村について次のように記述している。

農機具商は、耕運機やトラクターなどの農耕機を買ってもらうために馬喰（家畜商）を伴って農家を訪れることがたびたびあった。それは、馬（時に牛）を馬喰に買ってもらい、馬喰が農家に支払った金を農耕具商が耕運機やトラクターの頭金として受け取るためだった。〔中略〕自分が納めた大型農機の状態を心に掛け、修理にも出かける農機具商は、馬耕時代の馬喰の動きに通うところがある。

〔野本　二〇一五　三二三―三二四〕

＊（　）は原文ママ

農作業において牛馬の果たしてきた役割が、耕運機やトラクターといった農業用機械に移り変わっていった様子がうかがえる記述である。

では、農業用機械の普及などによって農村での牛馬飼育が衰退していくなかで、牛馬の繁殖を重要な収入源としていた地域ではどのような変化が起こったのか。民俗学において農村から牛馬が減少していく過程を追った研究は、決して多くない。[七四] 一方で、文化人類学の研究に目を向けると、変わりゆく農村部の家畜飼育の様子が明らかにされている〔比嘉　二〇一五、高井ほか　二〇〇八など〕。東南アジアの農村部におけるブタ飼育に着目した中井信介は、家々では儀礼に用いるためにブタの飼育を継続していたものの、大規模飼育者の登場によりブタの飼育が減少していったことを指摘する〔中井　二〇一三、二〇一六〕。このような技術的側面に加え、国策との関わりも含めて生業の変遷に着目した研究として、卯田宗平〔二〇一四〕が挙げられる。卯田は一九五〇年代から現在までの中国の鵜飼漁に着目し、漁業の機械化や水質汚染といった生業環境の変化に対する鵜飼漁師たちの対応を明らかにしている〔卯田　二〇一四〕。卯田や中井の研究のように、生業研究を通時的に捉えるなかで必要とされるのは、過去からの「連続性と不連続性」に着目することである〔卯田　二〇一三　一九〕。これは、先に挙げた「現在に到るプロセスをきちんと理解すること」を必要と安室の指摘に通じる視点である〔安室　二〇一二　五〇七〕。

　第三章で既述したように、十和田市を含む青森県南部地域では古来馬産が盛んに行われていた。しかし、平成二十六（二〇一四）年二月一日現在、十和田市内で飼育されるウマは一六〇頭である。ウシ一万一八七三頭（乳用牛三九八頭・肉用牛一万一四七五頭）、ブタ七万七五四八頭に比べるとウマの飼育頭数は圧倒的に少なく、十和田市における家畜飼育の中心は、ウマからウシ・ブタへと移り変わっている〔十和田市農林部農林畜産課　二〇一五〕。馬産地からウシ・ブタの産地へというように、飼育する家畜の変更は、どのように行われてきたのか。本章では、まず第二節において、十和田市の家畜飼育の変遷を統計データからみていく。そして、第三節において、二つの集落を対象として十和田市の家畜飼育の変遷を具体的に描く。第四節では家畜飼育の変遷をまとめ、飼育する家畜の選択基準や家畜飼育に対する考え方について検討することで、高度経済成長期を経ての人と家畜との関わりの変化を明らかにしていく。

第二節　統計にみる家畜飼育の変遷

本節では、十和田市における家畜を飼育する農家戸数（図8）[七五]、家畜頭数（図9、10）、家畜市場出場頭数（図11、12）[七六]の変化から、十和田市の家畜飼育の変遷を捉える。

図8の十和田市の家畜飼育農家戸数をみると、総戸数は昭和三十五（一九六〇）年を境として年々減少している。飼育する家畜ごとに見ていくと、家畜によって増減の時期に差があることがうかがえる。昭和三十五年まではウマを飼育する農家が大半を占めていたものの、昭和四十（一九六五）年にはこれが激減し、昭和五十（一九七五）年には統計に表れないほどの戸数となった。乳用牛は、昭和二十五（一九五〇）年から昭和三十五年にかけて大きく増加しており、昭和三十五年の家畜飼育農家戸数の増加の理由となっている。しかし、昭和四十年は戸数の減少に転じ、昭和四十五（一九七〇）年には最盛期である昭和三十五年の五分の一以下の戸数となり、昭和五十年以降も減少を続けている。ブタは、ウマの飼育戸数が大きく減少した昭和四十年に増加し、昭和三十五年の飼育戸数の二倍以上となった。しかし以降は減少に転じ、昭和五十五（一九八〇）年には

七四　佐川徹は、家畜飼育が重要な生業となっていた岩手県の北上山地における高度経済成長期の生活変化をまとめている〔佐川　二〇〇九〕。また、野本は『牛馬民俗誌』〔二〇一五〕において、高度経済成長期以降の牛馬飼育についての聞き書きを行っている。

七五　十和田市による家畜飼育戸数の統計は平成十年以降のものしかみられないため、『世界農林業センサス』を用いる。なお、本節の「十和田市」は平成十七年以前の十和田市を指す。

七六　本章で取り上げる家畜市場は二市四町一村（十和田市・三沢市・六戸町・十和田湖町・下田町・百石町・倉石村）を管轄する三本木畜産農業協同組合（以下、「三本木畜産農協」と記す）が運営しているものである。グラフの市場出場頭数は三本木畜産農協が管轄する全ての市町村の合計となっている。

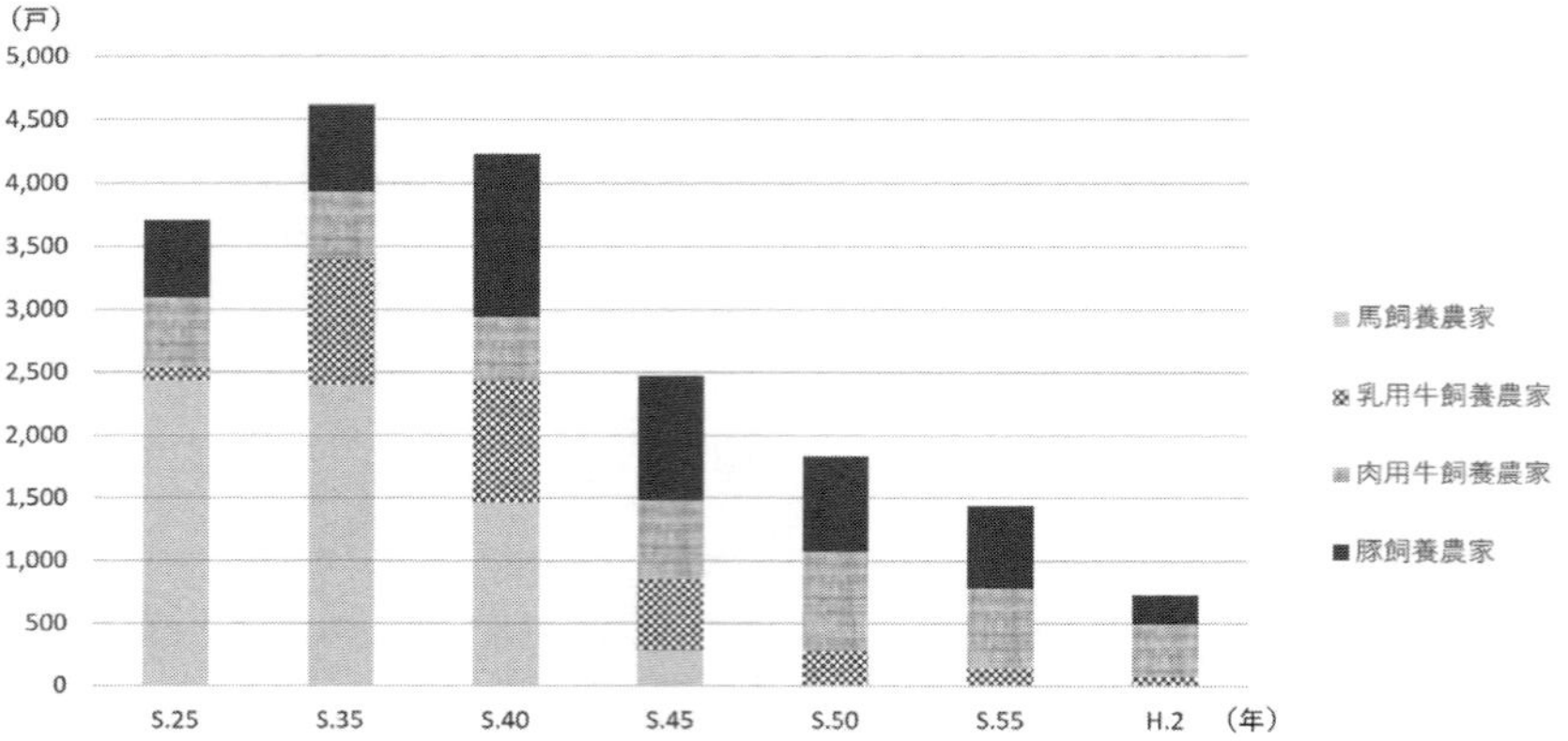

図８　十和田市の家畜飼育農家戸数（昭和25～平成2年）
＊『世界農林業センサス1960年 市町村別統計書 No.2　青森県』〔農林省統計調査部編　1961〕『世界農林業センサス青森県統計書』〔農林省統計調査部編　1971、1981、1991〕から筆者作成
＊凡例の表記は統計資料による。

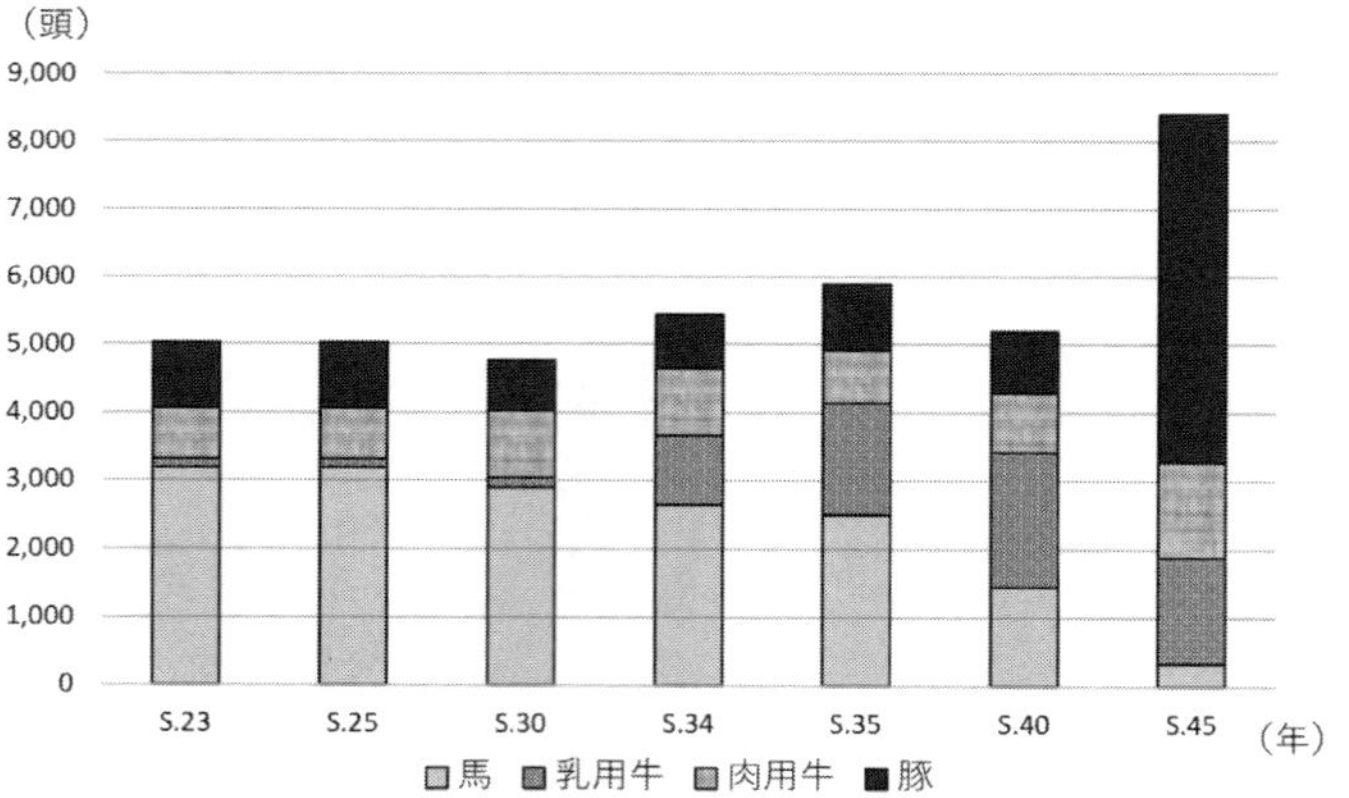

図９　十和田市の家畜頭数（昭和22～45年）
（『馬のまち三本木と馬車』〔十和田市馬事歴史研究会　2002　135－136〕から筆者作成）
＊図10の昭和23～45年部分を拡大したものである。
＊凡例の表記は統計資料による。

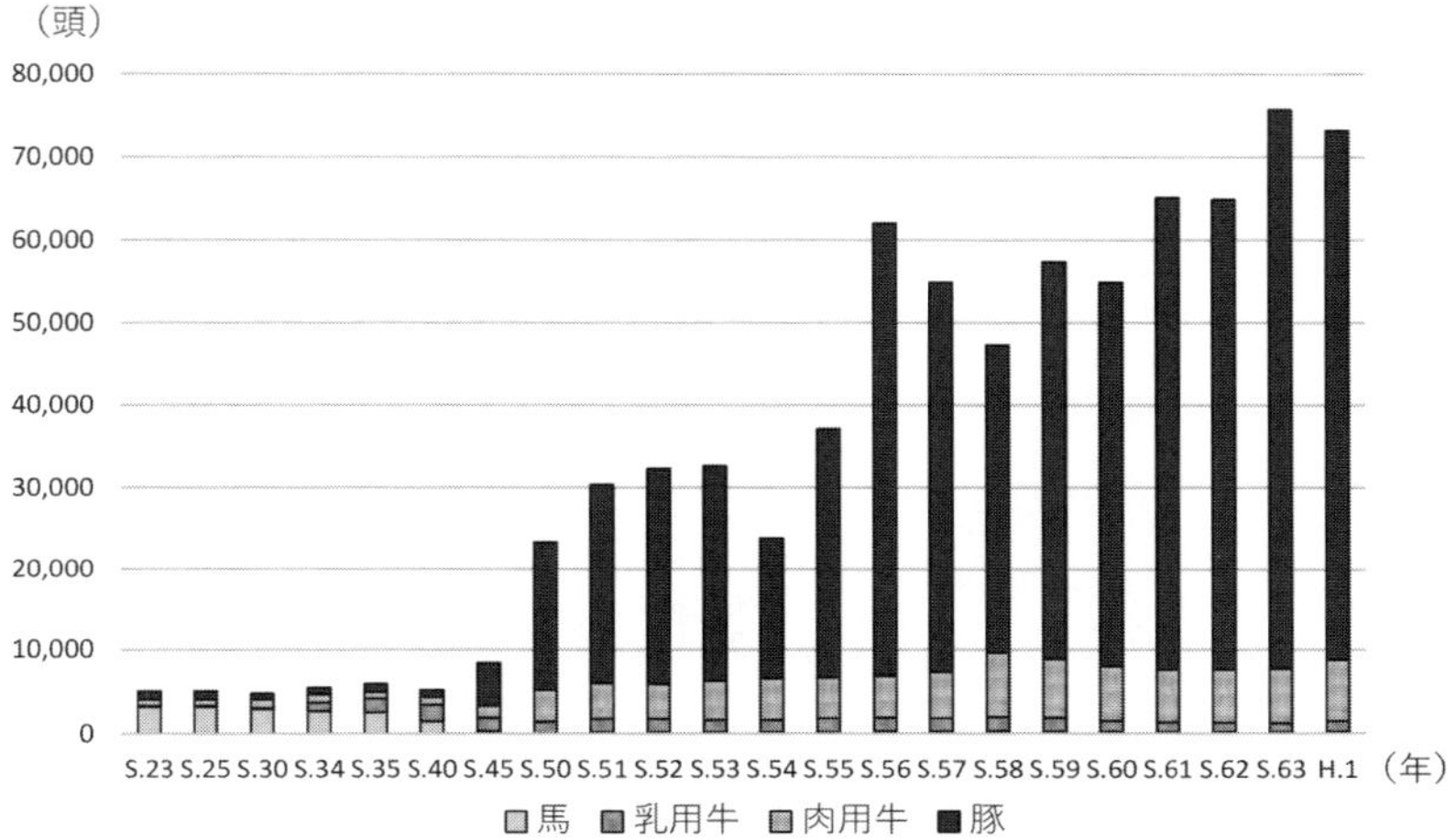

図10　十和田市の家畜頭数（昭和22～平成元年）
（『馬のまち三本木と馬車』〔十和田市馬事歴史研究会　2002　135－136〕から筆者作成）
＊凡例の表記は統計資料による。

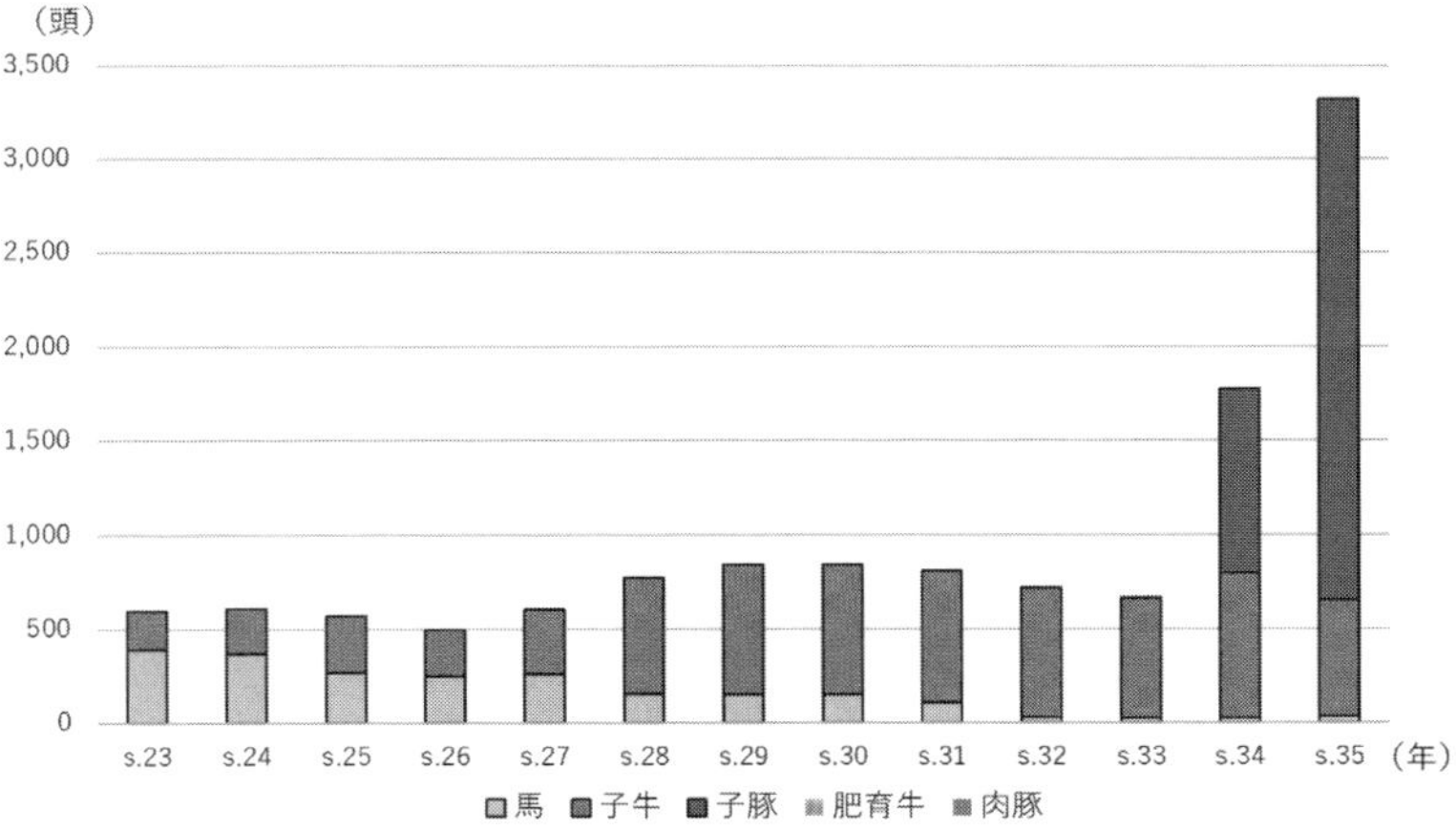

図11　家畜市場出場頭数（昭和23～35年）
（『三本木畜産農業協同組合小史』〔三本木畜産農業協同組合　1974　31〕、『馬のまち三本木と馬車』〔十和田市馬事歴史研究会　2002　135－136〕から筆者作成）
＊図12の昭和23～35年の部分を拡大したものである。
　昭和23、24年の統計は、『三本木畜産農業協同組合小史』〔三本木畜産農業協同組合　1974　31〕、昭和25年以降は『馬のまち三本木と馬車』〔十和田市馬事歴史研究会　2002　135－136〕に基づく。どちらの統計も「三本木畜産農業協同組合業務報告書」から作成していることから、統計方法に大きな差はないと考える。
＊凡例の表記は統計資料による。

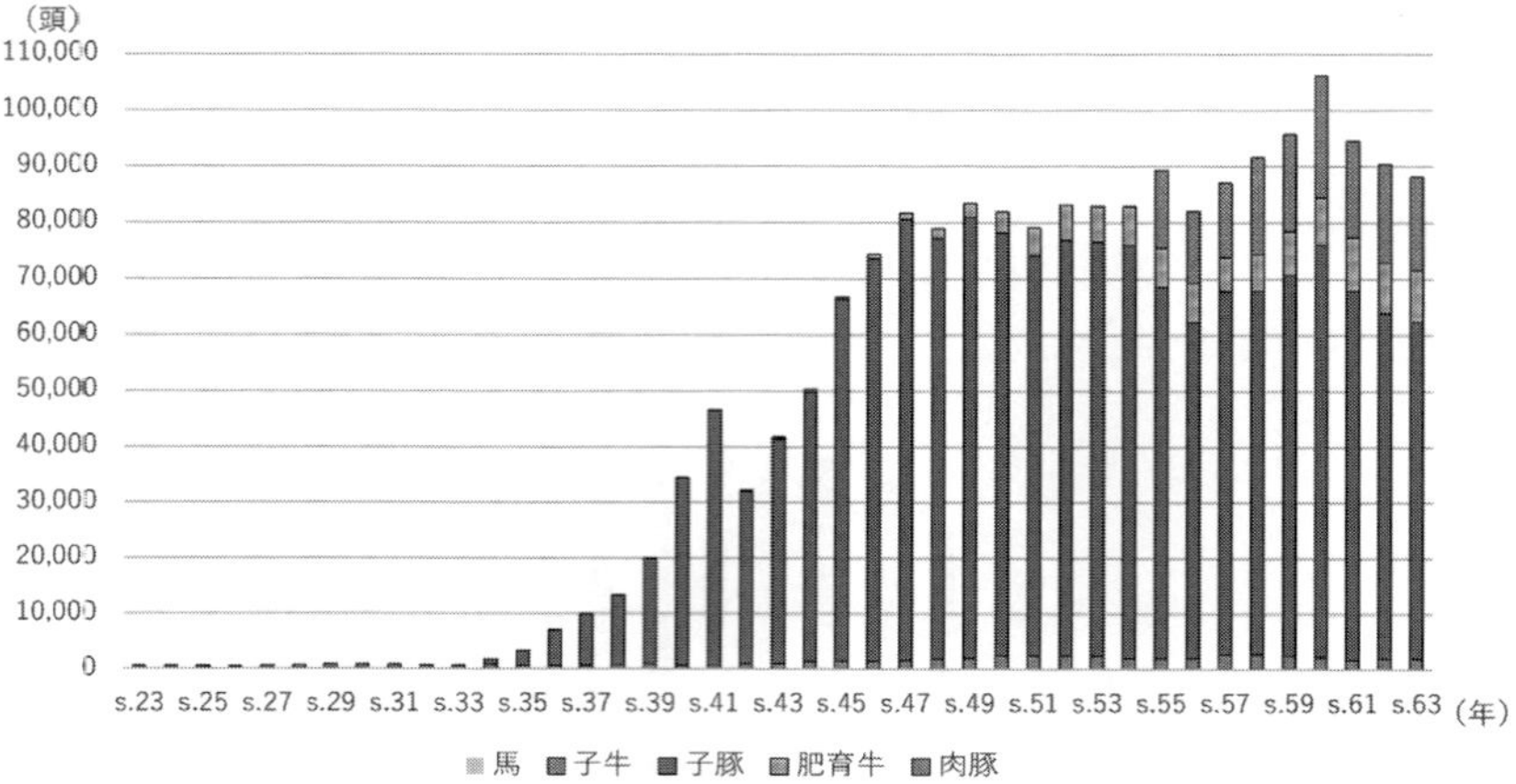

図12　家畜市場出場頭数（昭和23～63年）
（『三本木畜産農業協同組合小史』〔三本木畜産農業協同組合　1974　31〕、『馬のまち三本木と馬車』〔馬の博物館編　2002　135－136〕から筆者作成）
＊昭和23、24年の統計は、『三本木畜産農業協同組合小史』〔三本木畜産農業協同組合　1974　31〕、昭和25年以降は『馬のまち三本木と馬車』〔十和田市馬事歴史研究会　2002　135－136〕に基づく。『馬のまち三本木と馬車』〔十和田市馬事歴史研究会　2002　135－136〕の統計は、「三本木畜産農業協同組合業務報告書」から作成していることから、統計方法に大きな差はないと考える。
＊凡例の表記は統計資料による。

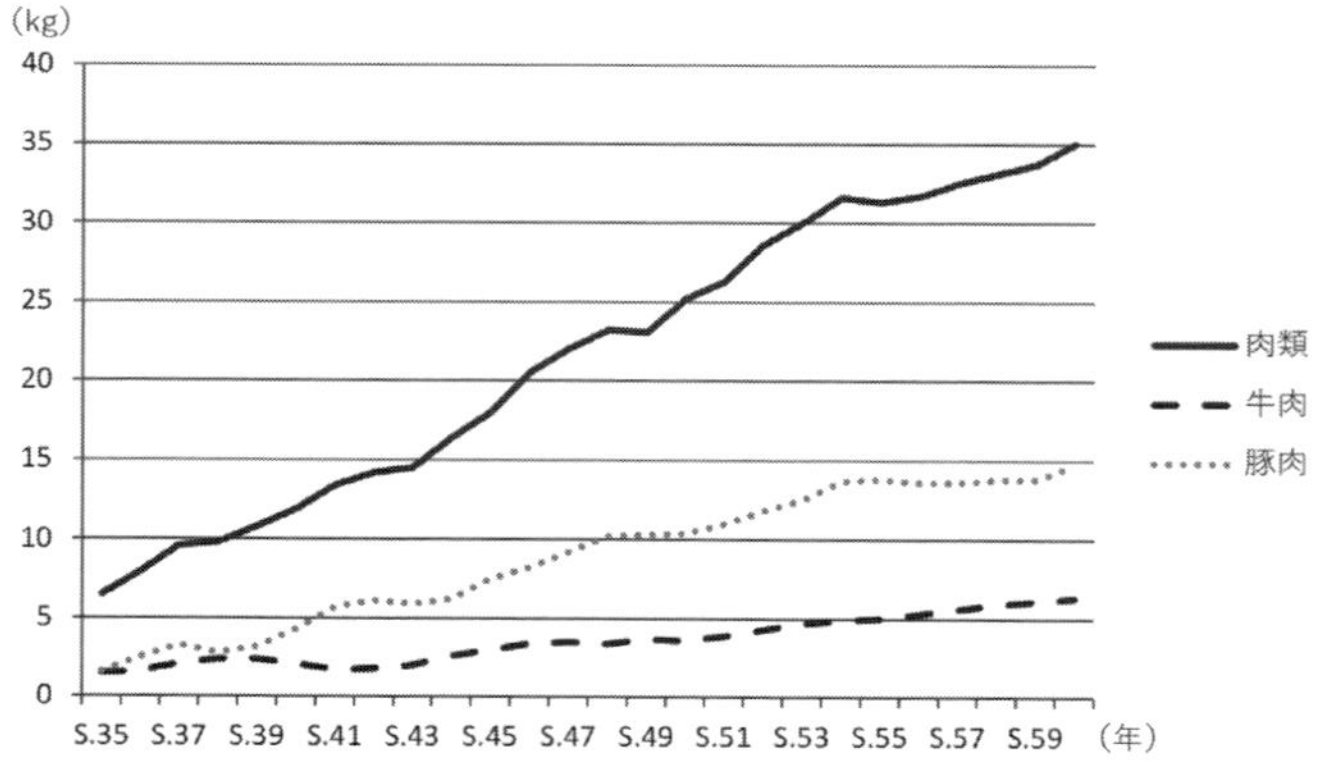

図13　一人あたりの食肉の年間消費量
（『食料需給表』〔農林省大臣官房調査課編　1987 43－45〕から筆者作成）
＊昭和60年度調査の「国民一人・一年当たり供給粗食料」を参照した。

昭和四十年の半分以下、平成二（一九九〇）年には昭和四十年の四分の一程度の戸数となっている。肉用牛は、増加時期が最も遅く、昭和四十年から四十五年にかけてであった。昭和五十年が最盛期であったものの、以降は減少に転じ、年々ゆるやかに減少している。

図9、10の十和田市の家畜頭数をみると、全体的に増減を繰り返している様子がうかがえる。家畜ごとにみていくと、昭和三十五年まで最も多く飼育されていた家畜はウマであった。しかし、以降は減少に転じている。乳用牛は昭和三十五年代前半に大きく増加し、昭和四十年まで増加が続く。昭和四十年以降は減少に転じ、僅かに増加する年もあったものの減少の傾向にある。肉用牛は昭和三十年代まで大きな増減がみられなかったものの、昭和四十年に増加傾向に転じて以降、ゆるやかに増加している。ブタは肉用牛同様、昭和三十年代までは大きな増減はみられなかったものの、昭和四十五年に大きく増加している。昭和四十五年の増加率は肉用牛に比べてはるかに大きい。昭和四十五年以降は、昭和五十四（一九七九）年や昭和五十八（一九八三）年のように大きく減少する時期がありながらも長い目でみれば増加傾向にある。

図11、12の家畜市場出場頭数をみると、昭和三十四（一九五九）年以降大きく増加し、以降は減少を挟みながら増加傾向にあることがうかがえる。家畜ごとにみると、昭和二十六（一九五一）年ころまではウマの出場頭数が最も多かった。しかし、昭和二十七（一九五二）年に子牛の出場頭数が馬を抜いて以降、ウマの出場頭数は年々減少し、昭和三十年代半ばにはほとんど出場のない状況となった。昭和二十七年に大きく出場頭数が増加した子牛は、減少に転じる年もありながら、出場頭数は増加傾向にあった。昭和三十三（一九五八）年まででは子牛の出場頭数が最も多かったものの、昭和三十四年以降は子豚の出場頭数が最も多くなる。昭和三十四年から統計に登場したブタは、昭和三十五年に大きく増加して以降、最も出場頭数が多い種であり続けた。子牛の市場が昭和二十年代、子豚の市場が昭和三十年代半ばから活発化する一方で、肉用牛の市場出場が増加す

るのは昭和四十年代後半、肉豚は昭和五十年代半ば以降である。

図8～12からうかがえる十和田市における家畜飼育の変遷として、以下の四点が指摘できる。即ち、①昭和三十年代半ばまではウマの飼育が最も多かったものの、その後は肉用牛・ブタが中心となっている、②乳用牛の飼育は昭和三十年代前半に盛んになったものの、昭和四十年以降の飼育戸数は減少に転じる。乳用牛飼育農家戸数が大きく減少する一方で家畜頭数の減少がゆるやかであることから、一戸あたりの飼育頭数が増加した、③ブタの飼育戸数は昭和四十年代後半に減少に転じているものの、飼育頭数は増加を続けていることから、一戸当たりの飼育頭数が増加していた、④肉用牛の飼育戸数は昭和五十年代前半に減少に転じているものの、飼育頭数は増加していることから、一戸当たりの飼育頭数が増加した、という点である。

以上の点から、十和田市の家畜飼育の変化は昭和二十年代までは主にウマが飼育されていたものの、昭和三十年代に乳用牛の飼育が盛んになったこと、そして、昭和三十年代後半にウマの飼育が、昭和四十年以降は乳用牛の飼育が衰退し、その後はブタと肉用牛の飼育が盛んになったことが明らかになった。上述したような家畜の飼育状況の変遷に応じて、第二次世界大戦終戦後の十和田市の家畜飼育を三つの時期に区分する。すなわち、（一）ウマ主体期（～昭和二十年代まで）、（二）乳用牛増加期（昭和三十～四十年まで）、（三）肉用牛・ブタ主体期（昭和四十年以降）である[七七]。

三つの時期それぞれの十和田市内における家畜飼育の様子を、政策や市場の動向等にも触れながら明らかにしていく。

（一）ウマ主体期（～昭和二十年代まで）

ウマの主な用途は、農耕と繁殖であった。生まれた子馬は二歳になると三本木町で行われていたセリに出し

写真13　明治41年ごろのセリの様子
（『百年のあゆみ 創立百周年および事務所等新築移転落成記念誌』〔三本木畜産農業協同組合　1984〕より抜粋）

ていた。セリは毎年十一月に行われ、周辺の町村からウマの売買に訪れる人々で賑わっていた（写真13）。

昭和二十年代半ば以降、ウマの飼育頭数は減少しており、馬産は衰退傾向にあったようである。三本木畜産農協によると、「戦後は軍馬の必要もなくなり馬産衰退の一途をたどり加うるに馬と子牛の収入不足のため赤字決算の連続で」あったという〔三本木畜産農業協同組合　一九七四　二八〕。

昭和二十年代末に国の主導する有畜農家創設事業によって、農業経営に家畜を導入する施策が行われた〔青森地域社会研究所　一九八六　八三〕。三本木市場の子牛市場をみると、昭和二十年代末から昭和三十年代前半に出場頭数が増加しており、同時期の肉用牛飼育頭数が増加していることから、政策の影響がうかがえる。

終戦により馬産は衰退傾向となったものの、農耕馬としての利用は継続された。ウシはウマよりも動きが遅いこと、ウシよりもウマの堆肥の方が寒冷地に適していたこと、[七八] ウシの価格がウマよりも安かったこと、といった理由から、ウシはウマよりも価値の低い家畜と考えられていたようである〔森　一九八七　七五〕。

七七　青森県の畜産の変遷については『青森県農業の展開構造—戦後農業の軌跡と今日的課題—』〔青森地域社会研究所　一九八六〕に詳しい。青森地域社会研究所は青森県全体の畜産施策を「有畜農家創設および集約酪農地域建設期（昭和二十七～三十五年）」、「酪農発展期（昭和三十六～四十八年）」、「安定成長期」に分類しているが、本書では十和田市内の家畜飼育に着目するため、この分類は用いないこととする。

七八　馬糞は発酵性生が高く、ウシの糞よりも東北地方の厩肥として適していた〔森　一九八七　七五〕

（二）乳用牛増加期（昭和三十〜四十年まで）

昭和三十年代前半、乳用牛の飼育頭数が大きく増加した。

乳用牛の増加は、国や県の政策による影響が大きい。昭和二十九（一九五四）年、集約酪農地域指定が行われ、酪農の振興を図るための酪農振興法が制定されると、青森県は耕種農業経営が不安定であった現在の十和田市を含む青森県東部の十五町村を集約酪農地域として申請した[七九]〔青森県経済部畜産課　一九五九　二〕。昭和三十（一九五五）年に集約酪農地域に指定された十五町村では、世界銀行からの融資や三本木畜産農業協同組合の賃貸借制度を利用するなどして乳用牛を導入した（表1）。

昭和二十九年九月一日に発行された三本木町（現、十和田市）の広報誌「広報三本木」には、「米・豪州から乳用牛が来る」というタイトルで乳用牛の到着を知らせる記事が掲載された。また、乳用牛到着後の十月十一日の「広報三本木」には、「ジャージー入る」というタイトルで集落で乳用牛の飼育が始まったことが記されていた。このような記事から、乳用牛の導入は三本木町全体の関心事であったことが推察される。

昭和三十三年の時点で、十和田市内では九八四戸が一，六二二頭の乳用牛を飼育していた。飼育戸数は十和田市内の農家の三十四％にあたる〔青森県経済部畜産課　一九五九　三〕。昭和三十年代前半は、飼育規模が一〜二頭の家が九割を占めていた。[八〇]集約酪農地域指定後、雪印乳業、明治乳業の生産工場が十和田市におかれ、市内を含む周辺の酪農家で搾乳された乳が集荷・出荷されていた。

続いて、乳用牛導入後の生活をみていく。青森県畜産課が昭和三十四年ころ、十和田集約酪農地域の酪農家に行った経営・生活についてのアンケート結果を表2に示した。十和田集約酪農地域における酪農家の経営について、集約酪農地域全体で「うまくいっている」と答えた人は四割弱、十和田市のみでみると三割弱であった。

また、生活状況を問うアンケートでは、「大変楽になった」、「楽になった」よりも、「普通」、「困っている」、「大変困っている」と回答した人の方が多かった（表3）。アンケートを行った青森県経済部畜産課は、「比較的裕福な農家に乳牛は導入されていたのではないかと考えられておつたが」、「大変らくだとする者は頗る少なかつた」〔青森県経済部畜産課　一九五九　五二〕と述べており、畜産課の思惑よりも生活が苦しい状況にあることに驚く様子が見られる。

表4は、乳牛導入が家の収入に及ぼした影響についてのアンケート結果である。乳用牛導入により畑反収が「上がったと思う」が最も多いものの、「変わらない」との差はわずかである。この結果に対し、アンケートを行った青森県経済部畜産課は「酪農経験の浅いこの地域で畑反収への影響をうんぬんするのは今後のことであつて未だ早いと考える」〔青森県経済部畜産課　一九五九　四六〕と述べつつ、収入が「変わらない」「わからない」と考える農家が少なくないことに疑問を抱いていたようである。

表1～4に示したアンケートは乳用牛導入から年月の浅い時期に行ったものではあるものの、この結果からは乳用牛の導入で生活が楽になった様子はあまりうかがえない。乳用牛導入後の生活苦を訴える要因には、乳価の値下げによる影響が考えられる。十和田集約酪農地域指定直後の昭和三十一（一九五六）年は牛乳の需要増加により乳価が上昇したものの、昭和三十二（一九五七）～三十三年には一転して生産過剰となり、乳価の値下げが複数回にわたり行われている〔十和田市史編纂委員会編　一九七六　三一七〕。乳用牛導入後の生活

七九　十五町村は、三本木町・大深内村・四和村・藤坂村・七戸町・大三沢町・天間林村・浦野舘村・十和田村・藤坂村・六戸村・下田村・倉石村・戸来村・野沢村・猿辺村を指す。
八〇　『十和田集約労農地域建設過程』〔青森県経済部畜産課　一九五九〕の統計から筆者算出。

地域	導入方法（頭）								
	自己資金	知人からの借入	国有牛	県有牛	町村有牛	農協からの借入（有畜農家世銀借款を含む）	金融業から借入	家畜商から借入	計
十和田市	278	14	428	58	1	193	0	5	977
地域計	711	30	1,084	256	58	1,109	1	5	3,254

表1　乳用牛の導入方法
（『十和田集約酪農地域建設過程』〔青森県経済部畜産課 1959 46〕から筆者作成）
＊地域計の「地域」は、十和田集約酪農地域に指定された、三本木町・大深内村・四和村・藤坂村・七戸町・大三沢町・天間林村・浦野舘村・十和田村・藤坂村・六戸村・下田村・倉石村・戸来村・野沢村・猿辺村の計15町村である。
＊「導入方法」の項目は、アンケートの表記による。

地域	評価（戸）			
	うまくいっている	うまくいってない	わからない	計
十和田市	169	227	206	602
地域計	730	583	696	2,009

表2　乳用牛の飼育・経営
（『十和田集約酪農地域建設過程』〔青森県経済部畜産課　1959　47〕から筆者作成）
＊地域計の「地域」は、十和田集約酪農地域に指定された、三本木町・大深内村・四和村・藤坂村・七戸町・大三沢町・天間林村・浦野舘村・十和田村・藤坂村・六戸村・下田村・倉石村・戸来村・野沢村・猿辺村の計15町村である。
＊生活状況の評価は、アンケートの表記による。

地域	評価（戸）					
	大変楽だ	楽だ	普通	困っている	大変困っている	計
三本木町	4	25	121	74	18	242
四和村	3	24	82	34	5	148
大深内村	0	14	156	23	4	197
藤坂村	0	4	51	19	7	81
十和田市	7	67	410	150	34	668
地域計	21	223	1,254	469	113	2,080

表3　酪農家の生活状況
（『十和田集約酪農地域建設過程』〔青森県経済部畜産課　1959　51〕から筆者作成）
＊「十和田市」は、三本木町、志和村、大深内村、藤坂村の合計である。
＊地域計の「地域」は、十和田集約酪農地域に指定された、三本木町・大深内村・四和村・藤坂村・七戸町・大三沢町・天間林村・浦野舘村・十和田村・藤坂村・六戸村・下田村・倉石村・戸来村・野沢村・猿辺村の計15町村である。
＊評価の項目は、アンケートの表記による。

地域	評価（戸）				
	上がったと思う	下がったと思う	変らない	わからない	計
三本木町	87	10	81	52	230
四和村	64	1	26	45	137
大深内村	76	1	90	31	198
藤坂村	32	1	23	15	71
十和田市	259	13	220	144	646
地域計	734	50	672	641	2,097

表４　乳牛導入の畑反収に及ぼした影響
（『十和田集約酪農地域建設過程』〔青森県経済部畜産課　1959　47〕から筆者作成）
＊「十和田市」は、三本木町、志和村、大深内村、藤坂村の合計である。
＊地域計の「地域」は、十和田集約酪農地域に指定された、三本木町・大深内村・四和村・藤坂村・七戸町・大三沢町・天間林村・浦野舘村・十和田村・藤坂村・六戸村・下田村・倉石村・戸来村・野沢村・猿辺村の計15町村である。
＊生活状況の評価は、アンケートの表記による

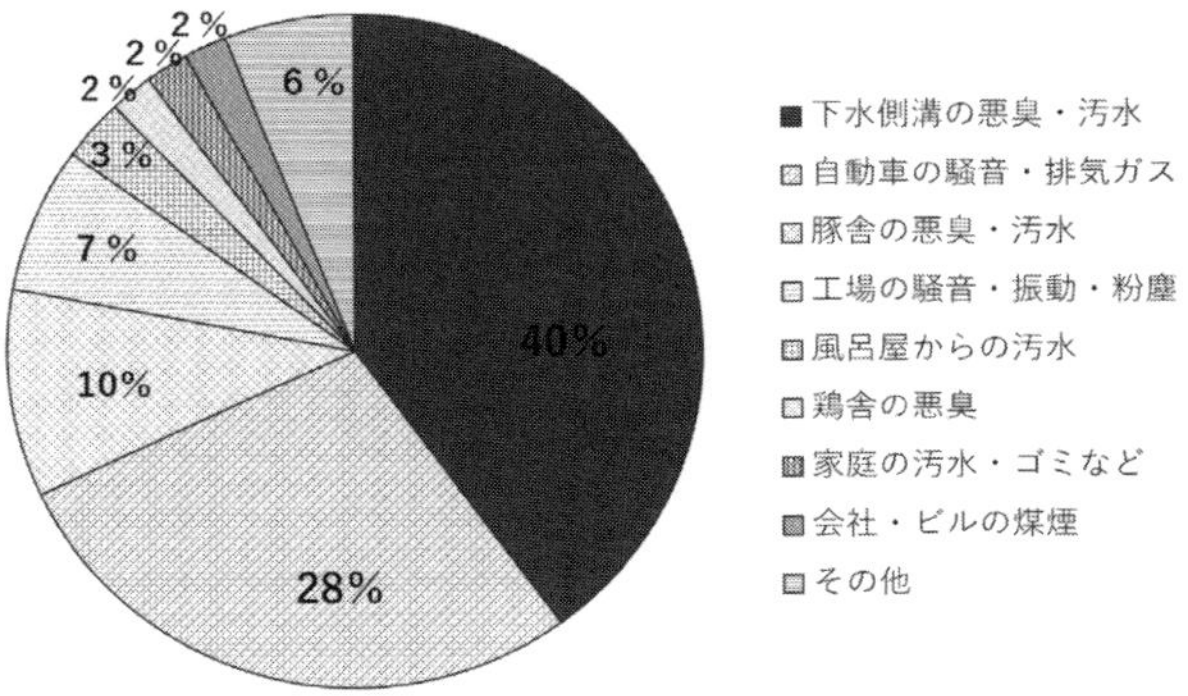

図14　十和田市の公害原因の内訳
（「広報とわだし」第270号（昭和47（1972）年2月1日）から筆者作成）
＊凡例は「広報とわだし」第270号の表記による。

写真14　肥育牛市場風景
（『三本木畜産農業協同組合小史』〔三本木畜産農業協同組合　1974　6〕より抜粋）

写真15　子豚市場風景
（『三本木畜産農業協同組合小史』〔三本木畜産農業協同組合　1974　7〕より抜粋）

苦を受け、十和田市は昭和三十四年に酪農改善計画を策定した。その結果、乳用牛の飼育頭数は増加し、昭和三十九（一九六四）年には県内三位の飼育頭数となった〔十和田市史編纂委員会編　一九七六　三一八〕。

しかし昭和四十年代に入ると乳用牛の飼育戸数は減少を続け、飼育を続ける家では収益を上げるために規模を拡大させていくこととなった。飼育戸数が減少し、経営規模が大きくなった理由として、物価水準・生活水準の上昇のために所得規模の拡大を急いだこと、そして、乳質改善の要請が強まったことで酪農家が個々にバルククーラーの設備をもつことが必要になり、酪農を続けるための新たな設備投資が必要になったことが挙げられる〔青森地域社会研究所　一九八六　四七三〕。経営規模を大きくした酪農家は専業化していき、牧草を自作するための牧草地や畑を中心とした土地集積を行った〔杉山　一九八四　三五一〕。

昭和三十五年を境に、ウマの飼育頭数と乳用牛の飼育頭数が逆転している（図９）。この理由として、農業用機械の導入がある。この時期に、農耕馬から農業用機械へと移行していった。

（三）肉用牛・ブタ主体期（昭和四十年以降）

昭和三十年代後半にウマの飼育頭数・飼育戸数が、昭和四十年代前半に乳用牛の飼育頭数・飼育戸数が減少に転じた。一方で、三本木市場における肉用牛・ブタの出荷頭数、十和田市内における豚の飼育は昭和三十年代後半から、肉用牛の飼育は昭和四十年代から増加傾向にある。この増加を食肉需要との関連からみてみたい。一人あたりの食肉の年間消費量は、昭和三十年代半ば以降増加し、昭和四十年代に大きな伸びをみせる（図13）。食肉需要の増加に伴い、豚肉・牛肉価格も高騰した。十和田市における肉用牛・ブタの飼育も同時期に増加していることから、食肉需要・市場価格が飼育状況に影響していることがうかがえる。また、昭和三十六（一九六一）年に制定された農業基本法による選択的拡大政策や三本木畜産農業協同組合の肉畜移行[八一]なども肉用牛・ブタの飼育増加と同時期に行われていることから、肉用牛、ブタの飼育の隆盛に影響していると推察される（写真14、15）。

　ブタの飼育や市場への出場頭数は肉用牛のそれよりも早期に増加がみられる。ブタの飼育が肉用牛よりも早期に盛んになった理由として、豚肉は加工肉としても利用されるため、牛肉よりも豚肉の消費量が多かったことが挙げられる。家畜市場を運営する三本木畜産農協では戦後の馬産の衰退による赤字経営を打開するため、肉畜への移行を進めた。そこで、昭和三十二年に三本木地方養豚組合を吸収合併し、ブタの出荷を始めた。昭和三十四年から開始された子豚市場は、当初一〇〇頭足らずであったものが、十年後には五万頭近い数字となり、東北最大の畜産市場の一つとなった〔三本木畜産農業協同組合　一九七四　二八〕。

　その後、ブタの出荷頭数・飼育頭数は年々増加傾向にあるものの、市場価格の変動や公害により、増減の幅が大きい。一方で飼育戸数は昭和四十年代前半から減少に転じ、この時期に一戸当たりの飼育頭数が増加している。ところで、昭和五十年代前半と後半に、ブタの飼育頭数が大きく減少している。これは、十和田市における公害と昭和五十四年以降全国的に起こった畜産物の過剰生産による豚肉価格の下落によるものと考えられ

八一　三本木畜産農協が肉畜の飼育普及や流通に大きな影響力をもっていたことは、新山陽子の研究に詳しい〔新山　一九八〇〕。

る。十和田市では昭和四十年代半ばに、家畜、特にブタの多頭飼育による公害が起こっており、昭和四十八（一九七三）年には悪臭防止条例を制定している。三本木畜産農業協同組合が当時の状況について「活豚の共同出荷は公害等のため飼育農家が減少し、出荷頭数の増加は望めない現況である」〔三本木畜産農業協同組合　一九七四　三〇〕と述べていることからも、公害が深刻であったことが推察される。具体的な公害の様子を十和田市の広報誌「広報とわだし」からみていく。

昭和四十六（一九七一）年の「広報とわだし」には、ブタのにおいについて次のような相談が寄せられている。

> 隣家のぶた小屋が、家の窓から三メートルぐらいしか離れていないため、夏ともなると、悪臭、はえ、か、などが群をなして家にはいってきます。そのためいっさい窓を開けない状態です。どうすればよいやら途方にくれています
>
> 〔「広報とわだし」第二五八号　昭和四十六（一九七一）年八月一日〕

十和田市は「十和田市の公害の特色として、他の工業都市にくらべ、騒音、振動、大気汚染が比較的少なく、一方農住間の養畜による悪臭公害が多くなっています」〔広報とわだし　第二七〇号　昭和四十七（一九七二）年二月一日〕と述べている。「広報とわだし」第二七〇号（昭和四十七（一九七二）年二月一日）には、公害に対するアンケートの結果が掲載されている。アンケートは無作為に選ばれた十和田市民九五〇人（回収人数六〇九人、回収率六十四％）に行われた。このアンケートの結果によると、回答者の九十一％が何らかの公害に悩んだことがある。公害の主な原因を示した図14をみると、豚舎・鶏舎を原因とした畜産公害に当たるもの

が十二%を占めている。畜産公害については、「市街地での養豚をやめてほしい」とする意見も記されていた。[八二]
畜産公害への対策として、十和田市は施設の改善と畜舎の市街地からの移転等の指導を行った。施設改善として、十和田市の社会課公害係と保健所が共同で、敷藁交換、床洗浄、尿溜管理、消毒励行等の指導を行った。昭和四十八年には養豚生産団地を建設し、繁殖経営協同利用施設、種豚供給施設、性能調査センター施設等を設置した〔青森地域社会研究所　一九八六　五〇七〕。

ブタを飼育するための衛生管理が厳しくなったこと、そして、生産過剰により豚肉の価格が下がったことで飼育頭数が一〜二頭程度の小規模飼層が飼育をやめた一方、数十頭、数百頭の大規模飼育層はさらに頭数を増加させていった。

つづいて肉用牛についてみていく。ブタの飼育が昭和三十年代後半から大きく増加したのに対し、肉用牛は昭和四十年代にゆるやかに増加した。三本木畜産農協は昭和三十五年から預託牛制度を実施し、[八三]昭和三十七(一九六二)年より肥育肉用牛市場を開設している〔三本木畜産農業協同組合　一九八四　四〕。十和田市の総合農協も昭和四十八年から預宅牛制度を始めている〔新山　一九八〇　一五〕。肥育事業が行われた背景として青森地域研究所は、①有蓄農家創設事業によって子牛生産は伸びてきたが需要が少なく、子牛価格の下落とこれによる飼育頭数が減少してきたこと、②昭和三十年以降の耕運機等の普及により役牛が排除されてきたこと、③肥育技術の向上によって肥育牛の年齢が若齢化してきたこと、の三点を挙げている〔青森地域研究所　一九

八二　比嘉理麻は沖縄の養豚の産業化において豚のにおいの問題化について、「ブタは汚く臭いから、人から遠ざけられたわけではな」く、「人から遠ざけられた結果、ブタは汚く臭い「害畜」になった」と述べる〔比嘉　二〇一五　四八〕。
八三　農協が肥育素牛を購入し、農家に貸し付けて生産を行わせる制度である〔新山　一九八〇　一二〕。三本木畜産農協の肥育事業は、青森県内で最も早く行われた〔青森地域社会研究所　一九八六　四九九〕。

八六　四九九〕。

肉用牛をさらに普及させるため、十和田市では昭和四十四（一九六九）年に肉用牛繁殖センターの運営を始めた。肉用牛繁殖センターでは繁殖用のメスが飼育され、生まれた子牛のうち、メスは繁殖用素牛として、オスは肥育用素牛として、それぞれ市場よりも低価格で農家に払い下げられる。昭和四十六（一九七一）年の肉用牛繁殖センターは、「農家のかたがたから大変喜ばれ、毎年払い下げの時期には希望者が殺到し、係員がうれしい悲鳴をあげてい」たようであり〔「広報とわだし」第二六七号　昭和四十六（一九七一）年十二月一日〕、活況を呈していた様子がうかがえる。この繁殖センターの運用開始には、昭和四十五年に始まった減反政策による稲作主体の経営から稲作・畑作・畜産の複合経営への転換といった理由がある。複合経営の一分野として肉用牛の繁殖が選択されたのである。しかし、昭和四十九（一九七四）年一月以降は飼料の値上がりと牛肉価格の相場が下落したことを受け肉用牛の飼育戸数は減少に転じた。

昭和五十年代には、全国的な畜産物の需要停滞によって過剰傾向が顕著になってきたことから牛肉価格が下落した。以降肉用牛は、飼育頭数を増加させ、専業化する経営と、複合経営の一分野として少数頭飼育をする経営の二つの形態がみられるようになった。

肉用牛の飼育の隆盛は、三本木畜産農協の運営する市場の開設頻度にも表れている。昭和三十七年に開設した肥育肉用牛市場は、開設当初は年に一度の開設であったものの、年々開設頻度を増やし、昭和五十九（一九八四）年には毎週火曜日に行われるようになった。肉用牛の肥育の盛況から、「十和田地区の短角肥育牛は青森県のモデル地帯」と称された〔三本木畜産農業協同組合　一九八四　四〕。この時期には牛肉の銘柄確立の動きもみられ、日本短角種の銘柄として「十和田牛」が、黒毛和種の銘柄として「あおもり十和田奥入瀬牛」が登録された。

一方、年に一度開設されていた子牛市場は、昭和五十年代には年に三回の開設になった。一年に複数回の子牛市場が開設されるようになった背景には、出場頭数の増加だけでなく、放牧場での自然交配から人工授精の普及により、出産を調整できるようになったことも関係している。

家畜を飼育する家の減少と時を同じくして、家の建て替えがなされた。『十和田市史　下巻』には「家族制度の崩壊と、わが国経済成長の急速な発展は、当地方にも突如として建築ブームを将来《ママ》したが、またたくうちにカヤぶきの民家が姿を消し、山間の奥地にいたるまで、豪壮でしかも超デラックスな近代建築が、その偉容を誇っている様を見れば、うたた今昔の感に堪えない」と記されており〔十和田市史編纂委員会編　一九七六　五八〇〕、「建築ブーム」と言わしめるような家の建て替えが市全域で起こっていたようである。加えて、「屋根がえしようにもカヤがなく、カヤはあっても人手がないとなれば、思い切って最新式の家を建てたくなるのも不思議はなく、農業協同組合などがそれを援助するとなれば、渡りに舟と喜ぶのも当然であろうし、隣家が新築すればこちらもということになるのも自然なことで、まことに結構なことといわなければならない。いずれにしても、当地方の経済生活の向上を示すものと見て差支なかろう」〔十和田市史編纂委員会編　一九七六　五八〇〕とし、家の建て替えを地域の経済発展の象徴として評価している。マヤと家屋とが一つになった直屋の造りは、この時期に姿を消していった。

ここまで、十和田市における畜産の変化を、多く飼育される家畜の種の差異から三つの時期にわけてとらえてきた。第二次世界大戦終戦後、軍馬需要の消失により馬産が衰退する昭和三十年代前半に乳用牛の飼育が増加し、昭和三十年代後半にブタの飼育が、昭和四十年代に肉用牛の飼育が盛んになったこと、そして、飼育が盛んとなる家畜が転換する際には、国・県・市の政策、十和田市内の農協等の働きかけ、さらには、市場の動向や公害といった要因があったことが明らかになった。

第三節　どの家にでもいる「牛馬」から畜産農家の「家畜」へ

では、十和田市内の集落で飼育される家畜は前節で提示した三つの時期を経てどのように変化したのか。H集落とC集落からみていく。

三―一．H集落の場合

H集落は十和田市の中心部から北西に約四㎞離れた地点に位置する集落である。近世期に成立したとされる。集落の中心には気比神社・桂水大明神という二つの神社がある（写真16）。桂水大明神は集落のウブスナとされる神社であり、気比神社は家畜の守護を目的として建立された神社である。集落はこの二つの神社を中心として南北に広がっている。

集落には、民家の他に戦前から商店が一軒、バクロウが一軒、削蹄や蹄鉄を行う家が一軒あった。昭和二十二（一九四七）年から昭和四十八年までは小学校があり、昭和四十一（一九六六）年には農協の倉庫が置かれていた。総戸数は平成二十七（二〇一五）年現在で六十八戸である。本節において着目する昭和三十～五十年代は、最も多い時期で八十戸を数えたものの、徐々に減少し、現在の数字に至る。

集落の大部分の家はMとSの二つの姓であり、M姓は二軒の本家、S姓は大本家と本家が一軒ずつある。本家とそのカマド（分家を指す）を中心としたシマキと呼ばれる同族団結合が形成されている。神社を境にして北側にM姓、南側にS姓の家が多い。M姓の本家二軒とS姓の大本家の計三軒がH集落の草分けの家とされており、桂水大明神の祠が建つ場所に湧き水があったことからH集落に住み着いたとする伝承が残っている。M

写真16　桂水大明神（左）と気比神社
（2013年６月15日筆者撮影）

姓の本家の一つはベットウと呼ばれ、気比神社・桂水大明神両神社を管理している。また、集落には「晴山獅子舞」と呼ばれる神楽があり、平成十六（二〇〇四）年に十和田市指定無形民俗文化財となっている。

Ｈ集落の人々は他集落の人から「Ｈ集落の人は靴履いたまま寝てる」、「立ったままご飯食べてる」のように評され、熱心に仕事をする集落として知られていた。また、「Ｈ集落から嫁はもらっても嫁にやるな」とも言われていたようで、勤勉さが評価されつつも働きすぎる印象が強い土地でもあったようである。

平成二十八（二〇一六）年現在、Ｈ集落で家畜を飼育するのは、稲作・畑作との複合経営のなかで乳用牛を飼育する家が一戸、同様の複合経営のなかで肉用牛の繁殖を行う家が三戸、肉用牛の繁殖肥育一貫経営を大規模に行う農家が一戸の計五戸であり、養豚を行う家はない。集落の周りは田や畑が広がっているものの、専業農家は十軒に満たず、ほとんどの家が兼業農家や非農家である。しかし、かつては集落のほとんどの家が農家であり、多くの家でウマを始めとした家畜を飼育していた。H集落が現在のような姿になるまでに、どのような変化があったのであろうか。前節で提示した三つの時期区分に従い、飼育する家畜の変遷を記述していく。記述の内容は、H集落の歴史に詳しいX氏が作成されたH集落の歴史年表と、H集落に居住する方々への聞き書き[八四]に基づいている。

（一）ウマ主体期

この時期の集落には、田を含む広い耕作地を有し多くの家畜を飼育する経済的に優位な家、矮小な耕作地しかなく家畜を飼育できない零細な家、その中間という三つの階層があった。経済的に優位な家は町内会長などの役職につき、集落をまとめる存在であった。特に力のあった家は、S・M姓の本家、大本家である。本家は経済的に優位な立場にあっただけでなく、ウマを持たない分家にウマを貸し、ウマの飼料がなくなった際には分け与えるなど、他の家を援助する立場にあった。

H集落の主な収入源は、畑作と麻生産、そして、馬産であった。集落には田があったものの、面積は小さく、所有する家は限られており、多くの家が所有する耕作地は畑のみであった。畑では稗や粟などの雑穀栽培や、換金作物として大豆などの栽培が行われた。一戸当たりの所有する土地は少なく、分家を出すことが難しかったことから、次三男以下は結婚後も暫く実家に住み、経済的に独立できるようになってから自分の家を持ち実家を出た。出稼ぎを行う家もあった[八五]。

家畜飼育が収入源として重視されていたことから、何らかの家畜を飼育する状態が求められていた。家畜飼育が盛んであったころの気比神社の祭礼の費用は、家畜が出産した家が出していた。このことからも、家畜飼育が重要な収入源と考えられていたことがうかがえる。

H集落の多くの家では農耕や繁殖などに用いるため、一～二頭ウマを飼育し、農耕や繁殖に用いることが難しくなると新しいウマに取り替えた。繁殖を行うため、メスを飼育する家が多かったが、騸馬《せんば》を飼育する家もあった。新たに家畜を飼育したり、取り替えたりする際には、通常、バクロウを通して入手した。バクロウは集落の人々の要求に応じて家畜を提供する重要な職業であったものの、「バクロウの腹には嘘とクソ詰まってる」（昭和六年生・男性）と表現されることもあり、人を騙す信用ならない職業とも考えられていた。

ウマを飼育していたころ、降雪期以外の一日の最初の仕事はウマに与える草を刈ることであった。トナと呼ばれるウマの飼料は、草に米のとぎ汁、米ぬか、豆、燕麦などを混ぜたものをトナ釜で煮て、朝、コビリ（昼前）、昼、夕、就寝前の五回、人間の食事の前に与えていた。米のとぎ汁がない場合には水を入れた。降雪期には草が取れなくなるため、秋の間に集めておく。クジョッパ（葛葉）やハギ（萩）も集め、乾燥させておいた。[八六] 農繁期と降雪期以外の日中は馬放《うまはな》し平《たい》や晴山平《はれやまたい》と呼ばれる放牧地に放すため、コビリと昼の食事を与える必要はなかった。

放牧地は八十町歩ほどであった。放牧地にウマを連れて行くのは小学生や中学生の仕事であり、毎朝、学校に行くときにウマを連れて行き、夕方、ウマを迎えに行った。放牧地には「番兵」と呼ばれるウマの監視役がおり、小学生や集落の老人が行っていた。[八七] ウマは集落のあちこちにおり道に飛び出すこともあったため、車やバスが通るようになった際には道の両側に垣を設けていたという。

八四　平成二十五～二十七年にかけて計十二回現地でインタビュー調査や祭礼への参加観察を行った。

八五　男性が出稼ぎに行き、残った家族が農作業を行った。出稼ぎ先には北海道のニシン漁や近郊都市への土木工事などがあり、遠方への出稼ぎには一年を通して行き、盆と正月のみ、帰ってきていた。軍馬補充部で働いた人もあった。

八六　野本寛一は「葛・萩文化圏」という語を用いて北東北の飼料に言及している〔野本　二〇一五〕。

八七　昭和二十年ころまでは小学生が番兵をすることがあったようであり、番兵のために学校に休みをもらったことを記憶している男性（昭和七年生）もいた。その後は、高齢者が行っていたという。

写真17　マヤのある家
（話者提供資料）
＊本来マヤは向かって右側だが、写真が反転しておりマヤが左側になっている。

写真18　絵馬の祀られた家
（話者提供資料）
＊写真中、○で囲った部分が絵馬

昭和四十年代半ばころまでの家は、「くず屋」と呼ばれる直屋であった（写真17）。マヤ（厩を指す）は日当りの良い南東方向に設けられており、マヤの入口にはウマの健康を祈り絵馬が祀られた（写真18）。絵馬は子馬が産まれたときなどに購入していた。マヤはドマを挟んで人の生活する部分と向かい合う形となっていたため、食事や仕事をしながらウマの様子を見ることができた。厩肥が発酵するため、家の中は冬でも暖かかったという。人間の食事よりも先にウマに餌を与えていたことや餌となる草の刈り入れに多くの時間を割いていたこと、そして家の造りから、ウマが大切にされていた様子がうかがえる。

飼育しているウマが発情するとタネツケを行った。種馬は集落で一頭飼育しており、S姓、M姓の本家、大本家が一年交代で世話をしていた。生まれたウマは二歳になると、家族が三本木町や七戸町で行われるセリに連れて行った。人に慣れるよう、セリに出す前に人を乗せる練習をした経験がある人もあった。軍馬需要のあったころは「軍馬御用」を目指し、馬産が盛んに行われていた。「ウマが高く売れるとお祝いをした」（大正十五年生・男性）こともあったようである。軍馬需要のなくなった後も繁殖は行われており、重要な収入源となっていた。ウマの多寡は家の経済状況を表すものと考えられており、立派なウマを育てられることは人物の評価基準の一つであった。

さらに、ウマは人々に楽しみを提供する存在でもあった。ウマ主体期当時小学生であった人々は放牧地にウマを迎えに行き、そこで遊んだりウマに乗って競走したりした思い出を口々に語った。また、当時三本木町では馬力大会が開かれ、多くの観客でにぎわっていた。三本木町で行われたセリは各地から人々が集まる場であり、お祭りのようであったという。

つづいて、農耕におけるウマの役割をみていく。農耕における「いいウマ」とは「一人で使うことのできるウマ」（大正十五年生・男性）である。馬耕を行う際には、ウマの進行方向を決める「サヘトリ」とウマの後ろで馬鍬を持つ「マンガオシ」の二人で行う。サヘトリをせずとも飼い主の言う通りに動くことのできるウマが、農耕における「いいウマ」とされた。ウマを持たない家は、ウマを持つ家から借りて労働で返していた。

ウシを飼育する家もあった。ウマと共にマヤで飼育した家が多かったが、マヤとは別にベコヤ（牛小屋）を建てる家もあった。多く飼育されていたのは、「赤牛」や「短角」と呼ばれる日本短角種であった。ウシは雪解けから降雪前までは八甲田山の麓で放牧されていたため、家にいるのは降雪期だけであった。ウシの主な飼育目的は子取り（子牛を売ること）であったものの、農耕に用いることもあった。しかし、「ウシはウマのない人が使う」（昭和七年生・男性）と語られることもあり、ウシを使う人は少なかったようである。その理由として、ウシはウマよりも動きが遅いことが挙げられた。

（二）乳用牛増加期

昭和三十年の酪農集約地域の指定後、H集落でも多くの家が一～二頭のジャージー牛（以下、「ジャージー」と記述する）の飼育を始めた（写真19）。ジャージーを導入するための支出が困難であったり、出稼ぎなど他の仕事で忙しかったりという理由から飼育を行わなかった家もあった。

写真19　ジャージーを飼育する家
（話者提供資料）

ジャージーを飼育していた頃、三世代で生活していた家の生活を図15に示した。それぞれの世代が仕事を持っており、特に父母は朝早くから夜遅くまで仕事していたことがうかがえる。乳用牛を飼育していた当時、学齢期にあった男性（昭和二十一年生）が「大人は忙しいから。子供は乳搾る手伝いして、晴山平に［ウマを ※［］内筆者註］連れてってから学校行ったのよ。親は朝起きたらウマのための草を刈って、畑行ってだったから。学校から帰るとウマを迎えに行った」と語るように、子供も重要な働き手であった。

ウマが放牧されていたのに対し、ジャージーは放牧を行わずに一日マヤに置いておき、朝、夕に給餌し、搾乳した。「雪印がきたんだ。工場に勤めてる人も、いたっちゃいたかな」（昭和二十二年生・男性）と語られたように、搾乳した乳は雪印乳業株式会社の十和田工場に出荷していた。「搾った牛乳は［桂水大明神の］湧水だとか、井戸に入れて冷やしといた」（昭和二十年代生・男性）という。

集落の家々で搾乳された牛乳の集荷は集落に住む人が馬車で行い、工場への出荷は他集落の車を所有する人が行った。出荷を行う車は毎朝五時半に工場を出発し、七時半から八時ころにH集落で集荷、そして九時に工場に到着した［青森県経済部畜産課　一九五九　五八］。続いて、乳用牛の飼育が盛んになった理由や飼育の様子を語りから捉える。

「ジャージーは畔草で育って楽だから、飼育が奨励されたのよ。搾乳のウシ。どこの家でも飼ってた。雪印が入って来てね。でも、乳量が少なくて駄目になった」

（昭和二十一年生・男性）

時	祖父母の行動	父母の行動	子どもの行動
		起床	
4時	起床	ウマに与える草を刈りに行く	
5時	朝食を作る		
		帰宅	起床
6時		牛馬に給餌 乳用牛の搾乳	搾乳を手伝う
	朝食	朝食	朝食
7時	コビリ（軽食）・昼食を作り、畑に行く夫婦に持たせ		学校へ行く
			ウマを放牧地へ連れて行く
		田畑に行き、仕事	
8時			
10時	家事などを行う	コビリ	
		田畑で仕事	
12時	昼食	昼食	
			学校から帰る
16時		田畑で仕事	ウマを放牧地から連れて来る
17時	夕食の準備	帰宅	
		牛馬に給餌 乳用牛の搾乳	搾乳を手伝う
18時	夕食	夕食	夕食
19時	夜の仕事	夜の仕事 （木を削る、ワラを編むなど）	
20時			
		ウマに給餌	
21時	就寝	就寝	就寝

図15　昭和30年代の乳用牛とウマのいる三世代家族の生活
（話者の語りから筆者作成）
＊網掛けは牛馬に関わる行動を示す。

写真21　耕運機を導入した家族
（話者提供資料）

写真20　葉タバコ生産の様子
（話者提供資料）

「ジャージーは市が奨励したんだ。畔草で育てられたから。雪印が入って来て、サイロを建てて大きくやり始めたんだけど、搾乳量が少なくてね。段々やめてったよ。…［ジャージーは］ウマと一緒に置いといたのよ。マヤを区切ってね」

（昭和八年生・男性）

ジャージーを飼育した理由として、飼料の入手が容易であったこと、マヤがあったことから畜舎を建てるなど新しい設備を必要としないことが挙げられた。牛馬を飼育した経験があったこと、そして何より収入を増加させたいと考えていたことから、ジャージーは多くの家で飼育されていた。一方で、乳量が少ないという欠点もあった。

「ジャージーは乳量が少なくて少なくて…。すぐにホルスタインにとっかえた。やっぱり、儲けがね…」（昭和八年生・男性）

そこで行われたのが、ジャージーからホルスタインへの切り替えである。乳量に応じて収入が決まることから、乳量の多いホルスタインへの切り替えは「儲け」を重視した選択であったことがうかがえる。ホルスタインには稲藁などの草だけでなく、濃厚飼料や大豆、トウモロコシなども与えた。

乳用牛の導入と同じ頃、ブタの飼育や葉タバコの生産も広まった（写真20）。葉タバコは収入がよく、十和田市からも生産が奨励された。八八 しかし、「葉タバコは手間がかかるし、できによって収入が左右される」（昭和二十二年生・男性）ことから、数年でやめる人が多かったようである。

昭和三十年代半ばになると、集落では手押しトラクターや田植え機などの農業用機械が普及し、ウマを飼育する家は激減した。農業用機械が普及し始めたころは、「鉄の機械は畑に沈んでしまうのではないか」、「機械で耕すと畑が悪くなるのではないか」といった不安から、購入をためらう家や機械購入後も馬を飼育する家も少なくなかった。しかし、ウマで耕すよりもトラクターで耕す方が速く、作物の収穫量も多かったことから、農業用機械は急速に普及していった（写真21）。農業用機械は個人で購入することもあったが、複数人で組合をつくり、購入することもあった。

ウマが飼育されなくなったことで、放すウマのいなくなった放牧地は開田され、道路に設けられていた垣は飛び出すウマがいなくなったことで取り払われた。このころ、乳価の下落や農作業の忙しさを理由に乳用牛の飼育も減少していった。

（三）肉用牛・ブタ主体期

ウマ・乳用牛の飼育の衰退後、主に飼育される家畜は肉用牛とブタになった。集落内で肉用牛とブタの飼育が盛んであったのは、昭和三十〜五十年代末ころであった。肉用牛・ブタそれぞれの飼育の隆盛から衰退までをみていく。

八八　昭和三十年七月十五日の「広報三本木」第七号に「葉たばこの耕作をはじめたい方に」という見出しで葉タバコの生産を奨励する記事があり、十和田市全体に普及させようとしていた様子がうかがえる。

ブタは昭和三十年ころには飼育する家があったが、盛んに行われたのは昭和三十年代後半である。集落の多くの家でメスを一～二頭飼育し、繁殖を行った。ブタは畜産組合で行われるセリやバクロウから購入していた。ブタの飼育において強調されたのは、飼育の手軽さである。

「ブタは米がいいときにいた。あちこちで飼ってたね。残飯を煮てあげてた。「嫁の小遣い稼ぎ」なんて言われて」

（昭和二十年代生・女性）

「人間の残飯、夕飯の残りとかと米糠混ぜてやればよかったから、楽だった」

（昭和二十二年生・男性）

「ウシは三年ぐらい、ブタは半年ぐらいで大人にして、出荷をトラックを持っている農家にお願いして七戸畜産組合や三本木畜産組合まで運んで、セリに出して転売し、収益を得ていた」

（昭和二十二年生・男性）

ウマと異なり草を刈りに行く必要がなく、残飯を与えておけばよいことから、多くの家で飼育された。飼育の手軽さに加えて、この時期に豚肉の価格が上がったことを挙げる人もあった。

さらに、子豚の飼育期間の短さも挙げられた。飼育の手間が少なく、ウシやウマよりも早く収入を得ることができた。ブタが多産であったことも、飼育が盛んであった理由といえる。このころ、家畜が出産した人が気比神社の祭礼の費用を出資していたものの「ブタの神様はいないよ。ブタは子供がたくさん産まれるから、腐るほど金ださねばなんねぇ」（昭和十六年生・男性）と語られたように、ブタは例外であったようである。豚肉価格は不安定であったものの、ブタは飼育期間が短く、多産であった。ブタを飼育することで収入を得る頻度が高くなることから、多くの家で飼育されていた。H集落内で商店を経営する女性は、「オスが産まれたから去勢するんだって、ウチ［商店］にカミソリ買いにきた人もあった」（昭和二十年代生・女性）と、当時の様子を語った。

つづいて、肉用牛についてみていく。肉用牛として飼育されたのは、「赤牛」や「短角」と呼ばれる日本短角種である（以下「短角」と記述する）。短角が盛んに飼育されていたのは昭和四十～五十年代である。繁殖を行うためにメスを飼育することが多く、畜産組合で行われるセリやバクロウから購入していた。預託牛制度を利用するなどして肥育を行う家や、乳用牛から肉用牛へ切り替えた家もあった。

「赤牛は乳搾る手間がないから。餌あげてぶんなげておけばいい。乳価も下がってたから儲けも大きくなかったし」（昭和八年生・男性）

短角へと切り替えた理由として、乳価が下がったことで乳用牛により収入が減ったこと、そして、短角は搾乳をする必要がなく手間がかからないことが挙げられた。

短角は、降雪期以外は複数の集落が共同で利用する。放牧地に放されていた。繁殖は放牧地で行われるマキ牛繁殖であり、種牛となるオスは放牧地を利用する集落が共同で管理していた。子牛は母牛が放牧地で育てた。

「放牧地には男の人、親父とかが連れてって、冬になる前に連れて来る。ウシは山ん中の木の葉だとか、草食べ歩きよ。冬［放牧地で牛を］探すときには、三、四人で組んで、寝具持って探しに行くんだ。ウシの跡を見て追跡するのよ」

（昭和八年生・男性）

放牧地へウシを連れて行くのは男性の仕事であり、一日がかりで歩いて行っていた。雪解けのころ、集落から放牧地までウシを連れて行き、雪の降る前に放牧地から連れてきた。

ブタが「嫁の小遣い稼ぎ」と称された一方で、ウシは「じいちゃん［話者の舅］が世話してた」と語られ、老夫婦世代が中心となって行っていたことが多かったようである。

このように、短角、ブタの飼育が主体となっていた昭和四十年ころ、肉用馬（ペロシュロン種）を飼育した家が一軒あった。三本木畜産農協から購入し二年ほど飼育したが、ウマが病気になったため、屠場へ持っていった。この家ではその後、ウマを飼うことはなかったという。

ウマ、乳用牛、ブタ、肉用牛と展開し、多くの家で行われていた家畜飼育であるものの、平成二十八年時点では五軒となっている。衰退の要因として挙げられたのは、開田ブーム、そして、米の生産調整に伴う畑作への移行である。一九六〇年代に起こった開田ブームにより、一戸当たりの耕作地が増加した。「毎年、楽しいよね。田がどんどん広くなった。一俵あたりの値段が右肩上がりで」（昭和二十二年生・男性）と当時のH集落の様子が語られた。耕作地が増加し農作業が忙しくなったことで、家畜を手放す家もあった。

また、昭和四十五年からの米の生産調整による稲作から畑作への転向も、家畜飼育をやめるきっかけとなった。稲作は冬期に農閑期があったものの、畑作は年間を通して何かしらの作物を作るためである。この頃に乳用牛の飼育をやめた男性は、「畑が忙しくなったから、ホルスはなくした。［搾乳が］手間だから」（昭和八年生・男性）と、農作業の忙しさと搾乳の手間をやめた理由として挙げた。昭和五十年ころに肉用牛の飼育をやめた男性は、「畑に、仕事も忙しくなったこともあったし、［肉用牛は］もういいかな、と思って」と語った。この時期は耕作地が増加しただけでなく、兼業農家や被雇用者となる家が増加した。農業や家畜以外の収入の手段が生じたことで家畜飼育をやめる家が少なくなかった。

ウシの飼育をやめたきっかけとして農業や他の仕事との関連が挙げられることが多い一方で、ブタの飼育をやめた理由は、次のように語られた。

「［ブタの飼育をやめた理由は］規制が厳しくなったんだよね。排水の設備がどうとか、堆肥も土の上でないとだめだとか。それで、浄化槽をつけたりなんだりしなきゃなんなくなって資金がかかるようになったんで、素人じゃできなくなったのよ。それならって、やめた」

（昭和二十年代生・女性）

「豚コレラがはやっていっぱい死んだんで、規制ができた。浄化槽つけたりしなきゃなんないとか」

（昭和二十二年生・男性）

ブタの飼育をやめたきっかけは、公害と流行病の影響による飼育条件の厳格化であった。集落内での公害は発生しなかったものの、家畜の糞尿によるにおいや壌土汚染対策への指導が行われ、飼育を続けるには新たな

写真22　C集落の蒼前神社
（2015年6月15日筆者撮影）

設備を設ける必要が生じた。設備投資の方が収入よりも大きいと判断し、昭和六十年ころにブタの飼育は行われなくなった。

平成初期には、農家の複合経営の一分野として少数の乳用牛や肉用牛を飼育する家と、専業で大規模に肉用牛を飼育する家がそれぞれ数軒ずつあるという現在のH集落と同じような状況が形成された。兼業化や開田ブームによる耕作地の増加により収入が増えたことで、集落内の経済格差は是正されていき、家の建て替えも行われるようになった。建て替えによりマヤはなくなり、部屋や物置となった。ウシの飼育を継続する場合も、ベコヤ（牛小屋をさす）と家は分けた。

家畜を飼育する家はあるものの、ウマのように放牧や馬耕が行われなくなったため、集落内で家畜の姿を目にする機会は少なくなった。複合経営の一分野として小規模の飼育を続ける人のなかには「趣味で」飼育しており、「儲けは考えていない」と言う人もいる。多くの家で飼育されていた家畜は、家畜飼育を選択した限られた家で飼育されるものとなった。

三―二　C集落の場合

C集落はH集落のすぐ東側に位置する。軍馬補充部の厩舎が置かれていた場所であり、軍馬補充部用地の解放後の昭和二十一年に誕生した開拓集落である。入植者は周辺集落の次三男や復員者とその妻子であり、入植時の戸数は五十七戸であった。入植当初は夫婦のみの世帯がほとんどであった。開拓集落と呼ばれるものの、軍馬補充部の厩舎を住居として利用し、軍馬補充部で耕作していた畑を家ごとに割り当てられたため、当時を知る男性T氏（大正十五年生）は「恵まれた入植」であったと評した。

現在のC集落で家畜を飼育する家はない。しかし、かつては多くの家で家畜が飼育されており、集落には蒼前神社が建立されている（写真22）。C集落の変化を先に挙げた三つの時期区分のなかでみていく。C集落についての記述は、開拓三十五周年記念に発行された『七郷開拓記念誌』〔七郷開拓三十五周年記念誌編集委員会　一九八二〕とC集落を開拓当初から知るT氏へのインタビュー[八九]に基づいている。

（一）ウマ主体期

入植当初、ウマを飼育する家は少なく、ウマが必要なときには親類や知人から借りるなどしていた。入植時には一戸あたり二町歩の畑を割り当てられ内、一町歩が大豆であり、五反歩がデントコーン、残りの五反歩で稗や粟等を栽培していた。馬鈴薯とデントコーン、大豆を商品作物として栽培し、現金収入を得ていた。水田がなく米を自給できなかったため、大豆二升と米一俵を交換していた。より多くの収入を得るために家畜を飼育する家が多く、ウシやブタ、ウサギやニワトリなどが飼育されていた。入植直後からホルスタインを飼育する家もあった。『七郷開拓記念誌』によると、ホルスタインに良質な草を十分に与えるため、ホルスタインを飼育する家が共同で三本木畜産農協の牧草地を購入し、共同作業で刈り取りを行っていたという〔七郷開拓三十五周年記念誌編集委員会　一九八二　一〇〇〕。

八九　平成二十七～二十八年にかけて四回にわたりインタビューを行った。引用の註記がない限り、記述した語りはすべてT氏によるものである。

昭和二十五年に行われた国営開墾事業により、現在の十和田市内で四十四町歩の開田が行われた。C集落では、一戸あたり五反歩の開田が行われた。当時の三本木町の耕作地の平均面積は、一戸あたり一町一反歩から一町三反歩であったものの、開田によりC集落では一戸あたり二町五反歩の耕作地を所有するようになった。集落内に本家分家関係はなく、田植えは近隣住民で組をつくり、ユイで行っていた。昭和二十五年より集落の有志による農事研究会を結成し稲作の勉強を行っており、稲作に対する志向が強かった様子がうかがえる。

耕作地が増えたことで、C集落ではウマを所有する家が増加した。ウマはバクロウや北海道の馬市で入手された。C集落の家にはマヤがなかったため、ウマを飼育する際には敷地内にマヤを建てた。C集落には放牧地がなく、ウマを使わないときには一日中マヤの中に置いていた。ウマの用途は主に農耕と厩肥生産である。農繁期にウマを持たない人の水田を耕したり、農閑期に馬車による運搬を行ったりして収入を得ていた人もいた。父がウマで他の家の田を耕していた姿を見ていた女性（昭和二十六年生）によると、日中は他家の水田を耕し、夜間に月明かりの下で自身の水田を耕していたという。

（二）乳用牛増加期

十和田集約酪農地域に指定されたことで、乳用牛を飼育する家が増加した。畝草で育つこと、小型で扱いやすいといったことから、世界銀行の融資を受けて十九頭のジャージーが集落に導入された。三本木畜産農協の貸借制度を利用した家もあった。

集約酪農地域指定直後はジャージーが多く飼育されていたものの、ホルスタインへと切り替える家が多かった。「ジャージーは乳量が少なくてですな、加工を行う工場が縮小してしまったんです。それで、乳量が多いホルスタインへと切り替えました［中略］ホルスタインは、近所に飼っていた人があったので、その人から購入しました。バクロウから買った人もいましたよ」と語られたように、乳量の多寡を重視した切り替えであった。

牛乳の出荷による収入は毎月一回農協の銀行に振込みされており、月に一度の定期的な収入を得られるようになった。七郷開拓三十五周年記念誌編集委員会によると、C集落における乳用牛飼育の最盛期は昭和三十四年ころであり、飼育頭数は二十三頭、飼育戸数は十八戸であった。飼育規模は一頭飼育が十四戸、二頭飼育が三戸、三頭飼育が一戸であった。昭和三十五年に、乳用牛を飼育する家で「七郷酪農組合」を結成した。この組合で、搾乳した牛乳を冷やしておくための集乳所の建設や乳質検査器具などの共同購入を行った。また、サイレージ用カッターの共同購入やサイロ詰の共同作業も行っていた〔七郷開拓三十五周年記念誌編集委員会一九八二　一〇一〕。乳用牛の飼育について、雪印乳業や農協との連絡や指導を受けることもあった。

ホルスタインは乳量が多く、その分の儲けも大きかったものの、飼育にかかる手間もジャージーに比べて大きかった。その一つが、飼料である。ジャージーの飼料は主に畔草であったものの、ホルスタインの飼料は牧草、野草共に、年二回、刈取り乾燥したものを、畜舎の二階に収納し、それをカッターで切り飼葉として与えていた。それに濃厚飼料や自家産の米糠や大豆などを混ぜ、冬期はさらにサイレージやカブを裁断したものを与えていたようであり、複数の材料から飼料を作るという手間があった。

乳用牛の飼育は昭和三十五年を境に減少し、最盛期には三十二戸あった乳用牛飼育戸数は、昭和四十年代末には一軒となった。七郷酪農組合で建設した集乳所は、昭和四十八年に唯一飼育を続けていた家に払い下げられた。飼育をやめた理由として挙げられたのは、乳価の下落と農作業の忙しさがある。

「昭和四十年ころは忙しかったですよ。会合に農協と…。妻には迷惑をかけました。農作業にウシに家の

時	父の行動	母の行動	子どもの行動
4時	起床 田を見る	起床 朝食の準備	
5時	帰宅		
6時	牛馬に給餌 乳用牛の搾乳	牛馬に給餌 乳用牛の搾乳	牛馬に給餌 乳用牛の搾乳
7時	朝食	朝食	朝食
8時	農作業 ＊会合などがあれば出席	家事 農作業	学校へ行く
12時	昼食 農作業	昼食 家事 農作業	
16時	田畑から帰宅	田畑から帰宅 夕食の準備	学校から帰宅
17時	牛馬に給餌 乳用牛の搾乳	牛馬に給餌 乳用牛の搾乳	牛馬に給餌 乳用牛の搾乳
18時	夕食	夕食	夕食
19時	夜の仕事 ＊会合などがあれば出席	家事 夜の仕事	
20時	ウマに給餌	ウマに給餌	就寝
21時	就寝	就寝	

図16　ウマと乳用牛を飼育していた核家族世帯の生活
（語りから筆者作成）

ことと大変だったので、［乳用牛を］売りました。そのときのことは［妻に］今でも言われますよ」

さらにT氏は、乳用牛の飼育をやめた理由に、妻の負担を減らしたかったことを挙げた。夫婦と子供からなる核家族世帯がほとんどであったことから、家事、農作業、家畜の世話と、女性の負担は大きかったようである（図16）。女性の負担を減らすために「カッチャクジ」という合言葉があった。これは、「カッチャ＝お母さん」、「クジ＝午後九時」であり、「お母さん、もう夜の九時だから寝なさい」ということを意味していた。

乳用牛の普及が始まった昭和三十年、C集落は上北郡内で最も早く耕運機を購入した。『七郷開拓記念誌』には「今迄馬でさんざん苦い経験をして来ただけに耕耘機はよい物だと感じたものである。飼葉は準備しなくてもよし、エンジンを止めると、だまっている。馬だとその辺の草を食べに歩くのでゆっくり休んでもいられない」〔七郷開拓三十五周年記念誌編集委員会　一九八二　一五二〕という、農耕馬の時代の終わりを物語る回想が記されてる。昭和四十年ころには集落内でウマの飼育は行われなくなった。

（三）肉用牛・ブタ主体期

ブタは入植当初から多くの家で一〜二頭飼育されていた。残飯を与えるだけで手間がかからなかったためである。一方、肉用牛はほとんど飼育されていなかった。昭和四十七年の統計によると、ブタの飼育の平均が一戸あたり一頭であるのに対し、役肉用牛は十三戸で一頭である〔七郷開拓三十五周年記念誌編集委員会　一九八二　一九〕。肉用牛の飼育が盛んにならなかった理由として、稲作が盛んであったことや、兼業農家の増加などが挙げられる。

昭和三十年代半ばから昭和四十年代前半は開田ブームにより耕作地が増加し、米価も上昇していた。C集落には稲の種苗センターが置かれ、米だけでなく米の種苗栽培を行う家が多かった。「米の種苗栽培は一般の稲作よりも手間がかか」るが、「値段が一般のより三十五％程高い」ため、「儲けが大きかった」という。米の生産調整の後も、「七郷では種場としての県指定のバックもあり」、「その［生産調整］後、稲作収入の確保を図ることができた」ようである〔七郷開拓三十五周年記念誌編集委員会　一九八二　一九〕。

稲作の収入に加え、跡継ぎにあたる男性を働きに出して兼業農家となった家も多かったようで、農業以外の収入を得ることができるようになっていた。入植当初は全戸が専業農家であったものが、昭和四十七年の統計によると、五十四戸中のうち専業農家が二十一戸、第一種兼業が二十八戸、第二種兼業が五戸と、半数以上の農家が兼業農家となっていた〔七郷開拓三十五周年記念誌編集委員会　一九八二　一九〕。T氏の家も同様で、「水田が少なかったので、息子は市内に働きに出しました。二町歩かそこらではやっていけない」と語られた。手間がかからないとされたブタの飼育も、衛生管理が厳しくなったことや豚肉価格の下落を受け大きく減少した。昭和六十（一九八五）年から平成初頭にかけて乳用牛・肉用牛の飼育も行われなくなったことで家畜がいなくなり、現在のC集落の姿となった。

第四節　家畜飼育における「手間」と「儲け」

近世期に成立したH集落と第二次世界大戦後終戦の開拓集落のC集落という、性格の異なる集落における家畜飼育の変遷を記述してきた。どちらの集落も家畜飼育が行われ、ウマから乳用牛、肉用牛・ブタといった変遷がみられたがその内実は異なる。乳用牛増加期にC集落では組合を結成し集乳所を建てたのに対し、H集落では集乳を仕事とする人が現れたこと、そしてH集落では肉用牛の飼育が行われたもののC集落ではほとんど普及しなかった、といった集落による相違点もみられた。

本節では、集落における家畜飼育の位置づけと家畜の選択基準の変遷を検討する。

昭和二十年代までの（一）ウマ主体期では、農耕・運搬・繁殖などを目的としたウマの飼育が盛んに行われていた。ウマは給餌回数が多く、毎朝飼料となる草を刈る必要があるなど飼育に手間がかかる。しかし、ウマは農耕現金収入源の少ないなかでの重要な収入源として多くの役割を果たしていたことからウマの飼育が選択された。多くの家でウマを飼育していたため、「いいウマ」の認識が集落で共有されており、「いいウマ」を育てることは人物の評価基準の一つであった。ウマの多寡は家の経済状況を表し、ウマを多く飼育する家とそれ以外の家という集落内の経済格差が明確であった。そのため、多くの家でウマはなくてはならない存在と考えられ、ウマを飼育している状態が集落の風景であった。ウマ以外に、ウシも飼育され、ウマ同様農耕に用いられて収入源ともなっていた。それでも、市場での価格や寒冷地に適した厩肥、耕耘の速さといった点から、ウマはウシよりも高い価値を与えられていた。このようにウマとウシには価値づけに差異がみられた。

昭和三十〜四十年までの（二）乳用牛増加期では、集約酪農地域の指定をきっかけに多くの家で乳用牛が飼育されるようになり、生乳を出荷することで月に一度の定期的な収入が入るようになった。ほとんどの家にマヤがあったため新しく牛舎を建てる必要がなかったことや、これまでにウマやウシを飼育した経験があったことは、乳用牛飼育戸数が飛躍的に伸びた理由と考えられる。当初普及したジャージーは乳量が少なかったため、ホルスタインに切り替えた家が多かったことから、乳用牛の導入は収益性を意識して行われていたことがうかがえる。搾乳の手間や、ホルスタインの場合は複数の飼料を混ぜて与えるといった手間があったものの、収入を増やすために飼育されていた。

昭和四十年以降の（三）肉用牛・ブタ主体期では、ウマ・乳用牛が減少し、飼育される家畜の主体が肉用牛・ブタとなった。農業用機械の普及によりウマを飼育する家が減少した。また、乳価の値下がりや搾乳の手間を省くため、乳用牛の飼育をやめる家も多くなった。飼育を続ける家では収入を上げるために飼育頭数を増やし、専業化していった。ウマや乳用牛の飼育が衰退した一方で、食肉需要の増加による豚肉・牛肉価格の上昇、三本木畜産農協預託牛制度等により飼育頭数・戸数が増加した。

（一）・（二）の時期では、十和田市内の多くの集落で類似した家畜飼育が行われていたものの、（三）の時期は集落の性格、そして、家の構成員に応じて家畜の選択が異なっていた。

H集落では、老夫婦がウシ、嫁がブタというように、家畜の世話を分担して行っていた。一方、C集落では入植当初からブタが飼育されていたものの、肉用牛はほとんどされなかったようである。C集落は核家族世帯が多かったことや、稲作による収入の割合が高かったためと考えられる。

（三）の時期は、市全体の家畜頭数は増加したものの、飼育戸数は減少しており、（二）乳用牛増加期までのように多くの家で少数頭の家畜を飼育する状況に変化が生じた。その理由として、耕作地の増加や農業収入も増加したこと、兼業により、家畜飼育以外に収入の手段が生じたこと等が挙げられる。家畜を飼育する家が減少したことで、家畜は特定の場所で畜産農家のような限られた人に飼育されるようになった。複合経営の一分野として家畜飼育を行う人のなかには、「儲けは考えていない」と利益を度外視する人もいる。耕作地の増加、職業の多様化により家の経済状況を家畜のみで計ることが難しくなった。家畜が家の経済状況を表すという認識は失われていった。

十和田市は上述したような三つの時期を経て、馬産地から肉用牛・ブタの生産地となった。第二節において記述したような政策や市場価格の変化といった、家畜飼育をとりまく環境による要因と、第三節において明らかにしたような家庭の経済状況や家族構成といった、家畜を飼育する家の要因のなかで、飼育する家畜、そして家畜飼育そのものの選択がなされてきた。

では、飼育する家畜を選択する際、どのような点が重視されたのであろうか。二集落の事例で記述したように、家畜飼育を行う理由、やめる理由として多く挙げられたのは、家畜を飼育する上での「手間」、そして「儲け」であった。そこで、家畜の選択に関わる「手間」と「儲け」を検討したい。

（一）・（二）の時期の家畜飼育で重視されたものは「手間」よりも「儲け」であった。（一）の時期に主に飼育されていたウマは、飼料となる草刈り等に多くの「手間」がかかったものの、農耕や繁殖など多様な役割を持ち、多くの「儲け」をもたらした。そのため、ウマよりも「手間」がかからないものの「儲け」の少ないウシは、ウマよりも価値の低い家畜と考えられていた。（二）の時期は乳用牛により月に一度の定期的な収入を得るようになった。始めに普及したジャージーは飼育の「手間」がかからなかったことから、多くの家で飼育された。しかし、「儲け」が少なかったことから、ジャージーより「手間」がかかるようになるものの「儲け」の大きいホルスタインへと切り替えが行われた。一方、それまで重要な家畜として飼育されてきたウマは、草刈りや放牧といった「手間」のかからない機械の導入により飼育が行われなくなった。

（三）の時期では、「手間」をかけずに「儲け」を得ることを重視する傾向が強くなる。ブタは価格の変動が大きく、それによって儲けが変化する。しかし、飼育期間が短くエサも残飯で済む等飼育に「手間」がかからなかったため、多くの家で飼育された。しかし、公害の影響によりブタの飼育を続けるための設備が必要となり、少数頭飼育では設備投資が「儲け」を上回るようになった。そのため、ブタの飼育は専業化していった。（二）の時期に普及した乳用牛は、搾乳の「手間」がない肉用牛へと切り替えられたり、家畜飼育自体をやめたりしたことで、飼育戸数が減少した。また、耕作地の増加や被雇用者の増加により農作業や他の仕事が忙しくなったことで、家畜飼育自体が「手間」となり、家畜飼育は衰退していった。

このように、飼育する家畜を選択する際には家畜の持つ「手間」と「儲け」を重視していたことが明らかになった。耕作地の増加や家畜飼育以外の現金収入源といった飼育者の状況により内実は異なるものの、全体的な傾向として、（一）ウマ主体期から（三）肉用牛・ブタ飼育期に移り変わる中で、「手間」がかからない家畜を選択する傾向が強くなっていることが指摘できる。

ここまで、馬産地であった十和田市が高度経済期を経て肉用牛・ブタの産地へ変化する過程を明らかにしてきた。最後に、高度経済成長期以降の変化を一つ挙げておく。短角から黒毛和種へ、という変化である。その契機が、牛肉の輸入自由化であった。それまで飼育されていた短角は子育て能力が高いことや飼料コストがかからないといった利点がある。しかし、皮下脂肪が厚いために精肉歩留まり率が低い、脂肪交雑率が低いために肉の繊維に脂肪（＝サシ）が入りにくいといったことから、一般に市場では黒毛和種に比較して低く評価され、「儲け」が少ない傾向にある〔佐川　二〇〇九　一四七―一四八〕。黒毛和種は「高級肉として安価な輸入牛肉とのすみ分けをはかることができる」ため〔佐川　二〇〇九　一五〇〕、短角から黒毛和種への転換が行われた。

短角から黒毛和種になることで、飼育方法に変化が生じた。その一つが、放牧地の利用方法である。平成二十八年現在、放牧地は、市内で黒毛和種を飼育する家の約八割が利用している。しかし「近年、畜産農家の減少や、日本短角種から黒毛和種への切り換えが進み、その飼育形態から牧場利用頭数が減少して」〔十和田市農林畜産課　二〇一七　二一〕いるという。放牧を行う場合でも、母子共に放牧していた短角の方法から、母牛だけを放牧する人が多い。現在放牧されているウシのうち、子牛の割合は五％に満たない。その理由として、黒毛和種の子牛は、母牛の母乳で育つ哺乳保育では発育が遅延し市場評価が低くなることがあり、牛舎で飼料を与えて育てる方法をとる人が多いことが挙げられる（十和田市内の畜産農家の語り）。

平成二十八年の十和田市畜産課の統計によると、十和田市の総戸数二万七一〇四戸のうちウシ・ブタを飼育する畜産農家は二四八戸（約〇・九％）である。畜産農家のうち、酪農家が十四戸（約五％）、養豚農家は十九戸（約七％）であり、ほとんどが専業である。一方、肉用牛は二一五戸（八十六％）であり、稲作や畑作と組み合わせた兼業が多い。肉用牛の畜産農家のうち、繁殖経営は一八〇戸（約八十四％）、繁殖肥育一貫経営は二十三戸（約十一％）、肥育経営は十一戸（約五％）である。一方、経営規模は、繁殖経営の一戸の平均は約十頭（兼業が主）、繁殖肥育一貫経営は約一六八頭、肥育経営は約四二〇頭（共に専業が主）である〔十和田市畜産課　二〇一七　一六—一八〕。養豚・酪農は大規模な専業農家が担い、肉用牛は多数の小規模兼業農家と少数の大規模な専業農家が担っている状況がうかがえる。

第Ⅲ部　信仰実践へ向かう「思い」

第五章　ソウゼンはなにを守護するのか

第一節　信仰の衰退か、変化か

牛馬の飼育を行わなくなった後も、神棚にソウゼンの神体を祀り続ける家が多くみられる。家畜は飼育していないものの、毎日ソウゼンの神体に白米を供え、線香をあげた上で手をあわせるという女性（昭和十一年生）は、「昔から守ってもらっている」ことを祀り続ける理由としていた。しかし、「置いてあるだけ」、「何の神様だかよくわからない」と語る人も少なくなかった。

本章では、第二次世界大戦、高度経済成長期を経たソウゼン信仰の変化を明らかにする。信仰の変化については、民俗学だけでなく、文化人類学、宗教学等複数の分野における信仰研究において信仰の動態や柔軟性として捉えられてきた（池上　一九九九、田中（正）二〇〇五、赤田　二〇〇七など）。

第三章で考察したように、十和田市では近世期は盛岡藩主導による南部馬生産のため、近代から第二次世界大戦終戦までは軍部主導による軍馬生産のため、馬産が盛んに行われていた。盛岡藩と軍では、求めるウマは異なるものの、ソウゼンを排除することなく、寺社を建立するなどして祀る点は共通していた。ウマの生産を奨励する側も生産する側も良馬生産を願いソウゼンを祀っていたことから、ソウゼンは両者を結び付ける役割を担っていたことが指摘しうる。しかし、第四章で明らかにしたように、この地域のウマの飼育は昭和三十年代半ばには衰退し、乳用牛、肉用牛、ブタの飼育に転換していく。では、飼育する家畜がウマからウシ・ブタへと変化し、畜産業に携わる人が減少するなかで、ソウゼン信仰にはどのような変化がみられるのだろうか。

この問いの答えを探るため、本章では絵馬市と神社祭祀を取り上げる。ここで着目するのは、次の二点である。一つは、飼育する家畜の変化に伴うソウゼンの守護の対象となる家畜の変化である。もう一つは、家畜を飼育する家が減少、もしくは無くなった後の、集落のソウゼンを祀る神社の現状である。

第二節では、飼育する家畜の変化によるソウゼン信仰の変化を明らかにする。そこで着目するのは、青森県上北郡おいらせ町の氣比神社で行われる絵馬市と絵馬である。絵馬に関する研究では、寺社に奉納された絵馬の構図から奉納者の意図を探る絵解きや構図の変遷が捉えられてきた〔岩井　一九七四、西海　一九九九、小田島　二〇一六など〕。一方、絵馬を売る絵馬市に関する研究では、絵馬の作成から購入、更には処分までを一つの流れとして捉える研究がある〔三田村　一九八五、東松山市教育委員会　二〇〇一、TEM研究所　二〇一四など〕。氣比神社の絵馬市[九〇]に関する報告として、絵馬を描く絵馬師については青森県郷土館による調査〔青森県立郷土館　一九九四〕が、絵馬市については青森県民俗文化財等保存活用委員会による調査〔青森県民俗文化財等保存活用委員会　二〇一三〕がそれぞれ行われている。近年はTEM研究所による非常に詳細な報告書が刊行されている〔TEM研究所　二〇一四〕。この報告からは、絵馬の材質や構図の変遷等をうかが

九〇　絵馬市は、平成二十一年に「氣比神社の絵馬市の習俗」として記録作成等の措置を講ずべき無形の民俗文化財に登録された。

うことができる。一方で、これまでの研究や報告では、畜産業との関わりや、絵馬の構図の変遷の背景についての言及は少ない。そこで、絵馬を販売する絵馬師と絵馬の購入者への聞き書きに基づき、畜産業との関わりからソウゼン信仰における絵馬の特徴とその変遷を検討する。

第三節では、家畜を飼育する家が減少、もしくは無くなった後の集落のソウゼンを祀る神社の在り方を明らかにする。ソウゼンのように特定の機能をもつカミは、その機能が必要とされなくなった際には祀り棄てられることがある〔宮田　一九七五、武井　二〇〇三など〕。一方で、信仰の存続する状況に着目した研究も蓄積されている。信仰の存続する背景には、カミと人との関わりがある。カミから人へのなんらかの働きかけを、宗教者を含む人々が解釈することで、祭祀が続いている状況も明らかにされている〔Egnor　一九八四、近藤　二〇一三など〕。青森県十和田市内の多くの集落では、牛馬飼育が盛んであった時期にソウゼンを祀る神社が建立された。現在は参拝者があまりみられない神社もあるものの、現在も祭礼等が行われている神社が多い。なぜ、家畜飼育が衰退した後もソウゼンが祀られ続けるのか。ペットウを中心としたソウゼンを祀る神社の現状を二つの集落の事例から捉えることで、家畜守護に留まらないソウゼンの姿を明らかにする。

第四節では、第二節、第三節で明らかになったソウゼンの変遷を示すとともに、守護の拡大について考察する。

第二節　願いを選ぶ——絵馬市にみる守護の対象の拡大——

二―一．氣比神社と絵馬師

まず、絵馬市が行われる氣比神社と絵馬師について記述する。氣比神社は青森県東部において、「家畜の神を祀る神社の本家」として認識されている。「木下のお蒼前様」などと呼ばれ、例祭日に限らず飼育する家畜の健康などを願う人々が訪れる。近年は馬がかつての移動手段であったことから派生し、車祈祷も行われている[九一]。

氣比神社では毎年七月の第一土・日曜日[九二]に例祭が行われており、境内では両日絵馬市が開かれ、ウマやウシなどの家畜が描かれた絵馬が販売され、購入者は絵馬を持ち帰り、自宅の神棚や畜舎等に祀る。絵馬市で絵馬を販売するのは、絵馬師とその家族である。かつては複数の絵馬師が氣比神社で絵馬を販売していたが、現在はM家一軒のみである。M家は幕末から明治頃に絵馬師として活動を始め、調査時の絵馬師で五代目（昭和二十二年生・男性。令和四年逝去）である。

二―二．絵馬市の変遷と現状

第二章で記述した「正善由来記」や「宗善堂の由来」でも記されていたように、かつては絵馬を購入するのではなく、祈願する人自身が絵馬を描き、奉納していたようである。

九一　氣比神社の神職（昭和五十年生・男性）によると、参拝者に頼まれたことが始まりであったという。
九二　平成十一年頃までは、旧暦六月一日と十五日に行われていた。

「正善由来記」

馬を授け給えと祈願する方々には松の枝に思い思いの毛色を寫し繪馬として備え奉る

（個人蔵資料）

＊絵馬の記述のみ抜粋。傍線部は筆者による。

「宗善堂の由来」

是より馬頭観音を御宗善という事は当国ばかりに限らず、他国に類なき事共なり。

扨又絵馬のはじまりは宗善殿常に馬を好みし故数多の馬を絵に写し、これを御堂に奉納せばこれを見真似て馬の祈願に信者松の板に銘々思い思いの馬を書き額の替りに納めつつ今の世までも絵馬という。是も余国類なし

（板垣（松）一九六二　一九）。

＊絵馬の記述箇所のみ抜粋。傍線部は筆者による。

「宗善堂の由来」では、藤原宗善がウマを描いたことが絵馬の始まりとされている点が加わっているものの、「正善由来記」も「宗善堂の由来」も共に「松の枝」にウマを描いて宗善堂に奉納している様子が記されている。「宗善堂の由来」が収められた『十和田山神教記』が万延元（一八六〇）年に成立したとされていることから、一九世紀半ばころは奉納者自身が松の板に描いた絵馬を正善堂に奉納していたと考えられる〔小舘　一九七六　一七七―一七八〕。

絵馬市がいつごろから行われているのかは定かでないものの、遅くとも明治初期には絵馬小屋が出て賑わっ

ていたことが『新撰陸奥国誌』〔岸　一九六五〕に記されている。以下に、明治初頭の絵馬市の様子と、昭和十年代の絵馬市の様子を記す。

資料五―一：明治初頭の絵馬市の様子

旧時に変らす、今も六月の祭式には馬を飾り、馬丁も花やかなる出立にて参詣す。近郷は言に及はす、遠く岩手県下津軽地方より来り、朝より夕まで群集し、近邑馬を養ふ者は詣てさるはなく、行あり帰あり或は馳鶩し或は奔跳し、途の雑沓言はかりなし。商売は仮舎を構、酒餅戯玩を陳ね、若叟男女遊遨勇歓楽し、新日の夕なるを愛し、壮者は飾馬を索来り画馬を奉納す。其絵は各養ふ処の馬の毛色に彩したるを納む。新を納て去年納しと取替、帰てこれを己か馬厩に掛くれは良駒を得ると云。又馬をして社地を践しむれは疾なしと云ふ。この馬扁額丹青を施し彩すれとも、四足肥大にして短矮凡て野朴にして風趣なけれは或は真写すれは中々悦はすと云。鄙習想像すへし。この画馬を売るもの多く集り、価は百両、千両、二千両と云。その百両とは一銭のこと、千両と云は十銭を云（余は推て知るへし）。これは良畜と祝するの詞なりと云

〔岸　一九六五　頁なし〕。

＊原文に句読点がないため、読みやすさを考慮し、適宜、句読点を補った。

資料五―二：昭和十年代の絵馬市の様子

上北郡下田村にある蒼前神社へお詣りすることですが自分の馬に美しい衣装を着せ、その裾に無数の鈴をつけ、まだ暗いうちから朝露を踏んで数里の道を乗つて出かけるのです。その賑ひと言つたら大したものですが、そこでは絵馬の額を沢山売つてゐて、みんなお詣りが済めばこの絵馬を買ふのです。例へば一円

の額であればこの額に一千両と書いて貰ふ。そして帰つてからこれを厩に祭つてその馬が千両に売れるやうに祈願しながら、一生懸命馬を育てるんです。

〔「戦ふ南部馬産地帯」『月刊東奥』第四巻一一号　昭和十七年十一月十一日〕九三

資料五―一、二には、当時の絵馬市が盛大に行われていたことが記されている。資料五―一からうかがえる明治期の絵馬市の様子として、①飼育するウマに似た毛色の絵馬を購入していたこと、②絵馬師が大勢いたこと、③その年購入した絵馬を氣比神社に納め、前年自身で納めた絵馬を持ち帰り厩に祀ったこと、④飾り馬を連れてきていたこと、⑤ウマに境内の土を踏ませれば病気にならないと言われていたこと、⑥値段を誇張して言うことが良畜祈願となっていたこと、の六点が指摘できる。一方、資料五―二からうかがえる昭和十年代の絵馬市の様子として、①飾り馬を連れて参拝していたこと、②参拝後に絵馬を購入したこと、③絵馬に誇張した金額を書いてもらっていこと、の三点が挙げられる。

資料五―一と五―二から、飾り馬を連れてきていたこと・絵馬に誇張した金額を言う（昭和十年代は「金額を書く」）ことが良畜祈願となることの二点が共通しているものの、明治期に行われていたウマに境内の土を踏ませることや、購入した絵馬を一年間氣比神社に納めるといった行為が昭和十年代の記述からはうかがえなかった。続いて、現在の絵馬市の様子を平成二十五（二〇一三）～二十七（二〇一五）年にかけて筆者が行った三回の絵馬市での参与観察に基づき、記述する。

a．絵馬市の概要

絵馬市は、準備から片付けまで絵馬師であるM家を中心に行われる。平成二十六（二〇一四）年以降の絵馬市では大学生を二名をアルバイトとして雇っているが、平成二十二（二〇一〇）年ころまではM家の他にM家の親戚や友人など、M家とつながりのある人たちで運営していた。

絵馬市は「絵馬小屋」と呼ばれる小屋で行う（写真23）。絵馬小屋は絵馬市の前日にM家の人々が組み立て、絵馬市終了後、片づける。

主に絵馬を販売する時間は午前八時頃から午後四時頃である。購入者の多くは畜産農家であり自身の飼育する家畜の描かれた絵馬を求める。飼育する家畜に似せるために絵馬師に絵の修正を依頼することもある（写真24）。購入する絵馬が決まると、絵馬師が絵馬の左端に購入者の名前、住所、奉納日を記す。

絵馬小屋内には十名ほどが常駐している。購入者の希望する絵馬を探したり、会計を行ったりする役割と、絵馬の修正や名前等を記入する役割がある。役割は固定されておらず、接客をしていた人が文字を書く側に回るなど、流動的である。絵馬の修正や文字を書く役割は常時四名ほどであり、混雑時には増員する。絵馬の修正は五代目とその弟（昭和三十五年生。現、六代目絵馬師）が行う。

b．販売する絵馬

絵馬に描かれる家畜はウマ（写真25）・ウシ（写真26、27）・ブタ（写真28）の三種類であり、それぞれに複数の絵柄がある。「無病息災」の言葉や、恵比寿大黒が描かれた絵馬もある。絵馬の大きさは、普通版・横長版・小版の三種類がある。普通版が三十八cm×五十四cm、横長版が三十六.五cm×七十九cm、小版が二十七cm×三十八cmである。値段は大きさと構図により異なる。[九四]

九三　『青森県史　資料編　近現代二』（青森県史編さん近現代部会　二〇〇二　七三二）所収のものを参照した。

九四　絵馬の材質や絵柄の変遷については TEM 研究所〔二〇一四〕、三津山〔二〇二三〕を参照。

写真23　絵馬市の様子
（2013年７月６日筆者撮影）

写真24　絵馬の修正箇所を指示する購入者
（2013年７月６日筆者撮影）

写真25　ウマの絵馬
（2013年７月６日筆者撮影）

写真26　ウシの絵馬①（肉用牛）
（2013年７月６日筆者撮影）

写真27　ウシの絵馬②（乳用牛）
（2013年７月６日筆者撮影）

写真28　ブタの絵馬
（2013年７月６日筆者撮影）

絵馬の構図は四代目までは絵馬師自身が考案し、一枚ずつ描いて販売していた。絵馬は自宅で描いていたが、購入者の要望に応じて絵馬市で描いたこともあったようである。五代目は新しい絵馬を描くことはなく、四代目の描いた絵馬を「遺産」と呼び、販売している。「遺産」が不足した場合にはカラーコピーを行ったものを販売している。

筆者が調査を行った平成二十五〜二十七年の絵馬の売れ行きは、ウシ：ウマ：ブタ＝八：一：一ほどであった。五代目によると、昭和三十年代まではウマの絵馬が売り上げのほとんどを占めていたという。しかし現在は、二日間で数えるほどしか売れず、ウシの絵馬が売り上げの大部分を占める。最も売れる絵馬がウマからウシに切り替わった時期を、五代目は「昭和四十年ごろ」と記憶している。また、昭和四十（一九六五）年頃はブタの絵を購入者から頼まれることが多くなったため、ブタの絵馬の販売を始めた時期でもあった。第四章で示した肉用牛・ブタ主体期は昭和四十年以降であったことから、絵馬師の記憶する絵馬の売れ行きの変化と家畜飼育の変化の時期が、ほぼ一致している。さらに、ウシの絵馬の売れ行きにも変遷があった。調査時現在、最も売れている絵馬は、黒毛の黒毛和種が描かれたものであるが、かつては赤毛の日本短角種の絵馬であった。この変化は牛肉の輸入自由化を受け、赤毛の日本短角種から黒毛の和種へと飼育を転換したことによると考えられる。絵馬の売れ行きは畜産業の情勢を反影していることが指摘できる。

c．絵馬市の抱える問題

絵馬市の現状と今後について、五代目は次のように語った。

「［絵馬売りを続けるのは　＊［　］内筆者註］惰性ですね。親父［四代目］への恩もあるかな。でも、うるさく言う人［五代目の母］がいなくなったら、終わりかな。続けてくれって［購入者に］言われるんだけどね。昔は、ほとんどの家でウシとかウマとか、何かしら飼って、そんで、飼ってる分だけ買ってってくれたから、売れたのよ。絵馬小屋が人でいっぱいだったの。でも、それも昭和四十年頃までかな。後は下降調子。今は、［家畜を］飼う人も少なくなってきたし、何より大型化してきてるでしょ。一枚を何百頭とか何十頭に置き換えるようになってきたの。だから、売り上げは減るよね。昔の三分の一とか、そんなもの。売れないんだったら、やってもしょうがないよね。まぁ、今売ってるものが全部売れたらおしまいかな。」

畜産農家の減少により売り上げが大幅に減少した絵馬市の存続を躊躇う心境が語られた。過去の絵馬市を知る購入者の多くが「昔の絵馬市は凄かった」（八十代男性）と語ることから、絵馬市の衰退が窺える。絵馬市以外で筆者が調査を行った畜産農家のなかには「親父の代はやってた［絵馬を購入していた］けど、俺はやらない」（五十代男性）、「前は［絵馬を］買ってたけど、今はいいかなと思って」（六十代男性）のように、代替わりなどを契機に絵馬の購入をやめる場合もある。畜産農家の減少に加え、絵馬の購入をやめる畜産農家の増加も絵馬市の衰退につながっている。

売り上げの減少という経済的問題に加え、絵馬師の技術的問題も生じている。現在販売される絵馬は四代目の描いた絵馬とその印刷物である。五代目は自らを「絵馬を描く技術が十分でない」とし、「私と［五代目の］弟とばあさん［四代目の妻で、五代目の母］で、四・五代目絵馬師です」と述べた。新しい絵馬を描くことができない現状も、絵馬師が絵馬市の存続を難しいと考える原因である。

d．絵馬市を続けるために

昭和四十年代以降、衰退傾向にある絵馬市であるものの、絵馬師は絵馬市継続のための働きかけを行ってきた。

まず、新しい構図の考案がある。かつては家畜のみの絵が主流であったが、「ホルスタインの搾乳を行う女性」や「恵比須・大黒天」、「六つの俵・六つの瓢箪」を描き入れた新たな絵馬を売り始めた。六つの俵と瓢箪は「無病息災」を表している。四代目の妻は、新たな構図を考案した理由として「いつも同じじゃつまらないから」と語った。搾乳する女性のモデルは彼女自身であるという。恵比寿大黒の絵馬は他の絵馬よりも高値であるものの、最も人気のある絵馬である。絵馬購入者への連絡も行っている。

また、絵馬市が七月の第一土・日曜日に行われるようになったことで、絵馬市の日付が毎年変わるようになった。そこで購入者が日付を間違えないよう、前年の購入者には毎年六月上旬に絵馬市の日程を知らせる葉書を出している（図17）。絵馬市当日は、絵馬の購入者に対し「来年もまたきてください」といった声掛けをする様子も見受けられた。

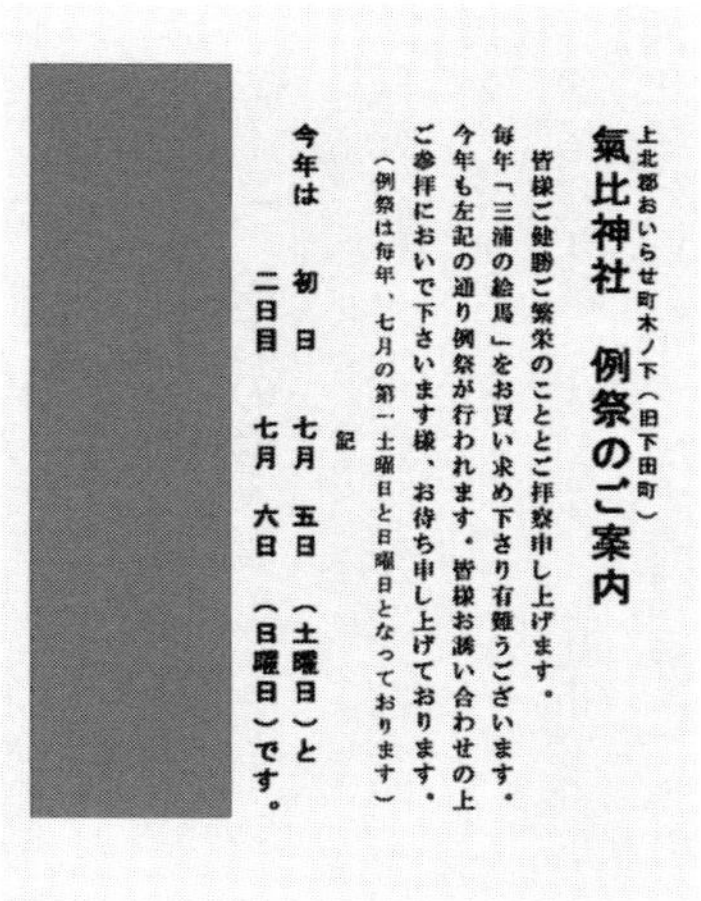

上北郡おいらせ町木ノ下（旧下田町）

氣比神社　例祭のご案内

皆様ご健勝ご繁栄のこととご拝察申し上げます・
毎年「三浦の絵馬」をお買い求め下さり有難うございます・
今年も左記の通り例祭が行われます・皆様お誘い合わせの上
ご参拝においで下さいます様、お待ち申し上げております・
（例祭は毎年、七月の第一土曜日と日曜日となっております）

記

今年は　初日　七月　五日　（土曜日）と
二日目　七月　六日　（日曜日）です。

[redacted]

図17　絵馬市の案内の手紙
（話者提供資料）
＊住所や氏名などの個人情報が記載されていた部分は網かけとした

ここまで、絵馬市の現状を明らかにしてきた。絵馬市における主な購入者は畜産農家である。畜産農家は飼育する家畜が描かれた絵馬を求めるため、絵馬市の売り上げは畜産業の情勢に左右される。現在は畜産農家の減少等を受け、絵馬師は絵馬市の存続を危惧する状況にある。しかし、絵馬師の側でも新たな構図を考案したり、絵馬購入者に葉書を出したりといった絵馬市存続のための働きかけを行っている。

二—三．絵馬の購入者

販売される絵馬に求める役割を明らかにするため、絵馬の購入者が絵馬を購入する目的や、購入後の絵馬の扱い方を記述する。

筆者は平成二十六年の絵馬市で絵馬を購入した方々にインタビュー調査を行い、四十名に聞き取りを行った。四十名の内三十五名が畜産農家であり、二名が午年生まれ、二名が馬術競技者、そして、一名が競馬愛好家であった。

a．絵馬の購入者

図18を見ると、絵馬の購入者の範囲が青森県東部と秋田県北東部、岩手県北部に位置していることがわかる。一部、岩手県南部にも購入者がみられるものの、数としては少なく、主な購入者は、青森県南東部（十和田市・三戸市・六戸町・三戸町など）・岩手県北部（軽米町・洋野町など）に集中している。かつては茨城県や北海道から訪れる人もあったという。

毎年購入に訪れる人だけでなく、数年に一度訪れる人もいる。購入者の多くは幼い頃から家族と絵馬市に訪れていた人であるが、インターネットや新聞記事、知人の紹介などで絵馬市を知り、購入に来る人もいる。絵馬市に来る際には自家用車を利用し、家族単位で来る人が多いが、バスで団体で来る場合もある。

b. 絵馬の購入

四十名の内、畜産農家三十五名の絵馬を購入する目的を図19に示した。家畜の健康、安産、多産といった、畜産農家の収益と関連する理由が多く挙げられた。「ウシのお蔭で生活できるから」といった家畜への感謝を挙げる人も複数みられた。

絵馬は、自身の飼育する家畜の種が描かれたものが求められる。絵馬を選ぶ基準として、「子供が沢山ついているもの」、「健康そうなもの」が挙げられた。飼育する家畜に似せるため、飼育する家畜の写真を持参したり、足を太くする等絵馬師に細かい指示を出したりする人もみられた。飼育する家畜に似た絵馬を求める傾向は、馬の飼育者に高かった。ウシの場合は短角・黒毛和種・ホルスタインの別と、親牛・子牛・肥育牛の別については重視するものの、修正を入れることは少ない。ブタを修正することはほとんどない。

購入後は神酒と絵馬を氣比神社の社殿に持って行き、魂入れを行う。魂入れをした絵馬は、絵馬小屋で新聞紙に包んでもらい持ち帰る。絵馬を風呂敷に包む人もおり、絵馬が大切に扱われている様子がうかがえる。

畜産農家以外の購入者である五名の購入理由は以下のようになっている。午年の一名は、かつて家で飼っていたウマで農作業などを行っていたことからウマへの感謝を込めて定期的に購入しているという。もう一名は、絵馬市を訪れた「記念に」購入していた。馬術競技者の二名は、自身のウマの健康を願うことに加え、大会での活躍も祈念していた。また、競馬が好きで購入した一名は、「当たるように」購入したという。氣比神社の祭礼である木ノ下集落の祭礼である「木ノ下祭」[九五]が絵馬市と同日に行われており、祭に訪れた人が絵馬市を覗いていくこともあった。

九五　平成三十一年度以降は木ノ下祭は別日に移行し、絵馬市だけが行われるようになった。

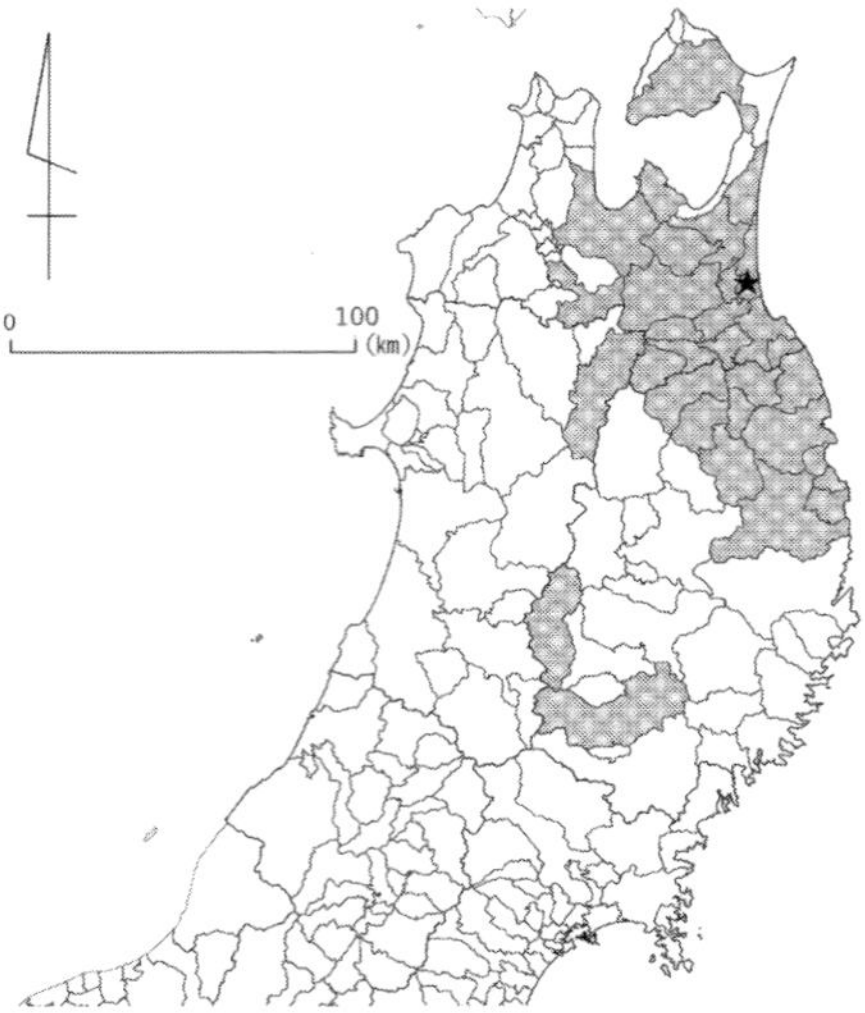

図18　近年絵馬購入者の居住地
（絵馬師への聞き取りに基づき筆者作成）
＊「★」は氣比神社の建立されている、おいらせ町を指す。
＊絵馬師が作成した平成十年頃から顧客名簿の記録に基づいている。

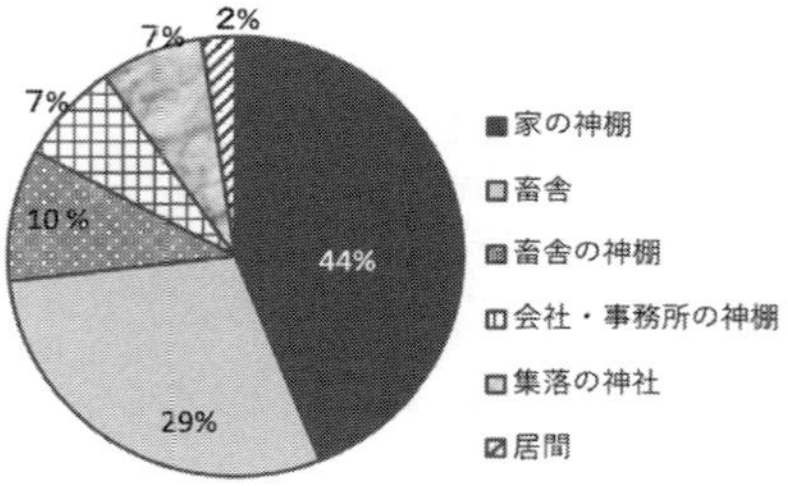

図20　絵馬を祀る場所
（調査に基づき筆者作成。複数回答のため％で示した）

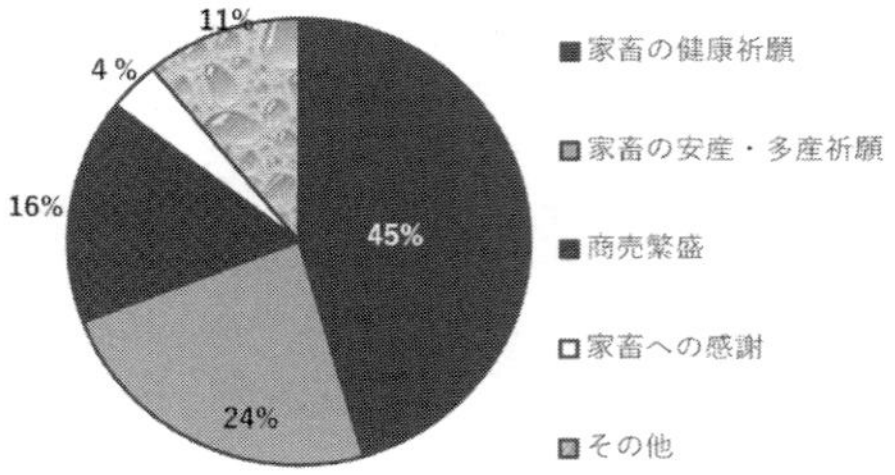

図19　平成26年の絵馬を購入する目的
（調査に基づき筆者作成。複数回答のため％で示した）

c．絵馬の扱い

購入した絵馬の扱いを、絵馬を祀る場所と絵馬の処分方法からみていく。絵馬を祀る場所で最も多いのは、家や畜舎の神棚であり、次いで畜舎の壁である（図20）。かつては畜舎の壁に祀ることが多かったようであるが、現在は「絵馬が汚れるから」と神棚に祀る人が多い。

新しい絵馬を購入する際の古い絵馬の処分方法にも差異がある。新しい絵馬を購入する際に、古い絵馬を氣比神社に持って行く人が二十六名、地域のソウゼンを祀る神社に持って行く人が二名、そのままにする人が二名、焼却する人が一名であった。氣比神社に納めることを「神社に返した」と表現する人が多かった。かつては居住する集落のソウゼンを祀る神社に納める人が多かったようである。古い絵馬を氣比神社に返すため、集落の蒼前神を祀る神社に納めなくなったという人もいた。少数ではあるが、自宅で焼却する人もあり、塩をかけた上で焼却するという。

二―四．ソウゼン信仰における絵馬

ここで、本節の冒頭に記した明治期と昭和前期の絵馬市の特徴と現在の絵馬市までの変遷を示すことで、ソウゼン信仰の変遷を示す。

明治期の絵馬市の六つの特徴のうち、昭和十年代にもみられたものは、飾り馬を連れてきていたこと、絵馬に誇張した金額を言う（昭和十年代は「金額を書く」）ことが良畜祈願となることの二点のみであった。これらのうち、現在も共通する点はみられないものの、明治期に行われていた飼育するウマに似た毛色の絵馬を購入することは現在も行われている。現在はウマだけでなく、ウシも飼育するウシと似た毛色の絵馬を購入する。ブタの場合、この特徴はあてはまらない。

明治期には十軒以上いた絵馬師は、次第に減少し、平成二十二（二〇一〇）年頃から一軒のみとなった。また、購入した絵馬を氣比神社に納め翌年絵馬を持ち帰り厩に祀る行為は現在行われておらず、氣比神社で魂入れを行った後購入者が持ち帰る。一年氣比神社に納めていたものが、神社で行う魂入れへと変わったと考えられるが、いつ、どのように変わったのかは明らかでない。飾り馬を連れ、境内の土を踏ませれば病気にならないと言われていた点については調査時に確認することはできなかったが、ウシを連れてくる人は近年もいたようである。しかし、神社の土を踏ませることが目的であったか否かについては確認できなかった。また、昭和初期までは値段を誇張して言うことが良畜祈願となっていたものの、現在はそのような行為はみられない。

変化したのは、絵馬市の様子だけではない。絵馬も変化してきた。昭和三十年代半ばころまではウマの絵馬の販売が主だったものの、購入者の求めに応じ、ウシやブタの絵馬も売り始め、昭和四十（一九六五）年ころからは売り上げのほとんどがウシの絵馬である。絵馬市で売る絵馬は、主な購入者である畜産農家の家畜の飼育状況を反映して変化していることがうかがえる。絵馬はソウゼンへの良畜祈願と関わることから、ウマとウシだけでなく、ブタやヒツジ等も祈願の対象となっていった。しかし、絵馬の変遷は家畜市場の動向だけでなく、ホルスタインには搾乳する女性、黒毛和種には大黒天等を描き入れるなど、絵馬師のアイデアを加えることもあった。

絵馬の選択方法は、飼育する家畜、経営規模等によって異なる。例えば、肉用牛の繁殖農家は親子牛が描かれているものを、肥育農家は成牛が描かれた絵馬を購入する人が多い。飼育する家畜による差異には、ウマの場合は自身の家畜と似せるため絵馬師に修正を頼む人が多いものの、ウシとブタの絵馬に修正を頼む人は少ない。また、近年は家畜それぞれに絵馬を購入する人が少ない。この理由を、五代目絵馬師は、大規模経営の畜産農家が増加したためと考えている。飼育頭数が増加したことで、一枚で数十頭、数百頭分の祈願をするようになったという。また、近年は「商売繁盛」を願い、恵比寿大黒が描かれた絵馬の人気が高い。

多くの購入者が求める絵馬は「自身の飼育する家畜に似た絵馬」である。絵馬に描かれた家畜は多産・発達良好な状態にあり、「無病息災」の文字や恵比寿大黒が描かれているものもある。これらの絵柄は購入者の購入理由の上位に位置した家畜の健康祈願、安産、多産といった願いを表現していると考えられる。このことから、「購入者の理想とする家畜の姿」が描かれている絵馬を購入している様子がうかがえる。絵馬に描かれた家畜は「自身の飼育する家畜」であると同時に「自身の理想とする家畜の姿」であり、絵馬が願主の願いを表していた。

最後に、絵馬の扱い方に着目する。絵馬を購入後、魂入れを行う。購入者は持ち帰った絵馬は神棚や畜舎に祀る。絵馬を祀る場所は、第四章で示したように、かつてはマヤの入口であった。しかし現在は、家や事務所の神棚に祀ることの方が多い。この理由として挙げられたのは、「絵馬が汚れる」ことへの忌避感だった。このような絵馬を祀る場所の変化の一因として、家の造りの変化が考えられる。

昭和四十～五十年代にかけて家の改築が進み、家畜飼育を続けている場合でも家と畜舎は分離している。「畜舎が汚い／汚くない」という問題は主観的な感覚によるため議論の対象とはしないが、絵馬を祀る場所の変化からは家の建て替えにより、畜舎に対する考え方が変化したことが推察される。かつては生活と密接していたマヤの糞尿やハエが生活から切り離されたことで絵馬を汚す存在となり、「絵馬が汚れる」ことを忌避する考え方が生じたことで、家の神棚に絵馬を祀るという選択肢が生じたと考えられる。また、新たに絵馬を購入した場合、古い絵馬は氣比神社や地域の神社に納めることが主であり、捨てられることはない。焼却する場合は塩をかけた上で焼却している。このような絵馬の扱い方から、絵馬は清潔な状態にあるべきであり、神体やそれに準じるものとして扱われていることがうかがえる。

以上のように、ソウゼン信仰における絵馬は「理想とする家畜の姿」が描かれたものであり、「神体やそれに準じるもの」として扱われているという特徴が明らかになった。

絵馬市の存続のためには、絵馬の購入者が必要であるが、購入者が絵馬市に訪れるように絵馬師の側からの働きかけも行われる。それが、絵柄の変遷や絵馬市を知らせる葉書である。このように、絵馬市は、絵馬を求める購入者と絵馬を販売する絵馬師双方からの働きかけにより、存続していた。

第三節　牛馬なき集落の蒼前神社

軍馬や農耕馬としてのウマの役割が失われ、飼育頭数が激減したものの、集落に建立されたソウゼンを祀る神社では祭礼が続けられている。本節では、ソウゼンを祀る神社の現在の様子を記述する。

取り上げる蒼前神社は、大字切田K集落の蒼前神社と大字大不動S集落の蒼前神社である。K集落の蒼前神社はK集落の産土であり、S集落の蒼前神社は、S集落を含めた周辺の九つの集落の人々が氏子となっている神社である。K集落の記述は平成二十五～二十八（二〇一六）年、S集落の記述は平成二十五～二十七年にかけて行った筆者の調査に基づく。

三―一．K集落の蒼前神社

三―一―一．集落の概況

K集落は十和田市の中心部から北西に位置している。調査時の戸数は七戸であった。マチ（十和田市街地）への移住等により、居住者数は年々減少している。かつては集落中の家でウシやウマが飼育されており、集落の側にウマの放牧地があった。しかし、次第に飼育戸数は減少し、調査時はウシの繁殖を行う家が一軒あるのみであった。北東から南西に走る一本の道路上に展開した二〇〇mほどの集落の周りは畑や山である。集落を南西側に抜けてすぐ北側の小高い林の中に、蒼前神社が鎮座する。同じ林の中には集落の墓地も設けられている。

中道等によると、K集落の成立は元亀・天正（一五七〇～一五九三年）以前である〔中道　一九五五b　六六〕。藩政期は五戸通切田村であり、盛岡藩領において優勢であった多門院の霞村付であった。[九六] 平坦な十和田市街地に比べると、K集落は山深い地域に位置している。戸来岳、十和田山、馬ノ神、月日山といった山岳修行の場があり、修行者が山へ登ることで開かれた地域のようである〔中道　一九五五b　一七六〕。K集落の小字には切田の多くが檀家となっている正法寺（曹洞宗）がある期間、移転していたという。そのため、K集落の小字には「ボンヅの坂（坊主の坂）」や「ボサマヤシキ（坊様屋敷）」といった地名が残っている。また、城跡があったと話す人もあった。

集落には、Y、S、Tの三つの姓があり、それぞれの姓の本家とそのカマドで構成されている。現在集落で

九六　「聖護院年行事職補任状および霞村付書　多門院宛」を参照した〔青森県県史編さん近世部会　二〇〇三〕。

最も古い家は、Y姓の本家である。九七 初代は甲斐国から落ち延びた武士とされ、この地に住み着いたことがY姓の始まりとされている。九八

三―一―二．ソウゼン信仰の諸相

a．ベットウの役割

K集落の北に位置する山の中に、蒼前神社がある（写真29）。蒼前神社の建つ山はY姓の本家が所有している。神社の管理を行うY家はベットウと呼ばれる（以下、Y家を指す場合は「ベットウ家」、人を指す場合は「ベットウ」と記す）。ベットウ家では、馬肉を食べることが禁止されている。ウマを祀る神社を管理しているためであるという。ベットウ家に嫁いできた女性（昭和十二年生・女性）は舅からその話を聞いて以来馬肉を口にしたことはなく、「ウマの肉、食べんのなんて気持ち悪い」と語る。また、自身の子供や孫にも馬肉を食べてはいけないと教えている。

ベットウ家の現在の当主は十一代目（昭和九年生）とされているものの、蒼前神社が建ったのはそれほど古い時代ではないようである。蒼前神社の由来について、ベットウ家では事例五―一のような話が伝わっている。

【事例五―一：K集落の蒼前神社の由来】

ウチだけのオソウゼンサマあったんだって。ウチだけで拝んでたんだって。
ほんだか、みんなでウマウシアズカッテ［飼育して］、それをセリで売って、暮らし立ててたんだって。
ほら、あの、小遣いつぅんだか生活費。
で、［セリに］行く前の日とかその朝とか、ウマとかウシとか倒れたんだって。部落中で。で、ウチだ

けで［オソウゼンサマを］拝んでたけど、「オラもかでてけろ［混ぜてくれ］」って部落の人が。へって、あっこさ建てたんだって。おっきかり［大きく］。一軒のウチでいんばでた［拝んでいた］時はちっちゃかったって。部落で建ててくろったっつったけ、大きく建てたんだって。ここらの人が協力してね。ウマウシ倒れればてぇへんだっきゃ。へで、建てたんだって

ベットウ家で祀られていたソウゼンが、集落全体の神となった過程が語られた。K集落の蒼前神社の建立は、『十和田市の蒼前信仰』[九九]によると、明治二十（一八八七）年である〔十和田市文化財保護協会編　二〇〇三　七七〕。神体が納められている拝殿内には、明治二十年と昭和九（一九三四）年の棟札が残る。

「明治二十年　／　奉納馬頭観世音御堂建立仕／　丁亥二月二十九日　神主□□□□　／　當村中」

＊□には名前が入るが伏せ字とした。「／」は改行を示す

九七　本来はS姓の本家が地区で最も古い家であったと伝えられる。この家は明治のころ、「カマドを消して」（財産をなくして）地区から姿を消してしまった。現在は本家の第一カマドが本家の役割を果たしている。T姓の本家は、S・Y姓よりも新しい家とされている。

九八　Y姓の本家は当初、現在の集落があった場所よりも山側に住んでいたとされる。Y姓は先祖が武士であったことを示す遺品を受けついでおり、毎年正月に飾るようにしている。Y姓以外にも、切田には甲州から来たとする伝承を持つ家が多い〔中道　一九五五b　一〇五〕。切田に住みついた時期は、鎌倉から室町にかけてである。鎌倉時代、甲斐の国から南部氏がこの地に入ったことに関係があるかもしれないが、明確な裏付けがないため、あくまで示唆するのみにとどめる。

九九　『十和田市の蒼前信仰』では、K集落の神社名は「駒形神社」になっている〔十和田市文化財保護協会編　二〇〇三　七七〕。しかし、集落の方々に話を伺ったところ、「駒形神社」と呼ぶことはないようである。

「昭和九年　□□村中　／　奉　／　旧弐月二十三日　神主 □□□□□」

「昭和九年　大工　□□□□□　／　馬頭観世音堂新築　□□□□□／旧二月二十三日」

＊□には名前が入るが伏せ字とした。「／」は改行を示す

三つの棟札全てに「馬頭観世音堂」と記されているものの、集落の人々によると蒼前神社を「馬頭観世音堂」と呼ぶことはなく、神主と呼ばれたこともないという。神主の名前がベットウ家の十・十一代の当主の名前となっていることから、現在の蒼前神社を指していることは間違いないようである。「馬頭観世音」と記されている理由は不明であるが、第二章で取り上げた『十和田山神教記』で藤原宗善を馬頭観音として祀っていたように〔板垣（松）一九六二　一七―一九〕、ソウゼンと馬頭観音を同一視する考え方がうかがえる。また、「神主」と表記されている理由は、明治政府の神仏分離政策の一環として明治十五（一八八二）～十六（一八八三）年にかけて発令された「神官服務規程」[10]を受け、「別当・社僧といった神仏両属の者の還俗及び神官への転身」した結果と考えられる〔坂本（寿）二〇〇一　六六二〕。

社殿には、駒踊りの写真や絵馬、種馬購入時の記念写真、そして、社殿建立時の寄付者名簿等が納められている。絵馬の奉納者はK集落とK集落に隣接するY集落から行われており、奉納者は三姓のみである。一方、社殿を建立する際等は、より広い範囲から寄付を進めていた。寄付者の名簿には昭和九年に御堂を新築した際のもの、平成二十二年の鳥居建立時のもの、そして、年代の記載がないものがある。

例として昭和九年に社殿を建立した際の寄付者をみる。寄付者名簿の「寄進御料部」をみると、一人当たり

五銭～七円一銭の寄付を行っている。「寄付者芳名」には総勢二五四名の名前が記されており、寄付者の範囲はK集落だけでなく、K集落に隣接する集落や六㎞ほど離れた集落からも寄付があった。このことから、神社の建立のような事業は複数の集落による共同作業ともなり得たと推察される。

蒼前神社の隣には、K集落で亡くなったイタコを祀った小さな堂がある。中には、着物を着せた木製の板と、五枚の棟札が入っている。五枚の棟札の内、一枚には「相馬妙見　御守護」と記載があり、牛馬の守護と関連がうかがえる。残りの四枚は、「上舘神社　少彦名命　明治七年」・「如意輪明神　文政七年」・「観世音堂　文久三年」・「[redacted]　奉遷宮　四月十一日[redacted]」と書かれており、それぞれがどのような経緯で納められているのかはベットウもわからないようである。

蒼前神社の神体は、直衣直垂姿の男性の騎乗像である。（写真30）。ウマは赤く着色されている。この神体は、事例五―一で記したように元来ベットウ家に祀られていたものである。現在、ベットウ家の神棚にも直衣直垂姿の男性の騎乗像ソウゼンの神体として祀られている（写真31）。この神体は、いつ・どこから入手したものか不明である。

b．オミキアゲ

蒼前神社では、毎年八月十七日に「オミキアゲ（お神酒上げ）」と呼ばれる祭礼を行う。この日にオミキアゲを行う理由を、ベットウは「お盆終わって、落ち着くからでねか」と推測している。オミキアゲでは、神体に神酒をあげ、社殿の中で集まった人々が飲食を行う。神輿や屋台はない。

一〇〇『青森県史　資料編　近現代二』（青森県史編さん近現代部会　二〇〇二　七三二）所収のものを参照した。

写真29　K集落の蒼前神社外観
（2013年８月24日筆者撮影）

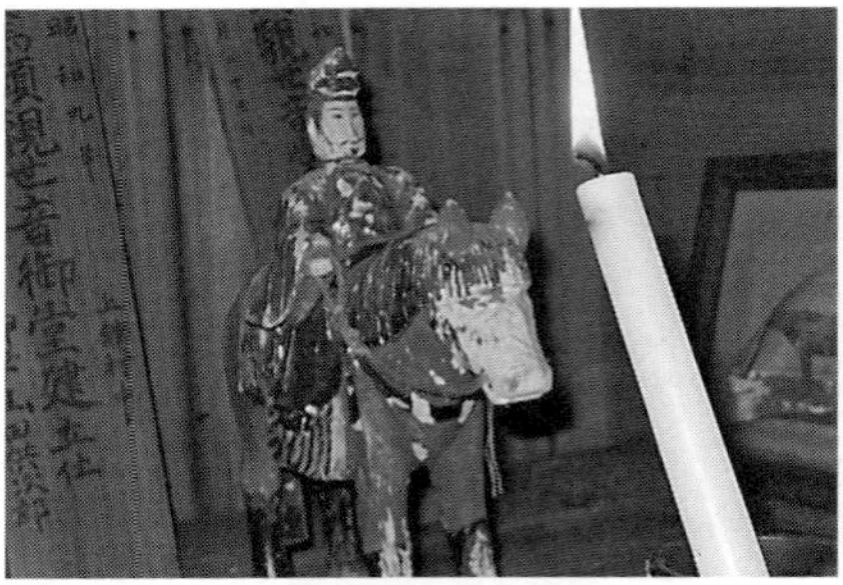

写真30　蒼前神社御神体
（2013年８月24日筆者撮影）

オミキアゲの参加者は、K集落の居住者やK集落の出身者である。筆者の参加した平成二十六年八月十七日のオミキアゲに参加していたのは、八人(男性五人、女性三人）であり、K集落に住む人とK集落の家のカマドの人であった。

オミキアゲの準備は、盆前の神社周辺の草刈りから始まる。神酒やオミキアゲで出す飲食物の購入、そして、当日の準備は全てベットウが行う（写真32）。神社には電気が通っていないため、蝋燭を灯す。午後一時開始の予定であったが、参加者が集まってきたのは午後一時半を過ぎた頃であった。ベットウが「そろそろ始めようか」と声をかけると、参加者はそれぞれ自身の紙コップに神酒を注ぎ、飲み始めた。ベットウは蒼前神社の御神体に神酒をあげ、「オソウゼンサマ今日はお祭りですよ」と声をかける。その後、参加者で談笑しながら飲食を行い、午後六時に終了した。ベットウとS姓の第一カマドの男性、T姓本家の女性が片づけを行った。

近年は、一軒から一人ないし二人が来て飲食し、話をする場になっているが、かつては集落中の人が集まり、家々から食事を持ち寄り歓談していたという。駒踊りも披露されていたが、昭和三十（一九五五）年ころから踊られなくなったようである。

写真31　ベットウ家のオソウゼンサマ
（2013年８月24日筆者撮影）

写真32　オミキアゲの準備
（2014年８月17日筆者撮影）

c．ソウゼンとの関わりあい

平成二十二年の寄付者名簿は、神社の鳥居を再建するために集めたものである。

鳥居を再建することになった経緯について、ベットウ家で次のような話を聞いた。

【事例五―二：神社の鳥居再建について】

［ベットウ家のカマドの男性の］足が痛くなったんだって。で、カミサマ［民間宗教者］から聞いたっきゃ、「何か産土様の足が腐って、あの辺り、どこかねぇか」ってへった［言った］んだって。だっけ、［鳥居が］腐ったわけ。へんで建てたの。腐って、神様が「建ててけろってことなんだ」ってへって建てたの。その人［足が痛くなった人］ね、先塩あげてお金あげてな。言ったって。カミサマがそう言ったんだって。「部落の産土様。そうなってるのねぇか」って

腐った鳥居を修繕してほしいと思ったソウゼンがK集落の男性（昭和二十年代生）の足を悪くさせたことを、カミサマが明らかにした語りである。カ

ミサマとは、青森県等でみられる「神を拝んで、神的な能力を認められた民間の祈祷者」を指す〔池上 一九八七 八〕。語りに登場したのは十和田市内に住む女性のカミサマである。不幸が続いたり原因不明の体調不良が続いたりした時などにカミサマへ相談に行く話は、K集落以外でも耳にした。

K集落の蒼前神社に関わるカミサマの事例をもう一つ挙げる。

【事例五―三：牛馬の守護だけでないソウゼン】

病気したりなして、治んねぇで、「K集落の、あの産土様［蒼前神社のこと］さ、あの、鳥居でも寄付して、助けてもらえ」ってこれ［鳥居を］建ててく人あるの。

他所の部落の人建ててったよ。「建てさせてけろ」って。

カミサマから聞いたっきゃ「あそこさ［鳥居を］建ててもらって」って
カミサマ言ってたってで、

「それはいいことだ。建ててください」って建てさせたのよ。

［鳥居を建てた人はK集落とは］関係ないけど、来るの。拝む人が。

どっかのカミサマさ行ったら、「K集落のオソウゼンサマさ拝め。拝んで助けてもらえ」ってきたんだね。

凄いんだよ。家の［Y家の神棚］拝んでったり、ここ拝んでったりするよ。


カミサマの指示を受けてK集落の蒼前神社に参拝に来た人についての語りである。この参拝者は、蒼前神社に木の鳥居を建てている。参拝者は家畜守護神であるソウゼンを祀る神社に祈願しているものの、ここでの祈願に家畜に関するものではない。自身の不幸を祓うことや病気の治癒を祈願している。民間宗教者により、家畜守護以外のソウゼンの働きが見出されている。

ところで、カミの気持ちを考えるのは宗教者だけでない。「オソウゼンサマさ喜んでる」、「仏様だけお菓子あげたら神様がうらやましく思う」（昭和十二年生・女性）等、人々が日常的にソウゼンの気持ちを語る様子がみられる。また、ベットウは蒼前神社について「集落みんなで守っている神社」と表現することから、人々はソウゼンの守護を受けるだけでなく、ソウゼンを守る側にもなりうることが推察される。

三―一―三．駒踊り

K集落に伝わる芸能に、駒踊りがある。ウマの頭がついた木箱を腰に付け、笠をかぶって踊る。駒踊りの他に、扇と幣束を持って踊る幣束舞、七つ道具、サンサ踊りの三つの踊りがある。中でも幣束舞はK集落の駒踊りにのみ見られるものである。慶応三（一八六七）年、K集落でウマの伝染病が蔓延した際に、隣村の万内駒踊組を招き集落の氏神の馬頭観音に平癒の祈願をしたところ、流行が治まったことに感謝して始められたとされている。

先述のように、K集落の蒼前神社は明治二十（一八八七）年に建立されたとされている。駒踊りの由来を信じれば、現在の社殿建立以前に馬頭観音が祀られており、その神社に踊りを奉納したと考えられる。現在の社殿内には明治九（一八七六）年以降の棟札しか残されていないものの、社殿の向かって右側にある「亡くなったイタコを祀った堂」の中には、文政や文久年間の棟札や、明治七（一八七四）年と記された「上舘神社」の棟札、そして、相馬妙見の棟札が奉納されていることから、明治二十年の蒼前神社建立以前に何かしらの牛馬を守護するカミが祀られていたと考えられる。駒踊りが始まったきっかけである「ウマの伝染病」とK集落の蒼前神社建立のきっかけである「牛馬の病気」とは類似性が認められるものの、つながりは定かではない。しかし、「牛馬の病」という集落の危機的状況がソウゼン等の家畜守護神を祀るきっかけとなっていることが明らかになった。

駒踊りは九月に行われる切田八幡宮の例大祭で披露される。他に、小学校の運動会や市の伝統芸能祭等でも披露される。かつては、K集落の蒼前神社のオミキアゲで披露されていた。しかし、昭和三十七（一九六二）年には踊り手がいなくなってしまったようである。そこで、昭和四十四（一九六九）年に集落に住む当時三十～四十代の女性たちが女駒踊として復活させ、昭和四十七（一九七二）年に男性も加わり、男女入り混じって踊るようになった（一〇）。平成七（一九九五）年に十和田市の無形文化財として指定され、K集落を含む四集落で保存会を結成している。現在は近隣の小学校で踊りを教え、踊りを覚えた子供たちが中学生、高校生となった後も機会があえば踊りに加わるという。また、子供が参加することで母親たちも集まるようになり、駒踊り保存会が母親の交流の場、そして、地域の人々の交流の場となっているようである。

K集落の蒼前神社に着目することで、「牛馬の病」という状況を受け、ベットウ家で祀られていたソウゼンが集落の産土として祀られるようになり、駒踊りという芸能が生まれたことが明らかになった。家畜の守護を祈願して祀られたソウゼンであったものの、家畜飼育の衰退後も集落ではオミキアゲが行われ、ソウゼンの気持ちを推測しながらソウゼンと関わり合う人々の姿が見出された。

三―二．S集落の蒼前神社

三―二―一．地域概況

つづいて取り上げるS集落は十和田市の中心部から南西方向に位置する。明治二十二（一八八九）年に周辺の三村と合併して四和《しわ》村となり、昭和三十一（一九五六）年の合併を経て十和田市となった。

四和村は、青森県下で最も馬産が盛んであった村の一つであり、多くの軍馬を輩出していた。昭和十五（一九四〇）年には四和村の複数の集落で組織した愛馬会が、軍馬補充部に石製の馬神像を寄進している。昭和三十年代前半にウマの飼育が行われなくなった後も、昭和六十（一九八五）年ころまでは肉用牛や乳用牛、ブタの飼育が盛んであり、集落が共同で利用する放牧地の管理や種牛の飼育が行われた。以降、家畜を飼育する家は減少していき、専業の酪農家や肉用牛、ブタの繁殖、肥育農家が数軒みられる。

昭和三十年ころまでのS集落の収入源はウマ、豆、木炭であったようである。農作業が行えない冬場は炭焼きを主な仕事としており、当時を知る人々からは多くの炭焼き小屋から煙が上がっていた様子が語られた。当時は飢饉や冬場に食糧が不足することもあり、蕨の根から得たデンプンを集めて餅を作ったり、飼育していた牛馬を食べたりすることもあった。

三―二―二．ソウゼン信仰

ここで対象とするのは、S集落とその周辺の八集落の計九集落で祀る蒼前神社である。蒼前神社の氏子となっている集落で、家や集落でのソウゼンがどのように祀られていたかを記述する。

一〇一　その時の様子について、平成二十六年時点の駒踊り保存会代表の男性（昭和二十六年生）は次のように語った。「おらんどが手つけるに、途切れちゃったんだ。で、その時にお母さんどが練習して。で、［駒踊りを］つないできた。そんでオラども学校終わったんで、加わった。今の大体七十代の人どが、駒踊りやめたったたのね。あの、長男坊ばっかしだったらよかったんだけれども、あの次男坊どが東京の方とか就職したりして。で、バラバラになってやれなくなった。好きな人同士で踊ってたんだけども。そしたときに、嫁さんどが、「これだばわかんないっしけ、練習して、おらんどが踊る」って。そやって、つながったのさ」

a．集落の牛馬とソウゼン信仰

【事例五―四：年中行事とソウゼン】

正月には家のソウゼンサマに餅をついて供えたの。それと、蒼前神社の例大祭の日は、あんこ入れた団子をいくつも供えた。今はもうやんないけどね。木ノ下から絵馬買って来て、マヤに貼ってた。じいさんとばあさんが買いに行って、お土産にもらうオコシが楽しみだったのよ。どこの家の人も、馬がいれば絵馬を買ってたよ。

（昭和十八年生・女性）

【事例五―五：放牧地のソウゼン】

そういや、自然牧区にソウゼンサマが祀られてたな。ウシを置いて来る時は、そこにお神酒とか持ってってお供えすんだ。無事にウシが育つようにって。

（昭和二十八年生・男性）

家々でソウゼンを祀り（写真33）、正月や蒼前神社の例祭の際に餅や団子を供えた。ソウゼンは家だけでなく、S集落の人々が利用していた「自然牧区」[一〇二]と呼ばれる放牧地にも祀られた。特別な例祭はなかったようであるが、放牧を始めるときに神酒を供えていたようである。

ウマは毎日、家から放牧地に連れて行っていたものの、ウシは雪解けから降雪前まで放牧していた。多くの家ではメスを飼育していたため、種牛となるオスは共同で飼育する一頭のみであった。放牧地には「キドバン」と呼ばれる監視役がおり、夜も放牧地に建てた小屋に泊まりウシを監視をしていた。キドバンがウシのケガや病気、逃走などを見守る役目であるのに対し、ソウゼンは「無事にウシが育つよう」、より踏み込んでいえば「高く売れるウシが育つよう」守護する役割を担っていた。

【事例五―六：ソウゼンの神体】

ソウゼンサマはウマに乗った人のカミサマ。ウマとかウシのカミサマで、「いいウマが育ちますように」ってお願いしたんだい。昔は牛馬が収入だったから。

（昭和二十年代生・女性）

家で飼育する牛馬が健康でいることを願い、ソウゼンが祀られた。牛馬が良く育つことは、高値で売れることを意味する。ソウゼンの神体は、馬像であったり、烏帽子直垂姿の人物の乗馬像であったりと、家により異なる。神体の多くが騎乗像であることから、ソウゼンを人神として捉える人が多かった。

【事例五―七：牛馬の病への対応】

ウマが具合悪くした時には、ベットウとか祈祷する人んとこさ連れてって、お祓いしてもらってたんだ。今思えば馬鹿だなぁって思うかしんねけど、その当時はそれしかねかったから。

（昭和二十九年生・男性）

一〇二　自然牧区とは自然の地形を利用した放牧地を指している。ウシが逃げないよう、谷のようになっている場所を利用していたという。ウシは雪解けから降雪前まで放牧地で過ごす。降雪期は家で過ごしたウシは、雪解けを迎えると放牧地に向かう道を自分で進んでいったという。

ソウゼンだけでなく、病気になったウマの「治療」に当たる存在としてベットウが挙げられた。ここで語られている「ベットウ」は、蒼前神社のベットウとは異なり、祈祷を行う民間宗教者である。父親がベットウをしていた男性によると、ウマやマヤの祈祷を行っており、人間にも祈祷を行うことがあった。

b．蒼前神社

S集落の蒼前神社は天明三（一七八三）年に建立された（写真34）。毎年九月一日に祭礼が行われている。蒼前神社のベットウ家は何度か交替しており、調査時のベットウ家は三軒目である。ベットウの変遷については『十和田市の蒼前信仰』〔十和田市文化財保護協会編　二〇〇三　三三〕に記述されているため、以下に要約を記す。

【事例五―八：蒼前神社の建立と宗教者の関与】

建立当初は、現在のベットウ家の本家がベットウを務めていた。しかし大正七年、この家が破産し、ベットウは一時、平山部落のM家を経て、柏木部落のO家に引き継がれた。ベットウを引き継いだ家では、昭和十年以降不幸事が続いた。そこで、昭和十四年、旧八月一日の後にカミサマに聞いたところ「お蒼前様は元の神主のK家へ戻りたい」と託宣があった。そこで、昭和十四年の取入が済んだ後、柏木部落のO家の長男とその妻が荷馬車にお蒼前様の御神体と共に大豆、馬糧等を積んで現在のベットウ家に訪れ、そこで神主の引き継ぎを行った。

〔十和田市文化財保護協会編　二〇〇三〕

＊本文中で特定の家の名前が記載されている部分は伏字とした。

ベットウ家で続く不幸の原因としてカミサマが告げたのはソウゼンであり、これをきっかけとしてベットウ家の交替が起こっている。三代目のベットウ家となる現在のベットウ家は、本来のベットウ家の第一カマドであり、現在の当主で三代目である。ベットウ家それぞれの在任期間は表6のとおりである。

蒼前神社では蒼前神社事務局という氏子組織を結成している。蒼前神社事務局には、神社の管理者であるベットウ、全体を統括する総代・会計、その下に各部落の神社総代・町内会長[一〇三]が置かれている。平成二十四（二〇一二）年九月一日の時点で、氏子は六十三軒である。ベットウの役割は主に神体の管理である。蒼前神社の神体はベットウ家で管理されている（写真35）。祭礼の準備や神社の運営は氏子組織によるところが大きい。祭例は、九集落のうち当番となった三集落が中心となって準備を行う。筆者が見学した平成二十四年の祭礼は当番の集落の人々、ベットウ、総代、会計等、蒼前神社の氏子が参加していた。旧四和村で畜産業を営む家々からの神酒の奉納もあった。

c. 社殿内の奉納物

蒼前神社社殿内の壁には、数枚の絵馬や品評会で入賞した際の賞状、「馬頭観音」と書かれた額等が祀られている（写真36、37）。現在、奉納されている絵馬はまばらであるが、以前は壁一面に絵馬が「ズバッと貼らさってた」（昭和二十九年生・女性）。

一〇三　部落の神社総代・町内会長の人数は、集落の戸数によって異なる。七戸以上の集落は総代二人、会長一人、以下の場合は総代・会長共に一人であることが多い。

写真34　S集落の蒼前神社外観
（2014年９月１日　筆者撮影）

写真33　家に祀られたソウゼンの神体
（2015年８月３日筆者撮影）

写真35　ベットウ家に祀られた蒼前神社の神体
（2015年８月３日筆者撮影）

在任期間	計	ベットウ家
明治24～大正７年	27年	K家
大正７～昭和14年	22年	O家
昭和15～昭和25年	11年	K家分家①
昭和26～昭和59年	34年	K家分家②
昭和60年～		K家分家③

表５　蒼前神社ベットウの在任期間
（話者提供資料から筆者作成）
K家の分家の数字は代数を指す
本文中にあるM家は一時的であったため、記していない。

写真37　蒼前神社への奉納物
（2013年８月３日筆者撮影）

写真36　蒼前神社内にある馬頭観音の額
（2013年９月１日筆者撮影）

絵馬は氣比神社の絵馬市や、十和田市内に住む絵馬師の所に行き、購入していた。絵馬を神社に奉納するのは、ウマが高く売れた時や馬力大会で優勝した時が多かったようである。絵馬を貼る際にはベットウの許可を受けることはせず、自由に奉納していた。

このような奉納物の存在からは、蒼前神社が家畜の守護に特化しているようにみえる。しかし、氏子の人々の考えは、家畜の守護に留まらないようである。平成十二（二〇〇〇）年に神社の横断幕や幟を新調し、式典を開いている。この式典で当時の氏子代表の男性が「今後も無病息災、五穀豊穣を願いながら、みんなでこの神社を地域の拠り所にして敬って行きたい」[一〇四]と述べている。このことから、牛馬だけでなく、人も守護の対象に含まれているという氏子の意識がうかがえる。

第四節　ソウゼン信仰の現代

本章では、家畜飼育の変遷との関わりの中でソウゼン信仰の変遷との連関をとらえるため、絵馬市と集落のソウゼンを祀る神社を取り上げてきた。

第二節では、絵馬市からソウゼン信仰の変化を探った。絵馬市で販売される絵馬は、家畜の守護を願うものであり、購入者の願いを表すものであった。そのため、家畜飼育の変遷に応じて販売する絵馬の構図は変化したものの、家畜を守護するという機能に変化はなく、無事な出産や市場で高く売れることを願い、家畜への感謝の表象として、絵馬を購入していた。

一〇四　「十和田新報」第二一六号（平成十二（二〇〇〇）年九月十日）（十和田市民図書館所蔵）。

このように、ソウゼンは家畜飼育の変遷に応じて柔軟に守護の対象を変えることのできる家畜守護神であり、現代においても畜産農家を中心とした家畜と関わる人々は絵馬を購入することでソウゼンに家畜の守護を願っていた。しかし、畜産農家が減少し、大規模経営を行う畜産農家の増加は、絵馬市の衰退を招いた。このような状況に対し、絵馬師の側は、顧客への声かけ（「来年もまたきてください」）や絵馬市開催の葉書を出すといった行動を起こすことで、絵馬市への来場を促していた。また、新聞記事やインターネットを通して絵馬市の存在が広まったことも、絵馬市の存続に影響を与えていた。このように、絵馬市は畜産農家を中心とした絵馬購入者と絵馬師双方の働きかけにより、ソウゼンの守護の対象の拡大を伴いながら存続していた。

第三節では、現代のソウゼンは家畜守護神として祀られるだけではないことに着目した。二つの集落の蒼前神社は、家畜を飼育する家が大きく減少した後も祭礼が行われていた。人々はソウゼンを「牛馬・家畜の神」として認識していながらも、蒼前神社は集落の産土となっている場合もあり、「蒼前神が牛馬のみならず、広く人間社会の守護神ともなっている」ことがうかがえる〔赤田　二〇〇七　三八九〕。

なぜ、ソウゼンは信仰対象を拡大させながら存続することができたのか。隠岐の島における蛇神信仰を取り上げた近藤は、産業化した現代日本において動物神への信仰が存続する理由に、「魅了される遭遇」、すなわち、人間の幸・不幸などが、動物霊を介して生じ、それが民間宗教者の仲介等を受けながら人に受け入れられることが必要と指摘する〔近藤　二〇一三　八二〕。

近藤の指摘するような、ソウゼンの側からの働きかけによって人が何らかの不幸や幸福を受けることでソウゼン信仰が存続する様子は、集落の事例五―二、五―八でもうかがえた。これらの事例は人・カミ双方の関わりの上で信仰が存続していることから、近藤の述べる「魅了される遭遇」に通じる点がある。このように、信仰の存続における人とソウゼンとの関わり合いの存在が見出された。続いて問題にすべきは、特定の機能を持ったカミがその機能を求められる場が少なくなる中で存続している点である。事例五―三では、ソウゼンが人の不幸を解消する存在、言い換えれば人を守る存在とされていた。これは、カミサマという民間宗教者の影響が大きい。本来の機能を十分に発揮できる状況になくなったカミが民間宗教者によって新たな機能を見出され信仰が存続する状況は、インドの天然痘のカミであるマリーアンマへの信仰にもみられる。マリーアンマは天然痘を流行させる神として祀られ、インドで天然痘の発症が見られなくなった後も祭祀が続けられている。これは、マリーアンマに関わる民間宗教者が新たなマリーアンマの機能を創出し、人々に祀る機会を設けていたためである〔Egnor　一九八四〕。

さらに、青森県南部という文脈に立ち返れば、かつて牛馬が健康であること、無事に出産することが家の繁栄につながっていたという地域的な要因も考えられる。つまり、ソウゼンが家畜を守護することは、人の守護に通じていたのである。このように、ソウゼン信仰は人が家畜の守護をソウゼンに祈願することで、家畜がソウゼンの守護を受け、家畜がソウゼンの守護を受けることで人も利益を受けるという構図の下に成立していた。そのように考えれば、人が現在においてもソウゼンを祀り続ける状況も、何ら不思議ではない。

ところで、本章で取り上げた二集落における人とソウゼンとの関わり合いをみていくと、人はソウゼンの感情を人の感情に置き換えて語っていることに気づく。集落の人々の不幸や異常な現象（事例五―二、五―三、五―八など）は、民間宗教者や地域の住民を介してソウゼンの「主張」として理解される。また、人々はソウゼンを人同様の感情を持つ存在として捉えており、神棚に祀られる他のカミに神酒があがれば「寂しい」と感じ、祀られていた場所が変更されれば、「元の場所に戻りたい」と思うのである。さらに、K集落では「集落みんなで守っている神社」とも表現された。集落の人々はソウゼンを祈願の対象である絶対的な存在として捉えているだけではなく、ときには人の助けを必要とする存在として捉えていることがうかがえる。このような人とソウゼンとの関わり合いには、人がソウゼンの守護を求めるだけでなく、ソウゼンの側から祀る人物を求めるという双方向的な関わりが見出せる。このような双方向の関わりの存在が、家畜無き後のソウゼン信仰を支えていることが指摘できる。

人とカミとの双方向的な関わりが認められるのは、ソウゼンだけでないことも注目すべき点と考える。例えば、十和田市洞内のある家では、「イナリ様はもともと屋外の祠に祀っていたが、中に入りたいというお告げがあって屋内の神棚で祭祀するようになった」〔青森県立郷土館　一九九五　六四〕という。このように、カミは自身の要求を人に投げかける存在であり、カミからの要求に対応してきたという伝承世界、そして、生活経験があることで、人々はソウゼンの気持ちを想像して語ることができ、新たなソウゼンの機能を見出し、祀り続けてきたと考えられる。

本章の絵馬市の事例、そして、集落のソウゼンを祀る神社の事例を通し、信仰する側から信仰対象となる側への一方向的な働きかけではなく、信仰する側・信仰対象の双方向的な働きかけ、さらには文化財への指定といった双方を取り巻く環境の複合的な働きかけがみられた。このような働きかけは、ソウゼン信仰の守護の対象の拡大をもたらした。守護の対象の拡大には二つの流れがみられる。守護の対象となる家畜の拡大であり、もう一方では家畜のカミから人のカミへという機能の拡大である。ソウゼンは、人・家畜・カミの関係、更には、三者を取り巻く環境によって生じる変化を伴いながら存続していることが明らかになった。

第六章　畜産農家・家畜・ソウゼンの関わりから捉えるソウゼン信仰

第一節　産業社会における人と家畜への研究視角

本章では、現代の畜産農家がいかに家畜と関わり、ソウゼンへの信仰実践に至るのかを明らかにすることを目的とする。畜産農家の中でもウシを飼育する農家に着目することから、十和田市でウシを飼育する農家を指すときによく用いられる「ウシ飼い」を用いる。

飼育者と家畜との関わりを捉える際に重視されてきたのは、人と家畜との双方向的なコミュニケーションであった〔谷　一九七六、波佐間　二〇二五など〕。牧畜社会を対象とした研究では、家畜への呼びかけ、飼育者の家畜の識別、家畜を歌い・踊る、といった点に着目し、人と家畜とのコミュニケーションの存在が明らかにされてきた。このような人と家畜との双方向的なコミュニケーションの存在は、産業社会における畜産業においては否定的な見方が強く、産業社会における家畜は「モノ」として扱われるとされる傾向にあった〔Ingold 二〇〇〇など〕。そのため、産業社会における人と家畜との関わりに着目した研究は決して多くない。そのようななかで、比嘉理麻は養豚場・屠畜場・市場といった人とブタとの関わる複数の場での参与観察から、産業社会における一つではない人とブタの関わりを鮮やかに描き出すことに成功している〔比嘉　二〇一五〕。複数の場に着目することは、職業などによって家畜との関わり方が異なる産業社会の人と家畜との関わりを捉えるために、重要な視点と考える。本章においても比嘉のように「場」に着目し、人とウシとの関わりを捉える。

比嘉同様、産業社会の畜産業に着目したポール・ハンセン〔二〇一四〕は、高度にオートメーション化された企業型の酪農家において、従業員はウシ一頭一頭を認識し、ウシの側も人を識別している様子を明らかにしている〔ハンセン　二〇一四〕。すなわち、産業社会における家畜は、人とコミュニケーションをとることのできる主体であった。本書では、畜産農家がウシに話しかけたり、ウシの気持ちを推測したりする様子、そして、ウシが人々に対して体を摺り寄せたり、暴れたり、といった行動を、人とウシとのコミュニケーションとして捉える。畜産農家と家畜との関わりを、市場・講習会・日々の家畜飼育から明らかにする。

ところで、ハンセンの一連の研究でも示されていたように、産業社会の畜産業ではテクノロジーの存在を無視することはできない〔ハンセン　二〇一四など〕。人工授精や搾乳、給餌、治療等、様々な局面にテクノロジーが導入されたことで、家畜飼育の効率化が図られ、病やケガの治療法が確立されてきた。病気やケガの治療、妊娠、出産は、かつては馬頭観音やソウゼンといった家畜守護神、ベットウ等の宗教者に頼ることが少なくなかった点である。テクノロジーが普及する一方で、一九八〇年代には家畜守護神信仰は衰退したと指摘されている〔長沢　一九八七、小野寺　一九九五など〕。しかし、赤田光男の指摘するように、「変容しつつも生きている」家畜守護神信仰もある〔赤田　二〇〇七　三九六〕。このようなテクノロジーと信仰との関係をどのように捉えられるだろうか。テクノロジーの産物との交流のなかにある生活世界である〈科学技術世界〉と伝統的な生活様式の世界である〈民俗世界〉との関係を問題としたヘルマン・バウジンガーは、テクノロジーが民俗世界を駆逐する、もしくはその反対であるわけではないと述べる。〈科学技術世界〉、テクノロジーへの〈慣れ〉が進行することで、民俗世界に科学技術世界が浸透し、衝突や融合を引き起こすと述べる〔バウジンガー　二〇〇五〕。そこで着目すべきは、テクノロジーと信仰との関わりである。家畜飼育の場とソウゼンへの信仰実践との連関に着目し、テクノロジーと信仰との関わりを明らかにする。

まず、第二節ではウシ飼いの求める「いいウシ」を明らかにするため、家畜市場と講習会、そして、ウシ飼い同士の会話を取り上げる。第三節では家畜の世話をする場に着目する。ウシ飼いはどのようにウシと接するのか、また、講習会や市場での知識が具体的な飼育の場でどのように生かされているのかを記述する。そして、第四節ではウシ飼いのソウゼン信仰を取り上げ、絵馬の購入やソウゼンを祀る神社への参拝などについて記述する。第五節では、ウシ飼い・ウシ・ソウゼンとの関わりの共通点と相違点をまとめる。

第二節　畜産農家の求める「いいウシ」

二―一．家畜市場での評価

青森県の家畜市場は七戸町鶴児平で行われる。子牛と肥育牛の市場は毎月第一金曜日に、馬市場は年に一度十一月に行われる。値段は個体差が大きく、三十万円程度から一二〇万円を超える値がつくこともある。

ここでは、筆者が見学した令和元（二〇一九）年十月の子牛市場の様子を記述する。この月の市場には、二〇〇頭ほどが出場した。青森県各地、下北半島、津軽半島など様々な場所からウシを連れたウシ飼いが集った。子牛は十ヶ月ほど住んだ牛舎と母牛と別れ、青森県家畜市場が用意したトラックに乗り、七戸町にある家畜市場に運ばれてくる。出場するウシの飼い主は、そのトラックを追いかけるようにして各々の車で市場に到着する。

市場に到着したウシは、出場まで市場横の建物で飼い主と共に順番を待つ。飼い主は出場までの間、ウシにブラシをかけたり話かけたり、ときには周囲のウシ飼いと雑談をしながら出場を待つ。ウシの鳴き声と糞尿のにおいが入り混じる中、男女の威勢のよい声が飛び交う。

しかし、ウシ飼いたちは談笑してばかりではいられない。買い手の目があるためだ。市場で子牛を買うのは、肥育を行うための素牛を探す肥育農家、そして、親牛を探す繁殖農家である。出場するウシの名簿は既に買い手の手に渡っているが、買い手は出場を待つウシたちの様子を見た上で、入札金額を決める。買い手が金額を決める判断材料とするのは、まず、ウシの血統である。血統は名簿に書かれた親牛を見ることで判断することができる。そして、ウシの体格である。これは、実際にウシを見る必要がある。さらに、ウシの性質である。こちらも、実際にウシを見なくてはならない。ウシの性質は一瞬見ただけでは判断がつかない。出場を待つ間、目星をつけたウシの傍に行き、人に慣れているか、言い換えれば「手を掛けて育てられているか」を見る。具体的には、待機場所で落ち着いているか、飼い主以外の人物が近づいても暴れたりしないかといった点を実際に買い手自身の目で見る。ウシ飼いたちは買い手の目を意識しながら、最後までウシに声をかけ、市場に送り出す。

待機場所から買い手の待つ入札台へと向かう過程で、ウシは飼い主から市場の職員に引き渡される。飼い主は入札が行われる間、ウシの様子と金額を見守る。

番号を読み上げられたウシは、半円状に設けられた客席の中心を一周した後、中央に設けられた柱につながれ、金額の確定を待つ。入札は十五～二十秒ほどで決まる。買い手が座席に設けられた機械で入札金額を入れると、最も高い金額が電光掲示板に表示される。時には金額が飼育者の想定よりも下回るときがあり、「飼育者引取り」として、売らずに飼育者が連れて帰ることもある。入札が声でなく機械であることから、市場内は決して騒がしいわけではない。時折、「安いぞ」などと声を張り上げる人もいるものの、市場は中断せず、淡々と入札が進んでいった。

入札を終えたウシは飼い主の待つ通路を進み、新たな飼い主の元へ運ばれるのを待つ。その後はトラックで運ばれ、新たな牛舎で生活を送ることとなる。

ここまでが市場におけるウシ飼いとウシの様子である。ウシ飼いの視点で市場を捉えると、市場には以下の三つの特徴が見出せる。一つは、ウシ飼いが「ウシを売る場」である。家畜市場で示されるウシの価格は、ウシへの評価であると同時に、ウシを飼育してきたウシ飼いへの評価である。評価の基準となるのはウシの血統であり、ウシの体格であり、ウシの性格（人と慣れているか、暴れないかなど）である。買い手は出場したウシを見ることとで、ウシの将来を、さらに、ウシ飼いを見ていた。ウシが高く売れることはウシ飼い自身の評価につながっている。

二つめは、ウシ飼いが新たな「ウシと出会う場」である。ウシ飼いは気に入ったウシに値段をつけ、新たなウシを迎え入れる。市場で値段がつくことで、ウシはそれまでのウシ飼いの元を離れ、新たなウシ飼いの元で飼育されるようになる。

三つめは、「ウシ飼いの交流の場」である。ウシが人から人へ移動することで、ウシ飼いの間につながりが生じる。ウシを購入せずとも、出場の順番が近かったり、座った席が隣だったりといったウシを介した出会いでつながる場となっていた。ウシ飼いは自分のウシが購入されることを「嫁っこいった」のように表現されることもあり、ウシ飼い同士のつながりが形成されている様子がうかがえる。

二―二．畜産農家の求める知識

続いて、市場で評価される「いいウシ」を育てるための知識について検討する。

繁殖を行うウシ飼いは市場で高く評価されるウシを育てるため、ウシのタネ[一〇五]や飼料を選び、病気や怪我、出産の際には獣医を呼ぶ。獣医を呼ぶタイミングや飼料の量、[一〇六]発情の見極めなどは、日々のウシとの関わりの中で身につけていくものである。しかし、どの獣医を呼ぶべきか、どの飼料を与えればよいか、どのタネをつけるべきか。このような点は、ウシ飼い同士の会話や農協職員との関わり、書籍やインターネットでの情報収集、そして、畜産業従事者を対象にして行われる講習会やウシ飼い同士で行う勉強会と呼ばれるような場で学ぶことが多い。

第一節で述べたように、家畜市場での評価を決める重要な要素の一つが、血統である。血統は、親牛とタネのかけ合わせによって決まる。

血統を学ぶ場の一つが、講習会である。講習会は、市場の日に行われるものや青森県畜産課や十和田市農業協同組合などが不定期に開催する。そこでは、獣医師や県の畜産課、研究者などが講師となり、最新の「いいウシ」とは何かを教授する。気の合うウシ飼い同士で勉強会を行うこともある。

繁殖農家がウシを高く売るために必要な情報は、自身の育てる親牛に「つけるべきタネ」である。評価が高いタネをつけるだけではなく、血縁関係を意識しなければならない。そのため、どのタネとどのタネをつけるべきか、つけてはいけないのか、といった事柄を学ぶ必要がある。

産業社会における家畜の生殖領域に着目すると、野澤謙による家畜の定義「その生殖（reproduction）が人の管理下にある動物である」〔野澤　一九八七　六六〕の明快さに気づく。どのタネとどのタネをかけあわせるべきか、近親交配はどの程度避けるべきかといった判断は、家畜の生殖が人の管理下にあることを示す好例である。しかし、人は生殖を管理するものの、その実行可能性には動物の側の要因も大きく影響する。不妊や流産によって生殖が失敗することもある。そのような生物学的視点だけではなく、日々の生活のなかでも予想外の事故、ウシの病気や死が起こる。ウシの繁殖を成功させ、事故なく飼育していくことで、畜産農家は初めて市場での評価を受け、収入を得ることができる。

市場や講習会等で行われる、ウシ飼い同士の会話も重要な知識源である。例えば、「ウシの事故」がある。ウシ飼い同士の会話で、親牛をつないでいた綱に子牛が首を絡めて死んでしまった、親牛が子牛を踏んで殺してしまった、経産牛であったことから特に注意を払っていなかったが逆子になっており危うく母子共に死ぬところであった、といった事故の話が話題になった。失敗をした人物が直接話すこともあれば、「聞いた話なんだけど……」と第三者の話をすることもある。このように、失敗を自分のものだけにせず、畜産農家の間で共有することで、事故をなくそうとする意識がうかがえる。

失敗談だけでなく、自身の家で行っている飼育方法について話すことで、経験者がアドバイスを与えたり、経験の浅い人物が参考にしたりすることもある。このように、ウシ飼い同士の会話は近況報告に留まらず、今後の自身の飼育に関わる重要な情報源となっていることが推察される。

ウシを飼うための技術は、一朝一夕で身につくものではなく、また、飼育者一人の努力のみで身につくものではない。経験の長いウシ飼いの教えや長年の勘、そして、講習会等に参加し、新たな知識を吸収することに

一〇五　精液を指す。
一〇六　ウシの妊娠可能時期を指す。ウシの発情期は人と同様一年を通してある。出産後四十日程度から発情が起こるとされている〔遠藤　二〇一九　二九〕。

よって、ウシの身体に関する技術が習得されている。

第三節　畜産農家の語る家畜

本節ではウシ飼いそれぞれの家畜飼育の様子とソウゼン信仰を記述する。取り上げるウシ飼いは、農業との兼業でウシの繁殖農家を営む女性A氏（昭和二十五年生）、A氏同様、農業との兼業でウシの繁殖農家を営む男性B氏（昭和二十六年生）、専業で酪農業を営むC氏（昭和二十四年生）と夫のD氏（昭和二十一年生）である。

A・B氏は現在の十和田市の畜産農家の中で最も大きな割合を占める肉用牛の繁殖農家である。十和田市の畜産農家は家族経営が多く、女性が畜産業に携わることは珍しくない。B氏のような女性が経営する畜産農家は、十和田市農林部の統計によると平成三十（二〇一八）年二月現在、市内で十戸であり、すべて肉用牛の繁殖農家である（十和田市役所農林畜産課職員への聞き取りによる）。兼業の二名に専業のC氏夫婦を加えることで、兼業と専業との間にどのような差異が生じるのか／生じないかについても着目する。

三―一．ウシに語りかけるA氏

A氏は昭和四十六（一九七一）年に嫁入りした。A氏は十和田市内出身であるものの、実家は婚家と離れており、生活の違い等から結婚後は苦労が多かったという。嫁入り当時から婚家ではウマとウシを飼育していたものの、A氏の舅が世話をしていたため、A氏がウシの飼育に関わることはなかった。昭和五十年ころにウマを売って短角のみとなり、昭和六十年ころに短角から黒毛和種の飼育へ切り替えた。昭和五十五（一九八〇）

年ころまでA氏の家は直屋であったが、その後は改築により母屋のすぐ脇に牛舎を設けている（図21）。A氏は、ニンニクと稲作の栽培に加え、六頭（一時は五頭）の親牛を飼育して繁殖を行っている。親牛は五月末から十月まで市営の放牧地で放牧される。出産前後の親牛と子牛の放牧は行わない。子牛は市場に出すまで家で育てる。A氏は姑、夫、娘、孫二人の六人家族であるが、ウシの世話を行うのはA氏のみである。

ウシの世話を始めたのは平成二十年頃である。舅（平成二十九年逝去）が高齢のため世話が難しくなったためである。近年は後継者不足のため廃業する畜産農家が少なくない十和田市では、珍しいケースである。嫁入り後、A氏が苦労していた中で何かと気遣ってくれた舅への恩返しの意味を込め、舅のウシを引き継ぐことを決意したという。

ウシの飼育を始めて日の浅いA氏には、わからないことが多い。A氏の舅は集落内、そして、十和田市内でも有名な「いいウシを育てる人」であったものの、ウシの飼育についてA氏を指導することはなかった。そのためA氏は、自身のウシの出場がなくとも市場を見学したり、農協などの主催する講習会や畜産農家の会合に出席したりすることで、積極的にウシに関する知識を吸収している。

A氏がウシと関わるのは、主に朝と夕方に行う牛舎の掃除と給餌であり、一日のうちの四時間程である（図22、23）。牛舎は家の横にあるため、買い物の行き帰りや寝る前などにもウシの様子を見に行く。

筆者は平成二十六（二〇一四）～令和元（二〇一九）年にかけてA氏のウシの世話の様子の参与観察を行い、共に作業をしながらウシの世話やソウゼン信仰についてのインタビューを行った。その中で、A氏がウシについて語っている場面を取り上げることで、A氏とウシとの関わりを示す。インタビューは、①平成二十六年八月二十二日、②平成二十六年八月五日、③令和元年十月十日、④令和元年十一月十日に行ったものである。事例に示した番号は、インタビューを行った日の番号と対応している。

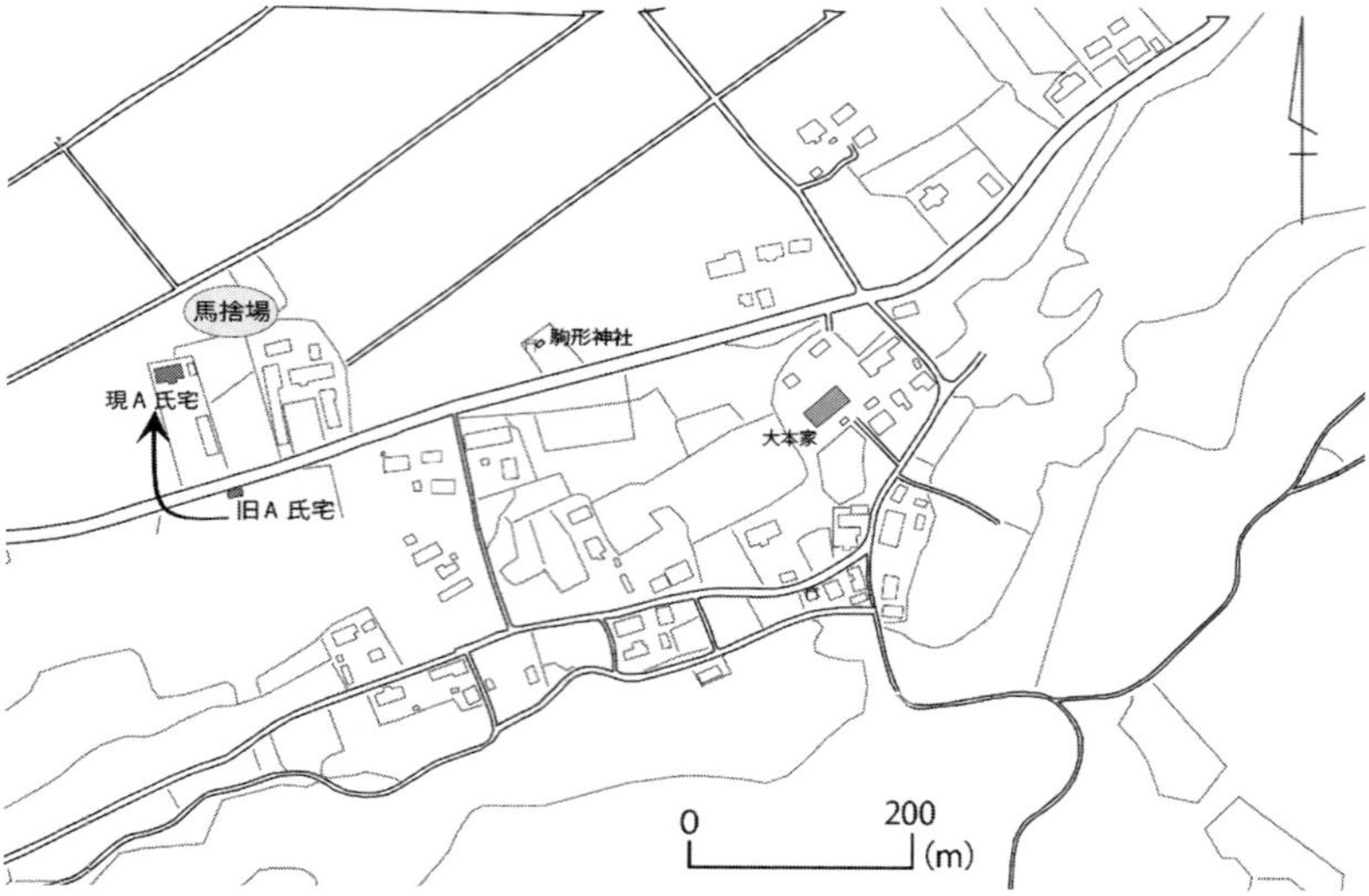

図21　Ａ氏宅周辺図
＊国土地理院ウェブサイト（https://maps.gsi.go.jp/#16/40.566253/141.156406/&base=std&ls=std&disp=1&vs=c1j0h0k0l0u0t0z0r0s0m0f1）を原図にし、現地調査に基づき筆者作成

時	A氏の行動
3時	起床 夫の弁当作り
4時	ウシの世話 （給餌、排泄物の処理など）
5時半	朝食を作る
6時	朝食を摂る
7時半	ニンニク畑などで仕事
11時半	昼食を作る
12時	昼食を摂る
13時	ニンニク畑などで仕事
17時	ウシの世話
18時	（給餌、排泄物の処理など）
19時	夕食を作る
19時半	夕食を摂る
20時	入浴など
21時	就寝

図22　Ａ氏の一日の生活
（現地調査に基づき筆者作成）

段階	分	場所	行動	内容	ウシへの声かけ／関わり
①	2	庭（牛舎前）	牧草の準備	・ラップで巻いてある牧草をはがし、ネコグルマ（リヤカー）に乗せて牛舎へ運ぶ	
②	4	牛舎	親牛に牧草を与える	・ウシ1頭1頭の前に置いていく ・親牛に与えてから子牛に与える	・与える際に「ハナコー」、「ハナヒサー」と声をかける ・「（筆者が与えたら）筆者にありがとうって（言って）ね」
①	1	庭（牛舎前）	牧草の準備		
②	2	牛舎	子牛に牧草を与える	子牛の前に牧草を置いていく	・「ハナカ、食べなさい」
③	15	牛舎	敷き藁の掃除	・ウシが牧草を食べている間に牛舎内の掃除を行う ・糞尿をとる用のリヤカーとフォークで糞を取っていく。汚れている部分の敷き藁をフォークでさし、リヤカーに積んでいく ・リヤカーは牛舎の横に置いてあり、フォークは牛舎の外側の壁に立てかけてある	・「ハナマサくん、（敷き藁を）とるからね」 ・掃除をしながらウシの乳房や首回りをなでる
④	2	堆肥置き場	堆肥置き場へ持っていく	・牛舎から10メートルほど離れた堆肥置き場に汚れた敷き藁を置きに行く	
③	12	牛舎	敷き藁の掃除	・多い時には牛舎と堆肥置き場を3～4往復することもある	
④	2	堆肥置き場	堆肥置き場へ持っていく	・敷き藁が少なくなったときには、追加する	
⑤	15	牛舎	話しかけながらブラシをかける	・ウシ1頭1頭の名前を呼びながら、背中から腹部にかけてブラシをかけていく	・「サクラ、ほらサクラ」 ・ウシをなでるときには、頭ではなく首を触る ・ウシが筆者に顔を近づけると「こんにちはって（筆者に言って）」
⑥	1	牛舎	飼料を与える準備	・牛舎の入口に置いてある、配合を入れるためのバケツをとり、牛舎脇の配合のケースを置いた場所に持っていく	
⑦	2	牛舎脇 主屋	飼料を準備する	・牛舎脇に置いてある配合飼料をバケツに移す ・家の中に置いてある飼料もあるため、勝手口から持ってくる ・子牛の月例に併せて分量を変える	
⑧	2	牛舎	子牛に飼料を与える	・バケツに入れた配合を子牛に与える。 ・与える際には、バケツではひっくり返してしまうため、バケツよりも2回りほど大きい盥の中にバケツを入れる	・「ハナマサ君、どうぞ」 ・「ハナカ」 ＊食欲旺盛なハナマサはハナカの食べる分まで食べてしまう
⑥	0.5	牛舎	飼料を与える準備	・配合を入れるためのバケツを牛舎から回収する	
⑦	1	牛舎脇	飼料を準備する	・牛舎脇に置いてある配合飼料をバケツに移す	
⑧	2	牛舎	親牛に飼料を与える	・バケツに入れた配合飼料を親牛に与える。 ・与える際には、バケツではひっくり返してしまうため、バケツよりも2回りほど大きい盥の中にバケツを入れる	・「どうぞ」
⑨	5	牛舎	水を与える準備	親牛が水を飲むバケツやたらいに残っている水を捨てる	・「ほら、食べな」
⑩	2	牛舎	親牛に水を与える	・親牛に水を与える。 ・牛舎脇の水道からつながっているホースでバケツや盥に直接水を入れる ＊親牛の食いつきをみる	・「ほら、お水だよ」
⑨	2	牛舎脇	水を与える準備	・牛舎脇に置いてある水を入れるためのバケツ（3つ）に水を入れる	
⑩	5	牛舎	子牛に水を与える	・水を入れたバケツを持って牛舎に行く ・バケツに残っていた水を捨て、新しい水をバケツに入れる ＊子牛の食いつきを見る	＊サクラは既に配合を食べ終えており、まだ残っているハナマサとハナカを「うらめしそうに」見る
⑪	2	牛舎	飼料の片づけ	・ウシが配合を食べ終わったため、配合を入れていたバケツを回収し牛舎の外に置く	・「サクラ、もうおしまい。おしまいだよ」 ＊食べたりないサクラは、持っていかれたバケツを追いかける

図23　A氏の家畜飼育の様子
（現地調査に基づき筆者作成）

【事例一――A：A氏の飼育方針（A氏①）】

氣比神社の絵馬市で知り合ったA氏に、筆者が初めてインタビューを行ったときの会話である。八月下旬であるものの、時折ひんやりとした風が吹く日、ウシの世話を見学しながらインタビューを行った。

以下は、筆者がA氏にウシの飼育を始めた頃の様子を質問した答えである。

A：そう。やっぱり最初は、こうしてあまり触れなかったんだけど、一年位して、名前呼んで。そうしてる内にね、触ったりね。まぁ、一年経たないな。半年くらいかな。「ウシって、こんなにかわいいの？」って思ったの。
最初はこわ……、ほら、怖い怖いと思ってたけど、いや、「こんなにかわいいの？」って思って。で、かわいいと思えばほら、懐いてくれるし。かわいいんだよ。
ほら、人間関係っていろいろなことあるでしょ？でも、もう、いろんな。
［中略］やっぱりウシとかは、かわいがればかわいがった分返してくれるから。
裏切らないしね。動物は裏切らない。人は裏切るのよ。

A氏はウシ一頭一頭に名前をつけ、毎日体をなで、「かわいいと思」って育てている（写真38）。「かわいがればかわいがった分返してくれるから」、「動物は裏切らない」という言葉から、かわいいと思って育てることでウシが懐き、多くの収入につながる、というA氏の飼育方針がうかがえる。

「人間関係っていろいろなことあるでしょ」という言葉から、A氏自身の体験の上に現在のウシとの関わりがあることがうかがえる。様々な体験には結婚後の苦労も含まれる。苦労が多い生活の中で優しく接してくれた舅が大切に育てていたウシであることが、舅の後を継いで世話を続け、かわいがって育てる背景にあると推察される。

【事例二―A：ウシをかわいがる（A氏④）】

A：こないだ、転ばされたの。この子［サクラ］に

［Aはサクラのブラシをかける］

筆者：サクラに？

A：私小屋掃除してたら、後ろからこうして。

［腰を押すジェスチャーする］

んで、農協のZさんが言ってたんだけど、あの、かわいがるとき、こっち［頭］やるとダメなんだって。

筆者：頭の方を？

A：そうそうそう。だから、上からじゃなくって、下やってやればいいって

筆者：顎のところなんですね。そっかそっかそっか。

A：そうそうそうそう。気持ちいいんだよね。

［Aがサクラの顎をなでる］

写真38　ウシにブラシをかけるA氏
（2019年10月10日　筆者撮影）

ウシをかわいがる方法と人をかわいがる方法は異なる。かわいがっているつもりで頭を撫でていたA氏であったものの、頭を撫でることでウシはA氏に頭をこすりつけるようになり、A氏が怪我をする危険が生じる。そのため、農協の職員から頭ではなく顎を撫でるように指導を受け、実践している。

飼育経験の浅いA氏は、困ったことがあったときには農協の職員や知り合いの畜産農家に相談し、解決策を導くようにしている。ここに挙げた事例の他にも、子牛がなかなか生まれないときや、ウシがなつかないとき等の解決方法を知り合いの畜産農家から聞き、実践している。

【事例三―A：ウシに語りかける（A氏①）】

筆者は、A氏がペットとして飼育するイヌとネコと繁殖用に飼育するウシとの間で、接し方に差異があるかを尋ねた。以下は、その答えである。

A：だから本当、動物っていうのはしゃべれないだけで、話せないだけで、こっちの言ってることは全部わかってると思う。そう思って接してるの。［中略］一年に一回爪切ってもらうんだけども今年［爪切りに］来た人、「いや大人しい。今までこんなウシみたことない。」って切る人たちが。「大人しいの？よその方は？」って聞くと、「いやいやいや、余所は違う。いやAさんとこのなぁんでこんなに大人しいの？」って。で、私その、前に。「今日は爪を切ってもらうから、爪切ってくれるからお利口さんして切ってもらうんだよ」ってみんなにこう、朝、話しかけとくの。［中略］こう、［A氏の夫が］お掃除するのに外に出すとき、こう、引っ張って行こうとしても暴れるわけ。怖いと、ウシも怖いと思うんだよ、もう、今考えると。人もおっかないけど、お父さんも接したことないけど、お父さんも怖いと思ってるんだ、暴れると思っていて。ウシはウシで知らない人きたから「怖い」って思ってる。からね、最近はお掃除する時も、「今日はここ掃除するから、向こうに。お父さんからひっぱってってもらうから、お利口さんにしているんだよ」っていえばね、割とすーすーすー歩いてくの。

［A氏にウシが近づく］

なぁになぁに。「ハナちゃん［ウシの名前］」、どうしたの？

で、だから、ウシ、セリに出す時も、もう、

「今日、余所のウチに行ったら、かわいがってもらうんだよ」って。

そしたらほら、そうして話しかけて。

A氏は、動物は人の言葉を理解しているという考えに基づき、ウシもペットも同じように育てているという。「人の言葉を理解している」と考えていることから、A氏は日々のウシの世話のなかで、ウシに語りかける。筆者との会話の合間でも、傍に寄ってきたウシには名前を呼び、語りかけていた。A氏が語りかけることで余所とは違う「Aさんとこの」ウシへとなっていく。

また、この語りからは、ウシは人の言葉を理解できるだけでなく、ウシが人と同様の感情を持っており、人の感情を察することができるというA氏の考えがうかがえる。

【事例四―A：市場に出す（A氏①）】

事例三の続きの語りである。ペットもウシも同じように育てている一方で、ウシだけを「セリに出す」というA氏の行動に矛盾を感じた筆者が、A氏にセリに出すときの心情について質問した。

筆者：名前つけてかわいがってると、セリに出す時悲しくないですか？

A：いや、でも、それはそういう風に育てて、あれするから。

いや、最初、最初、そうだよなぁ。こうして世話する前は、もう悲しかったの。涙も出て。なんかもう、余所に行っちゃうんだなって。でも、最近はほら、あの、もう、こういう風に育てて、余所様から「向こうでかわいがってもらえるといいなぁ。」って思って。で、「今度、違う方に行ってもかわいがってもらうんだよ」って。そういう風にして。うん。

筆者：飼育を続けていて嬉しいとか楽しいときっていうのは……

A：嬉しいのはね、もう、無事に、無事に産まれたとき。いやぁ、良かったな。そのときが一番ですね。あと、それとね、売れたとき、高く買ってもらったときも嬉しいけど、やっぱり、何事もなく、こうね、親ウシが産んでくれたときは、［中略］だからね、産まれればね、必ず、どのウシにも、「いやぁ、かわいいあかちゃん産んでくれて、どうもありがとう」って、声かけて、触ってあげるの。で、そのときだけでなく次の日も。そしてみんな産まれたのをこうして触って歩くの。自然にね、自然にもう出てくるもんね、その言葉が。

ウシの飼育に携わるようになったことで、「悲しかった」ウシの出荷が、「今度、違う方に行ってもかわいがってもらうんだよ」という送り出しの言葉をかけるようになった。この変化は、A氏がウシ飼いになったと捉えることもできるであろう。ウシ飼いの飼育するウシはいわば商品であり、いつか売らなければならない。「そういう風に育てて」という言葉から、ペットと同じように育てているとするものの、ペットとウシの間にはA氏の中での境界が存在すると推察される。また、A氏は繁殖農家であることから、A氏の売る子牛は肥育農家で二年ほど育てられるか、他の繁殖農家で母牛として飼育されることになる。そのため、ウシを売る、というよりも「かわいがってもらうんだよ」という気持ちで送り出すことができるのではないだろうか。

ウシの無事な出産と市場で高く売れることは、A氏の楽しみである。ウシが無事に出産すること、そして、市場で高く売れることはA氏がそれまでウシをかわいがってきた成果でもある。

【事例五―A：廃牛にする（A氏①）】

ユリコ（インタビュー時は初めてのお産を控えていたウシ）が傍にきたため、ユリコの親牛（ユリ）の話になる。ユリはユリコの出産後に体調をくずし、何も口にすることができなくなってしまった。往診に来た獣医師からは屠場に送ることを勧められた。

A：あの、ガス抜くに、［獣医が］注射の針を［ユリコの腹に］パァンって打ったらね、すごいんだもんね、そのガスが。もう、見えるの。パーっと出て。でもそれね、ちょっと、一部だけだけどね、そのガスが。でも、そのガスが出たら、水もエサも全然飲まないのがこのバケツに口入れて、チュッ水すすったの。だらもう、もう、いいって思って。水も飲めない、餌も食べれない、そのまんまやるのがかわいそうだと思ったから、もう、水飲んだからもういいと思って。

［中略］で、それで、もうその親は処分して。
［中略］で、私が孫と二人でその子育てたの。
だから、お母さんがユリだから、ユリコって名前にして。で、もぅ、産まれた時からこの子はウチに置こうと思って。
［中略］今年、もうお産するから、十月頃にお産するから。だからユリコって言えば、こっちに居ても、向こう、私が帰ってきて「ユリコ」って言えば、もうすすすすっと飛んでくるの。で、本当にかわいくて。ずっとユリコはもう手かけてね。やっぱりもう、ミルク飲ませてるから、親だと思ってるのかな。

ユリの話は、A氏が飼育を続けてきた中で最も辛い出来事の一つであるという。「かわいがって」育ててきたユリが病気になってしまったこと、そして、ユリに対して何もできないことに対する悲しみから、「処分」することができなかった。しかし、一口ではあったもののユリが水を飲んだことで、ユリのために何かをしてあげることができた。そのため、「処分」の決断を下すことができた。

【事例六―A：ウシを放す・送る（A氏②）】
事例五―Aから約二年後、ウシ小屋でウシの世話を手伝いながら行ったインタビューである。A氏と孫がミルクで育てたユリコは廃牛となり、牛舎にはいなかった。

A：そのユリコっていうウシが流産しやすいからっていうので、放牧しないでおいたったたんだけど、結局。十一月に予定日がきても全然。ほら、産まれそうになくって。［中略］で、［獣医が］手を入れたら、横になってるって、足が。子牛が。

筆者：お腹の中で？

A：そう。で、「これは帝王切開しなきゃいけない」って、言われて。で、それから大学に行って。［中略］で、出したときはあれだったんだけども、［子牛が］弱ってて、死んじゃって。でも、小さかったんですって。あの、子牛そのものが。もう、死んで。［中略］で、十一月で、三月に、もう、もう、帝王切開もしてるし、本当に流産ばっかりしてたから。もう、これは諦めなきゃいけないなぁって。で、放して。ウチで産まれてミルクで育てたのだから、もう、放せないなぁって思ってたんだけど。［中略］で、このウシ［サクラを指す］、このウシも、もう年とってるんだけど、このウシのお陰で、二、四［子牛の数を表す］授けてもらってるから。もう、頑張れる分、ウチで置いて、ウチで送ってやろうと思って

繁殖農家が家に置くウシは、繁殖能力のあるメスか、市場に出す前の子牛（生後十ヶ月以内）である。そのため、事例五―Aで語られた生後間もないころから孫と二人で育ててきたウシ、ユリコであっても、流産を繰り返し出産もうまくいかなかったことから、廃牛にすることとなった。しかし、繁殖能力がなくとも家で飼育することもある。それまで子牛を産み多くの収入をもたらしたサクラは、繁殖能力の衰えた後も、廃牛にするのではなく家で看取ることを決めている。廃牛にするウシを「放して」、家で看取るウシを「送る」と表現していることから、明確な意識の違いがうかがえる。

ウシがもたらした収入、A氏の言葉に置き換えれば、「かわいがった分返してくれた」に応じて、〝ウチのウシ〟として位置づけられるか否かが決まっていく様子がうかがえる。

【事例七―A：〝わかる〟ウシ（A氏③）】

市場に出す前日の会話である。筆者はA氏の牛舎でウシにブラシをかけたり牧草を与えたりしながら、翌日の市場について話をしていた。

A：サクラコちゃんは今日までだもんね。
　いくらで買ってもらえるかな？

A氏は、傍に寄ってきたサクラコの身体に触れながら、サクラコに話しかけた。翌日、サクラコがこの会話を聞いて理解していたのではないかという出来事が起こった。A氏とは八時に市場で会う予定であったが、七時四十分頃にA氏から連絡があった。普段は大人しくトラックに乗るサクラコが、市場にいくためのトラックに乗ることを拒み、四十分ほど予定の出発時刻から遅れてしまったという。A氏はこのことについて、「昨日のあの話聞いてたから、わかったんだね」と言った。

サクラコが市場に行く前日のA氏の言葉を本当に理解していたかを明らかにすることは困難である。しかし、サクラコはA氏と別れることを「わかって」いたことから、トラックに乗ることを拒んだのであろう。市場に着いたサクラコは暴れることこそなかったものの、どこか落ち着かない様子であった。A氏は入札が始まる直前までサクラコに語りかけ、ブラシをかけていた。

【事例八―A：畜産農家とウシ／畜産農家と非畜産農家（A氏④）】
筆者がウシの糞をとる作業を行っていたときの会話である。

［ウシのすぐ傍の湿っている敷藁をとるか聞く］
筆者：あ、ここも全部ですか？
A：あ、ウンチだけでいいかな。大丈夫？
筆者：大丈夫です。
A：気をつけてね。
［ハナカが筆者をちらちら見る］
A：なんか気になるんだね。
筆者：気になるよね。違う人がいるとね。
A：「ありがと」って。「ご苦労様です」って。

筆者が親牛の傍に寄る際、A氏は筆者に注意を呼び掛けた。筆者は毎日世話をしているわけではないので、ウシが驚いて暴れる危険があるためである。ウシが飼育者であるA氏と筆者を識別していることを意識したA氏の言動である。
その日、ウシたちが大人しかったことから、筆者はウシがA氏と筆者を識別していることに気づいていなかった。ウシが飼育者と非飼育者の違いを認識していたことは、翌日の会話で明確なものとなった。

ウシの世話を手伝った翌日、筆者はA氏と食事に行った。そこでA氏は、「やっぱりあのとき緊張してたよ」と切り出した。筆者が帰った後、ウシたちが一斉に排泄をしたのだという。いつも世話をしない筆者がいなくなったことで、ウシたちの緊張が解けたのであろう。

ここまで、A氏とウシとの関わりを記述してきた。A氏はウシを人と同じ感情を持ち、人の話を理解する存在として捉えており、ウシ一頭一頭に名前をつけかわいがって育てていた。しかし、かわいがるのは、家に置いておく間である。子牛の多くは「新しい家でかわいがってもらうこと」を願い送り出し、繁殖能力のないウシを「放す」こともある。

三―二．手間をかけないB氏

繁殖用の黒毛和種を三頭飼育しているB氏は、昭和五十（一九七五）年ころ父に代わってウシの飼育を始めた（写真39）。飼育を始めた当時は兼業農家であったが、平成十八（二〇〇六）年の退職を機に、専業農家となった。椎茸栽培や稲作、畑作（ゴボウや牧草など）に、黒ウシの繁殖を組み合わせた複合経営を行う。妻・息子夫婦・孫二人の六人家族であるが、ウシの世話を行うのはB氏のみである。

B氏の家では古くからウマを、また、少なくとも曾祖父の代から短角を飼育していた。昭和三十年代は短角・ホルスタインを二～三頭ずつ、そしてウマを一頭飼育しており、昭和四十年代に短角のみに、そして、昭和六十（一九八五）年ころに短角から黒毛和種に切り替えた。昭和五十五（一九八〇）年までは直屋に住んでいたが、新築後は牛舎を人の住む家の道路を挟んで向かい側に建てている（図24）。

B氏がウシの世話を行うのは朝と夕方の計一時間程である（図25）。ウシの世話で行う作業を、図26に示した。

敷き藁の掃除は月に一度、水は自動で出るウォーターカップを利用する等により、ウシの世話にかかる時間が短縮されている。

B氏は牧草と配合飼料に加えて「キビの漬物」と呼ぶ飼料を与える。敷き藁を全て交換する際には牛舎のウシを外に出し、トラクターで敷き藁を出す。ウシの糞尿のついた敷き藁は発酵させ、堆肥として自身の田畑に使う。敷き藁はB氏の水田から収穫した稲藁や畑の畔草であることから、B氏は自身の飼育と農業について、「一つも無駄にしない」と語った。

B氏には、平成二十六年～令和元年にかけてインタビュー及びウシの世話の見学を行った。以下は、①平成二十六年三月二十三日、②平成二十六年八月十八日、③令和元年十一月十一日の会話である。

【事例一―B：B氏がウシを飼育する理由（B氏②）】

次の会話は、B氏がウシを飼育する理由について話を聞いている場面である。

B：毎年ウシやってる人は少なくなってきた。年いった人がどんどんやめてきてさ。だってやる人はいっぱいやってるし、私みたいに趣味でアズカッテル「飼育している」人は、段々にやんなくなってきてさ。十和田市でも、毎年六、七人くらいずつやめらさってる。でほら、飼う人は六十頭とか大型化してきてさ。オラみたいに、三頭とか四頭、アズカッテル人がどんどんやめてってるな。若い人どがほとんどアズカんないからさ辞めてく人の方が多いんだ。

B氏にとってのウシの飼育は複合経営の中の一部であり、「趣味」である。儲けを意識して大きく展開する

写真39　B氏のウシ
（2019年11月12日筆者撮影）

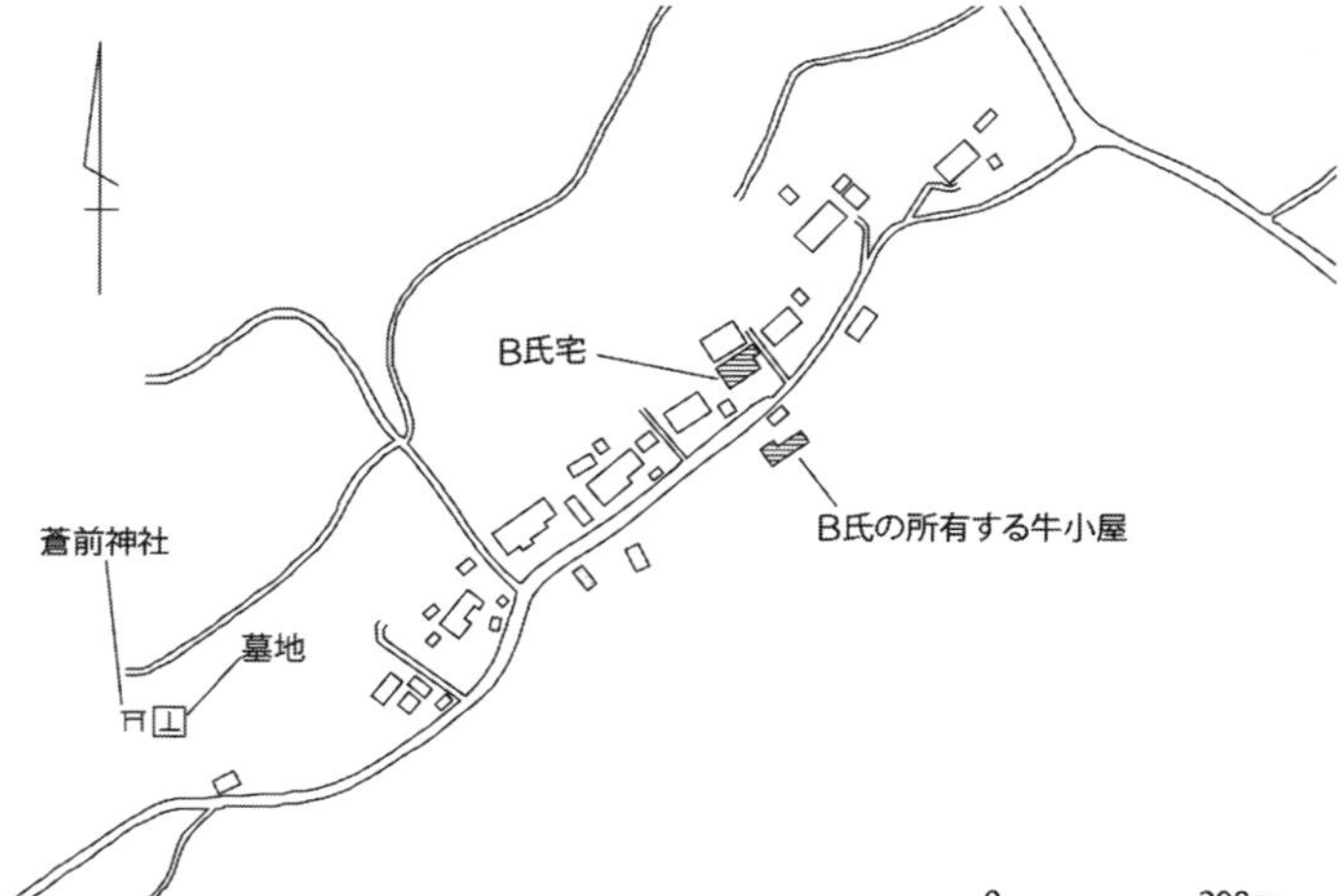

図24　B氏自宅周辺図
＊国土地理院ウェブサイト（https://maps.gsi.go.jp/#16/40.562667/141.177793/&base=std&ls=std&disp=1&vs=c1j0h0k0l0u0t0z0r0s0m0f1）を原図にし、現地調査に基づき筆者作成

時	B氏の動き
6時	起床
6時半	椎茸栽培
8時	朝食
8時半	ウシの世話 （給餌・排泄物の処理など）
9時	椎茸栽培
12時	昼食
13時	椎茸栽培
18時	ウシの世話 （給餌・排泄物の処理など）
18時半	夕食
19時	椎茸栽培
21時	入浴など
22時	就寝

図25　B氏の一日の生活（現地調査に基づき筆者作成）

段階	分	場所	行動	内容	ウシへの声掛け／関わり
①	3	牛舎	牧草・茅を与える	・牧草を子牛、親牛の順に与えていく ・親牛はつないであるため、親牛の前に牧草を置いていく ＊牧草は牛舎の2階に積んであり、1階に落とすようになっている	
②	3	納屋	キビの漬物を取りに行く	・牛舎に隣接した納屋に閉まってあるキビの漬物を取りに行く ・「キビの漬物」はラップにくるんであるため、フォークでとり、バケツに入れて牛舎に持っていく ・バケツは4つに分け、それぞれいっぱいに入れる	
③	4	牛舎	キビの漬物と配合を与える	・初めに与えた牧草に黍の漬物を手で混ぜ込んで与える。混ぜ込んだ牧草と黍の漬物の上に、配合飼料をかける ・配合飼料は牛舎の中に置いてある ・キビの漬物を混ぜ、配合飼料をかけて1頭ずつ与える	「早く食いたいってときにはおっちらすの」 （ウシが牧草を食べ散らかす様子）
④	1	納屋	藁を敷く準備	・牛舎とつながっている納屋に積まれた敷き藁用の藁の束を、牛舎に投げ入れる ・投げ入れた藁を、牛舎の中に均等に置いていく	
⑤	7	牛舎	藁を敷く	・ウシたちのそばで藁の束をほどき、60cmほどの藁を20cmくらいにオシキリで切る。 ・切った藁をウシの下に敷いていく	

図26　B氏のウシの世話（現地調査に基づき筆者作成）

のではなく、少ない頭数を他の仕事の合間に育てる。複合経営の一分野としての飼育方法は、ウマの繁殖を行っていた昭和三十年代での農家の様子に通じるものである。しかし、同じ複合経営であっても、その割合は異なる。かつての農家は稲作・畑作による収入が少なかったことから、ウマを飼育することによる収入が大きく、手間をかけて育てていた。一方、現在のB氏の家では稲作・畑作・椎茸栽培による収入が大きく、ウシの飼育は「趣味」である。

【事例二―B：B氏の飼育方針（B氏①）】

B氏の飼育方法についての話を伺っている場面である。以下は、「どのようなウシを放牧に出すのか」という筆者の質問に対するB氏の答えから始まる。

B：オラドは、こっちはオヤどもコッコも一緒に放してやってるけど、よその人だら、子牛ばウチ置いて、親だけあげるっつう人が八割だ。

筆者：子牛は家に置いておく人が多いんですね？

B：うん、多い。でほら、配合［飼料を指す］、餌の栄養分のあるの喰わせて早く出荷するっていう。オラドはとにかく餌代かけねぇで、時間かけてもいいから、安く。経費かけないで。あの、放牧してやるって考えてるから、あんまり手かけねぇわけさ。だから［母と子を］ぽんと［放牧地へ］連れてく。

B氏は自身の飼育方針として、「餌代」や「手」をかけないことを強調した。十和田市のウシ飼いの多くが放牧地を利用するものの、ほとんどは親牛のみを放牧し、子供は出荷まで家で育てる。しかしB氏は「趣味」で飼育していることから、餌代と手がかからない放牧地を利用している。

母牛と子牛を共に放牧に出し、家ではなく放牧地で育てる時間を長くとることは、かつて十和田市で盛んに飼育されており、B氏自身も飼育していた短角の飼育方法がうかがえる。第四章でも記述したように、短角はタネツケや出産も放牧地で行っていた。B氏の飼育方法には、自身の経験が反映されていることが推察される。

【事例三―B：市場での楽しみ（B氏②）】

B氏の家には市の品評会で「優良賞」を受賞した。壁にかけられた「優良賞」のタスキを見ながら、品評会での評価とセリでの評価について話を伺った。

B：あの、賞もらって、鉢巻して出はってもね、そのウシの買うお客さんが、そのウシがいいと思って買わないと、賞も何にもねぇウシのほうが高かったりさ。賞もらったしけって高くなるわけでねぇ。［中略］県の品評会では賞とったんだけれども、市場さ行ったら何もねぇのより安かったとか。それは、ほれであたりめぇ［当たり前］だ。買う人がなんぼで買うか。競りで買うんだから。

筆者：高く売れたときの方が嬉しいですよね。

B：うん、高く売れたときのほうが。「あのとき品評会で負けて、実際市場に出したらオラホが高かったべ？」って。品評会でなんぼ良いのとってもいらねぇもん。実際市場さ行って高く売れればいいんだもん。

筆者：ウシを飼ってて一番嬉しいときってていうのは、

Ｂ：いやぁ、やっぱし、セリさ行って、高い値っこがつけば、あぁ、いいなぁって。うん。一番嬉しい。それから、タネツケ［人工授精］して、獣医さんが賭けするでしょ？妊娠してるかしてないか。そういう時に妊娠されたって言われれば、わぁって気持ちが。

Ｂ氏にとって品評会はあくまで前哨戦であり、重要なのはセリで高く売ることであることが語られた。セリでの値段は、Ｂ氏のウシへの評価、ひいては飼育するＢ氏の評価である。そのため、高い値段がつくことが、最も嬉しいこととして挙げられた。

さらにＢ氏は、人工授精が成功したときも嬉しいときとして挙げた。市場での値段や人工授精での賭けの結果に一喜一憂する姿から予想のつかない状況を楽しむ様子がうかがえる。

【事例四―Ｂ：「手間」と「儲け」（Ｂ氏①）】

昭和六十年ころ、より高く売れる黒毛和種への切り替えを市内の農業協同組合が奨励したことを受け、Ｂ氏は短角から黒毛和種に切り替えた。以下は短角から黒毛和種へ飼育を切り替えた時期の語りである。

筆者：赤［短角］と黒［黒毛和種］一緒に飼ってた時も

Ｂ：うん、あるあるある。ちょんどそういう雰囲気になってきてさ。あっちもこっちも黒がぼんぼんぼんぼん入ってきて。セリでも段々、段々、黒の方が高く売れるようになってきてさ

筆者：両方飼ってたのはどれくらい…

Ｂ：五年くらい一緒に。

筆者：赤の方が手間がかからなくて…

B：うん、手間かからなくてよかった。でも、高く売れればそういうの忘れるっきゃ。

「手間」を惜しむB氏であるものの、かつて飼育していた短角の値段と黒毛和種の値段が逆転するころ、短角から手間がかかる黒毛和種への飼育の切り替えを決めた。短角はタネツキがよく、降雪期以外は放牧ができ、子育てもすることから飼育の「手間」がかからなかった。一方の黒毛和種は短角に比べて体が弱く、特に子牛の内は「手間」がかかることが多い。しかし、いくら「手間」がかからなくとも、「儲け」がなければ飼育を続ける楽しみがなくなってしまう。B氏は市場で高く売れることを楽しみにしていることから、「手間」はかかるものの、「儲け」が大きい黒毛和種へ切り替えることとした。

【事例五―B：高く売る（B氏③）】

B氏は生まれたときからウシと共に生活してきたことから、ウシの飼育について長い経験を持つ。しかしB氏はウシについて学ぶために、講習会や勉強会に出席する。

B氏は農業協同組合から届いた講演会のお知らせを見せてくれた。

B：これが講習会で畜産の、この先生だって［中略］これ、獣医なんだけっども、この人は有名で、雑誌さしょっちゅう載る人なんだ

筆者：そういう方がきて、講演会を……

B：講演会をして、

筆者：そこでこう、みんな、ぎじゅ……

B：技術を身につけて。種牛はどれをつけるとか。それこそあの、いっぱい種牛あるわけね。うん。で、この種牛つければ、高く売れるしっけそれつけろって、そういうの聞くわけさ。

ウシを高く売るためには、長年の飼育経験だけでは不十分である。特に、現在の市場は「血統」が意識されるため、高く売れる血統の情報を持っていなければならない。買い手は、どのタネから産まれた子牛かを見て、値段を決める。そこで、市場で評価されるタネを知るため講習会に参加する。講習会ではどうすればタネがよくつくか、どうすれば体格がよくなるかといったウシの飼育に関する「技術」も学ぶ。B氏は自身で本や雑誌も購読しているため、有名な講師が来ると聞いた時には迷わず申し込むという。

【事例六―B：ウシとの関わり（B氏①）】

ウシが飼い主とそれ以外の人とで接し方を変えるのかについて質問をした場面である。

筆者：餌あげる人は覚えてるんですかね。

B：なぁんも。知らねぇ。逃げてら。そっち走ってく。ばいならって。さいならって。［餌を］置いてけって。んば、隅の方に固まってる。

筆者：お母さんウシも？

B：うん、どれもほうだ。

傍さきて、おさえてけろって、角のべてけろ［なでてけろ］、なんてこね。おさえようとすりゃぁ逃げてく。はぁ、あっち［放牧地］行ったけりゃ、なんつっきゃ？　自然さ放して自由自在に動いた方がいいんだもの。
オランドだとな、デベッと押しやられとけば頭さくる。あれだってずっとつないでれば、頭さきてるのよ。外に出せって。で、餌おけばほら、繋いでばっかしいるから、体、うん、いくねぇわけよ。山さ持ってって放せば運動にもなるべしよ。それから、コッコも歩いて運動してるから、コッコも元気になるの。
ここにいてビチーとおさえてればよ、運動不足で、弱い子も生まれる。たまに、そりゃぁ、弱い子も生まれる。放しててもな。

B氏はウシの気持ちを推測し、ウシの気持ちを人の感情に当てはめて語っていた。ここで語られる「ウシの不満」、さらに、ウシの身体への懸念は、B氏の飼育方針である「放牧を重視し手をかけない」ことにつながっていると考えられる。

【事例七—B：畜産農家とウシ／畜産農家と非畜産農家（B氏②）】
牛舎でB氏がウシの世話をしている様子を見ながら、ウシそれぞれの様子を伺った。

B：うん。この子が弱くてさ。でも、いいウンコ垂れるようになったから。
［筆者が子牛に触れようとするも寄ってこない］

筆者：触らしてはくれないんですね。

B：うん。こっちさこねぇ。ワさ行けば触らせるったって、親が、はぁ慣れてる人ならいいけど、慣れてねぇ人だらばバッと来るから。寄んねぇ方がいい。

筆者：子供がいるからですかね。

B：うん、そうそうそう。

事例六―Bで、「餌をあげる人を覚えていない」と語ったB氏であったものの、B氏と筆者とではウシの態度は異なっていた。B氏が牛舎内でウシの横に立っていてもウシたちは気にすることなくその横でハミを続けていた。しかし、筆者が牛舎に入ると、母牛は鼻息を荒くし、子牛もそばに寄ってくることはない。その様子についてB氏は、ウシが慣れている人／慣れていない人、の対比を挙げた。ウシと毎日関わる「慣れてる人」になることで、ウシから敵意が失われる。

【事例八―B：暴れるウシ（B氏③）】

セリが近い子牛がいたことから、セリに出す準備について話をうかがった。

筆者：子牛は散歩させたりとか、

B：それさ、出荷する時だば、あの、ある程度へってならしてねば、暴れるからさ。いや、暴れるウシはいんだよ。行けば、必ず一頭か二頭。いるいるいる。大変だ。逃げて、ちゃんと縛ってたのが離れてよ、あの、場内を走ってあるったり。あるんだよ。しょっちゅうよ。で、ケガする人もいるの。蹴られたりさ、つかれたりして。いきなり後ろからドーンとやられるの。

ウシは自由に動いていた方がいいと語るB氏であるものの、セリでは「人に慣れているか」が一つの評価基準である。そこで、セリの前にウシに触れたり散歩に連れて行ったりする。「人に慣れていないウシ」の特徴として、「暴れる」ことが挙げられた。ウシが暴れることについて、さらにB氏の語りを示す。

【事例九―B：ウシに負ける（B氏③）】

B：だから、ハナカン［鼻輪］つけて、ビンとおさえとくのよ。ハナカンつけらば、あのぉ、かなり、暴れるの抑えれるから。

ハナカンつけてねば、今も、ちょっとそれなれば、人負ける。すんげぇ跳ね回る。

ハナカンつけてれば、は、あれ、あそこが急所なんだかどこだかわかんねけどもさ、かなり、あの、暴れても、人が抑えれる。

B氏は暗い声で、「人負ける」と述べた。飼育下にあるウシであるものの、人間は絶対の支配者ではなく、力では劣る。このことを理解しているB氏は、ウシの意志を尊重する飼育を心掛けているのではないだろうか。

ここまで、B氏とウシとの関わりを記述してきた。B氏は「趣味」で飼育しているため、「手間」をかけないと語る。しかし、飼育方法は長年の経験により確立されたものであり、講演会への参加等を通して新たな知識を吸収していた。

三―三．ウシしかないＣ氏とＤ氏

最後に、家族で酪農業を営むＣ氏夫妻を取り上げる。Ｃ氏は夫のＤ氏と息子（昭和四十九年生）と共にホルスタイン六十頭を飼育する。Ｃ氏の夫は高校卒業後から、Ｃ氏は嫁入りした昭和四十六年から酪農に携わっている。

Ｃ氏とＤ氏には、平成二十五（二〇一三）年八月三日（Ｃ・Ｄ氏①）と平成二十六（二〇一四）年七月七日（Ｃ・Ｄ氏②）に、ウシの世話の参与観察を行った。Ｃ氏、Ｄ氏、息子の一日の生活は図27のようになっている。Ｃ氏とＤ氏が牛舎に行くのは、ウシの給餌や搾乳を行うときである（写真40）。一度牛舎に行けば、糞尿を始末し、飼料を与え、しっかりと食べているかを見て回るため、二時間ほどかかる。ウシの飼料は、乾草、配合飼料、サイレージ、塩である。飼料により与えるタイミング、与え方が異なる。乾草は朝昼夜の一日三回、サイレージは朝と夜の一日二回与える。一方、配合飼料と塩はウシの前に置かれた容器の中に入っており、ウシが食べたいときに食べられるようにしている。自動で水の出る装置（ウォーターカップ）を設置しており、ウシが近づくと水が出るようになっている。

【事例一―Ｃ：酪農業の選択（Ｃ・Ｄ氏②）】

Ｃ氏の自宅から道路をはさんだ向かいの牛舎に行くと、約六十頭のホルスタインのメスの成牛が二列に並んでいた。牛舎に入って手前から出産したばかりのウシ、出産してから時間が経ったウシ、妊娠しているウシの順で並んでいる。牛舎の空気を循環させるために回る扇風機の轟音の中で牛舎の掃除を行いながら、Ｃ氏に酪農業を営むにいたった経緯をうかがった。

C：三代目のおじいちゃんが遊んじゃって、財産全部使っちゃったの。残ったのが、ウシと山だけだったのよ。

（中略）もうウシしかないって。それで、酪農になったわけ。

ここで語られている「三代目のおじいちゃん」とは、D氏の父を指す。D氏が小学生の頃（昭和三十年頃）までは農業を基本とした経営を行っており、農耕馬も所有していた。しかし、「三代目のおじいちゃん」の放蕩により土地は減少し、農耕馬も売ることになった。そのため、残っていたウシを生かし、専業の酪農家となった。

【事例二―C：飼育場所の変化（C・D氏②）】

C：前はね、家のすぐ後ろに山があって、そこで放牧してたの。あの、家が今あるとこじゃなくて、今ロール［牧草］積んである所だったのよ。そこに家があって、後ろに小屋があったったの。そん時は、ウシは夜のうち山に放しといて、朝になると小屋帰ってきて乳しぼるの。［中略］自分の家覚えてるから、ちゃんと戻ってきたのよ。あの頃のウシはかわいかったんだよ。向こうも乳搾ってほしかったんだよね。

筆者：Cさんは、実家でも乳搾りをしたことがあったんですか。

C：実家では［ウシを］飼ってなかったから、こっちきて初めて搾ったよ。でも、すぐ慣れた。今は機械で一気にやっちゃうけど、昔は一頭一頭手で搾ったんだよ。

時	C氏の行動	D氏の行動	息子（長男）の行動
4時	起床 家事をする（朝食の準備など） 牛舎に行く（軽い弁当を持っていく）	起床 牛舎に行き、給餌 ＊このころ、近所の人が牛乳を取りに来る	
5時		給餌を終え、搾乳 搾乳機を洗う	牛舎に来る 給餌の手伝いや牧草の管理 ウシの体調の確認を行う
6時	搾乳機を洗うために出たお湯を洗濯用にとっておく		
7時	朝食をとる	朝食をとる	朝食をとる
8時	畑・家のことや（サイレージの時期のみ）サイレージの刈り取りを行う	事務仕事などを行う（休憩も兼ねる）	事務仕事などを行う
9時	昼食の準備を行う	サイレージの刈り取りを行う （サイレージの時期のみ）	サイレージの刈り取りを行う （サイレージの時期のみ）
11時	牛舎に行き、洗濯や掃除をした後、ウシに牧草を与える	牛舎に行き、ウシの周りを掃除した後、牧草を与える	牛舎に行き、ウシの周りを掃除した後、牧草を与える
12時	ウシの食べ具合の確認	ウシの食べ具合の確認	ウシの食べ具合の確認
13時	牛舎の仕事が終わると昼食	牛舎の仕事が終わると昼食	牛舎の仕事が終わると昼食
14時	夕食の準備	牛舎に入り、ウシの状態を確認する	牛舎に入り、ウシの状態を確認する
15時	牛舎に入る		
16時	搾乳を行う	搾乳を行う 搾乳機を洗う	搾乳を行う
17時	搾乳機を洗うために出たお湯を洗濯用にとっておく		帰宅
18時	夕食をとる	夕食をとる	
19時	ウシに給餌	ウシに給餌	
20時	最後の見回り（ウシが食事できているかなどを見る）をし、糞をとる 牛舎を出て、帰宅	最後の見回り（ウシが食事できているかなどを見る）をし、糞をとる 牛舎を出て、帰宅	
22時	就寝	就寝	

図27　C氏、D氏、息子（長男）の一日の生活
（現地調査に基づき筆者作成）
＊C氏の息子については、牛舎に来てから帰宅までの行動を示す。

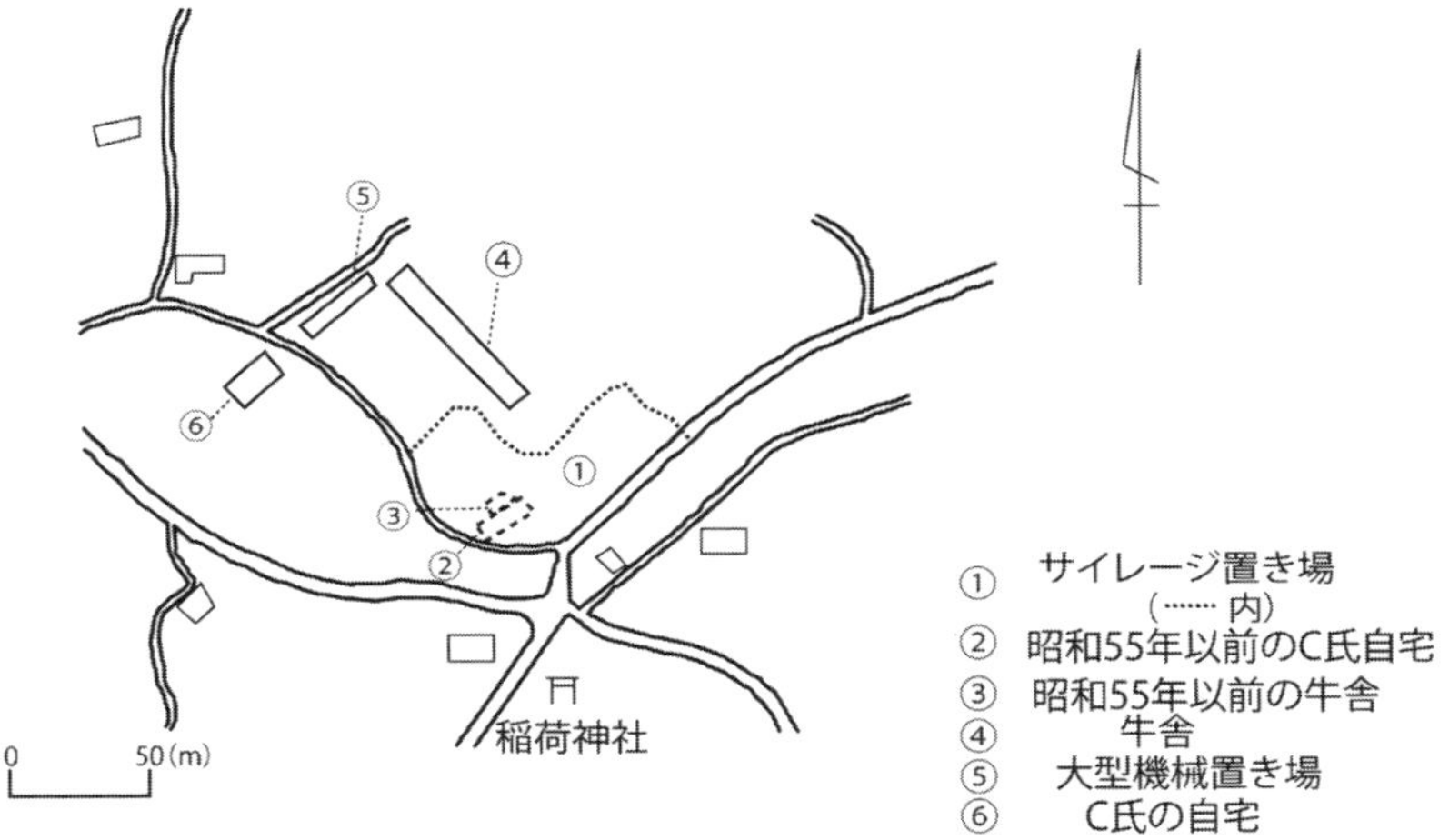

図28　Ｃ氏自宅周辺図
（https://maps.gsi.go.jp/#17/40.534595/141.167943/&base=std&ls=std&disp=1&vs=c1j0h0k0l0u0t0z0r0s0m0f1）を原図にし、現地調査とＣ氏の語りに基づき筆者作成

写真40　給餌を行うＣ氏
（2015年７月７日筆者撮影）

筆者：牛舎を建てたのは……。
C：昭和五十五年。ウシを大きくやるっていうから、牛舎建てたのよ。それまで放牧してた山崩して、家も新しくしてね。牛舎は二階建にして、上に機械置けるようにしてあるの。
［中略］
筆者：今使っている機械は、牛舎を建てた時に購入されたんですか。
C：サイレージ刈ったりする大きい機械は新しく買ったりしたけど、建てた時から使ってるのもあるよ。もう、今は古くなっちゃってね。下の息子が機械やる会社に入ってるから、壊れたら修理してもらって使ってるのよ。

昭和五十五年、専業の酪農家の道を選んだD氏は、それまで放牧に利用していた山を崩し、二階建ての牛舎を建てた（図28）。牛舎を建てた際にウシの数を増やし、六十頭程の頭数の飼育を始めた。牛舎の一階でウシを飼育し、二階に牧草やトラクターなどの農業用機械を置いている。機械の中には古くなり、故障しているものも少なくない。そこで活躍するのが、C氏の次男であった。長男は北海道で酪農を学んでいることから酪農についての知識を有し、日々、C氏夫婦の酪農を手伝っている。一方、次男は、機械を扱う会社での勤務経験を活かし、機械の修理を担っている。酪農業を営むC氏家族それぞれの役割分担の様子がうかがえる。

牛舎を建て、飼育頭数を増やしたことで生じた変化として、二つ挙げられる。一つ目は、ウシの飼育方法の変化である。牛舎を建てる以前は、昼間はマヤで飼育し、夜は山に放牧していた。しかし、放牧していた山を切り開いて牛舎を建てたことで放牧を行う場所がなくなり、飼育頭数を増やしたことでウシの管理が難しくなったことから、放牧を行わなくなった。二つ目は、牛舎と家の距離である。建設以前は家のすぐ裏手に牛舎が設けられていたが、建設後は、家と牛舎が道路を挟むようになった。

【事例三―C：生き物を仕事にする（C・D氏②）】

C：昔は私がタネツケ［ここでは人工授精を指す］してたんだよ。

「ちょうどいいとき［ウシの発情］がわかるのはCさんしかいない」って言われてさ。

今のウシは大きくて届かないけど、昔のウシは小さかったから、私［身長約一五〇㎝］にも届いたんだよね。それに、今みたいに神経質じゃないし。

筆者：ウシが大きくなったのは、最近なんですか。

C：そうそう。息子［長男］が戻ってきて、手伝うようになってから。

息子がいろいろやったのよ。ほら、息子は北海道の大学で勉強してウシ見てたから、「こんなのウシじゃない」って。それで大きくして、乳もいっぱい出るようにして。

エサとかなんかは、全部息子に任せてる。タネツケもそう。どのタネつけるかは、全部息子が選んで、これ合わせれば乳の量多くなるとかやってね。まず、息子に任せてるから。

筆者：そうなんですね。他に誰か手伝いに頼むとかは……。

C：ないのよ。やっぱりね、酪農って技術持ってる人にしか頼めないから、誰にでも頼めるってわけじゃないからさ、休めないのよね。

だから、おばあちゃんが動けなくなったときは本当に大変だった。

一人にできないし、でもウシは生き物だからほっとけないしで休まる暇がなかったの。

北海道の大学で学び、北海道で酪農業に従事していたC氏の長男が酪農経営に携わるようになったのは、狂牛病（BSE）が流行した平成十三（二〇〇一）年からである。長男はC家の酪農経営に複数の変革をもたらした。その一つが、ウシの改良である。長男が経営に携わる以前、ウシのタネツケはC氏が行っていた。ウシの体格が小さかったため、比較的小柄なC氏にも行えたこと、女性としてウシの発情を見極めることができるという周りからの後押しがあったことが挙げられる。牛舎の掃除やウシの給餌、搾乳、さらにはタネツケを行うといったウシとの関わりが「あの頃のウシはかわいかった」（事例二―C）という発話につながっていると推察される。

このようなウシとC氏との関わりは、ウシの大型化によって変化する。長男はより多くの乳量を得るため、ウシの体格を大きくし、飼料も変えた。これにより、より多くの収入を得られるようになったものの、ウシは「神経質」になり、体格が大きくなったことからC氏はタネツケを行うことができなくなった。

事例二―C、三―Cで記述したように、C氏とウシとの関係はウシの大型化を契機として変化している。現在のウシは「神経質」であり、以前のウシを「かわいかった」と回想する様子から、C氏はウシの飼育に利益のみを求めているわけではないことがうかがえる。

【事例四―C：個々のウシを知る（C・D氏②）】

C氏が牛舎を掃いて回る際、ウシたちは起き上がったり寝転んだりと思い思いの態勢でC氏を迎える。そんなウシたちに対し、「お産早かったけど、元気そうだね。よかった」、「何であんたはいっつも寝てんの。ほら、起きな」等、一頭一頭に声をかけながら回る。ウシの周りにアブがたかっている時には、「ウシがかわいそう」と、ハエたたきで追い払う動作も見られた。乳に影響が出るため、アブを追払う強い薬を使うことはできない。

C氏の家では、搾乳は機械を用いて行う。六十頭全てのウシを搾乳するために一時間、機械の洗浄を終えるまでに一時間ほどかかる。しかし、機械で搾乳をするだけでは搾り残しが出る。搾り残しがあることで乳腺炎等の病気を発症してしまうため、最後は手で搾乳を行う。このとき、どのウシにどれだけ搾り残しがあるのかを把握しておくことが必要である。C氏とD氏、そして長男は毎日搾乳を行っていることから、個々のウシがどれだけ手による搾乳が必要かを把握しているという。

機械の洗浄には多量の水を必要とするため、使った水は牛舎で使うものの洗濯にとっておく。

C氏は掃除や給餌の際にウシ一頭一頭に声をかけ、搾乳する全てのウシの乳房の状況を把握している。C氏の行動からは、C氏がそれぞれウシの性格や体質を把握していることがうかがえる。このような点から、個々のウシを人間と同様の感情を持つ存在として認識していること、即ち、単なるモノとして捉えているわけではないと考えられる。

さらに、C氏がウシを認識しているだけでなく、ウシの側でも人間を認識している様子もうかがえた。筆者が傍に行くと驚いたように立ち上がる一方で、C氏が寄れば寝転がったままC氏に顔を近づけたり、ゆっくりと起き上がったりする。ここから、C氏とウシとの双方向的なコミュニケーションが図られている様子がうかがえる。

【事例五―C：飼えないウシ（C・D氏②）】

筆者：死んだウシはどうするんですか。

C：ウシが死んだら、専門の業者に頼んで引き取ってもらうの。異常が無いかとか確認するためにお金を払うんだよ。異常なかったらいくらか返金されるけどね。

筆者：死ななくても処分するウシとかいるんですか。

C：立てなくなったウシは売るね。いっつもコンクリの上いるでしょ？それを土んとこに連れてくと立てることがあるのよ。それだったら大丈夫。土の上でも立てなかったら、もう処分する。だって、乳搾れないでしょ？そういうのは売る。それと、二、三回タネツケしても妊娠しないメスも処分するね。

筆者：オスはどうするんですか。

C：一ヶ月で売るよ。業者に頼んで連れてってもらうの。あと、エフワン[一〇七]も売る。

一頭の乳用牛がC氏の牛舎で飼育される期間は通常六～七年である。C氏の牛舎で生れたウシを飼育することが多いが、病気等でウシが少なくなった際には業者から仕入れることもある。

酪農家が必要とするのは、メスのホルスタインであるため、オスが生まれた場合には食肉用に売る。エフワンは乳用に用いることに不向きなため、性別に関わらず食肉用に売る。ここで重要なのは、酪農家は肉用のウシを売るものの、市場ではなく、業者に依頼して連れて行ってもらう点である。そのため、第一節でみたような市場に出場することはなく、A氏、B氏のような市場に対する楽しみが語られることもない。メスは飼育するものの、タネがつかないウシや立てなくなったウシ等、搾乳ができない状態になると処分される。

第四節　畜産農家のソウゼン信仰

四―一．「熱くなっている」Ａ氏

ウシが無事に出産し、高値で売れることは、繁殖農家の収入に関わる重要なことであり、Ａ氏にとってはウシが「かわいがった分、返してくれ」た結果でもある。

一方で、Ａ氏が飼育をしているなかで挙げられたウシの死や病気は、ウシに関する最新の知識を取り入れても、全てを防ぐことはできない。畜産農家にとって、ウシの死は収入源を失うことを意味する。しかし、Ａ氏がウシの死や病気に感じる不安は、「収入源を失う」ことのみでなく、「かわいがっているウシを失う」ことからも生じていると推察される。

Ａ氏はソウゼンを「ウマウシの神、家畜の神」として認識している。Ａ氏は「イヌもネコも［ウシと］同じように世話してる」ものの、イヌやネコはソウゼンの守護の対象とはならないと考えている。

【事例九―Ａ：絵馬の選択（Ａ氏①）】

Ａ：絵馬はおじいさん［舅］の時からずっと買いに行ってますよ。

［中略］ちょうど［ニンニクの］掘り穫りとぶつかっても、必ず絵馬［市］は行って、［氣比神社に］

一〇七　エフワンとは、交雑種、一代雑種牛のことである。ホルスタインやジャージー等の乳用牛と黒毛和種や日本短角種等の肉牛との間に生まれた子牛を指す。

御神酒一升［を奉納する］。おばあさん［姑］と一緒に行く時は、あまりおっきいのじゃねぇのだったんですけど、私になってから［御神酒は］一升に。

筆者：牛馬守護のお札の購入は……。

A：お札は買わないですね。絵馬だけ。

筆者：絵馬はどのようなものを選びますか。

A：飼っているものが描いてあるものですね。ウシが元気に育ってくれるようにって。エビスさんが描いてあるのは最近。高く売れるようにって、そんな欲もこめてね。

絵馬市の行われる七月上旬はニンニクの収穫で忙しい時期であるが、A氏は絵馬市に赴く。購入した絵馬は、牛舎と神棚に祀る（写真41、42）。牛舎にはウシの健康を願い購入した絵馬を、そして、自身の「欲」をこめた恵比寿大黒が描かれた絵馬は神棚に飾る。絵馬には細かな修正は行わず、黒毛和種が描かれた絵馬であればよいと考えている。新しい絵馬を購入する際、古い絵馬は氣比神社に納めてくる。

牛舎の絵馬はA氏の飼育する頭数と同じ五頭の親牛に加え、五頭の子牛が描かれている。この絵馬からは、親子共に元気に育つことに加え、無事に出産することへの願いが推察される。一方、神棚の絵馬は牛舎の絵馬よりも値段が高く、恵比寿大黒と「無病息災」の字がかかれていることから、「ウシが元気に育って」ほしい、「高く売れるように」というA氏の願い双方を反映している。絵馬の購入は舅の代から行っていたものの、舅の代に購入していた絵馬は黒ウシが描かれている絵馬だけであった。自身の願いにあわせて絵馬を購入するのはA氏独自の信仰実践である。

写真41　A氏宅の神棚と絵馬
（2014年８月21日　筆者撮影）

写真42　A氏の牛舎に祀られた絵馬
（2014年８月21日　筆者撮影）

【事例十―A：A氏の願い（A氏①）】

筆者：［集落の］オソウゼンサンも行きますか？

A：あぁ、ウシのセリとかの時も、もう、御神酒あげてお願いしますって。「今日セリですので、無事に。車にもスムーズに」でないと［ウシが車に］乗らない時もあるから。「スムーズに乗って、何事もなく無事にセリにかけてもらって」で、高く。それは私の欲なんだけども『高く買ってくれる人がありますように』ってお願いして。

で、もうセリ終われば、もう、安い時も、三十万円台の時もあったたからね、何年か前。でも、その時も、「とにかく無事に、おかげさまで、セリに連れてって買ってもらいました」って。また御神酒あげてお礼言って。

無事に産まれたら、「産まれました、ありがとうございます」って御神酒あげて。

A氏は絵馬の購入だけでなく、集落の「オソウゼンサマ」と呼ばれる駒形神社にも参拝する。「車にもスムーズに」乗ってほしい、という祈願は、飼育経験が浅く、ウシを操る技術の未熟なA氏ならではの願いと考えられる。また、A氏は祈願するだけでなく、お礼の参拝も行っていた。ソウゼンへの祈願の結果は良いことばかりではない。ウシが死亡したり、安い値がついたりすることもある。それでもA氏はソウゼンへの祈願を怠らない様子がうかがえる。

四―二．「熱くなっていない」B氏

B氏はソウゼンを「家畜の神」と認識しており、ソウゼンの守護の対象となる家畜として、ウマ、ウシ、ブタを挙げた。B氏の家の神棚には、「オソウゼンサン」と呼ばれるソウゼンの神体が祀られている。神体は直衣直垂姿の人物の乗馬像と馬像が一体ずつである（写真43）。神体にはB氏の妻が毎朝白米を供えており、正月には三つ重ねを供える。神棚には、B氏が購入した黒ウシの描かれた絵馬が祀られている。

【事例十―B：絵馬の選択方法（B氏①）】

B：［売られている絵馬の］中には五頭も十頭も描いてあるのあるけどさ、ワはそんなに熱くなってないから、子牛と親牛と元気だばいいから、子牛と親牛のついたの買ってる。そりゃぁ、気持ちのありようなんだか。オラそう思って、そういうのを選んでる。それは個人個人違うから。

B氏は親牛と子牛が共に健康に育つことを願い、絵馬を購入していた。B氏は、ウシの飼育に「熱くなってない」という。「熱くなってない」は、B氏の飼育方針である「手間をかけない」に通じる考え方である。自分のウシが高く売れることは楽しみなものの、経営規模の拡大といった、より多くの収入を目指す努力は行っていない。そのような状況を指して「熱くなってない」と語る。そのため、ウシが多数、描かれた絵馬や恵比寿大黒が描かれた絵馬ではなく、健康そうな一組の親子ウシが描かれた絵馬を選択していた。「気持ちのあり

ようなんだか」という言葉から、絵馬は自身の願いを表すものと考えていることがうかがえる。

【事例十一―B：絵馬の扱い方（B氏②）】

B：オラ、はぁ、生れた時から、ここら辺じゃ氣比神社って、木ノ下の。［中略］そこさ行って［絵馬を買い］、ソウゼンサマのあそこ［集落の蒼前神社］さ貼ってくるわけさ。

で、ワのせ、去年買ってきたの。買ってきたらまず、ここ［神棚］さあげて。たまに忙しかったりなんかして行けなかったらそのままにしとくけど。そこさあげて、余ればあそこ［集落の蒼前神社］持ってって、ギザッと画鋲かけてはってくるわけさ。

筆者：牛舎には貼らないんですか？

B：牛舎は貼らない。貼んないっけどさ、牛舎はお札みたいのを。あぁいうの。でなければ、ハエがついたりしてだめだもの。うん。

B氏は毎年ではないものの絵馬市で絵馬を購入して神棚に祀り、古い絵馬は「オソウゼンサン」と呼ぶ集落の蒼前神社に奉納する。ウシが高値で売れたときには絵馬にウシの写真を貼り、奉納することもある（写真44）。絵馬の購入や神社への奉納は、B氏の父や祖父などが行っていたものの、写真を貼って絵馬を奉納するのはB氏独自の信仰実践である。絵馬を神棚に祀り牛舎に札を祀る実践もB氏自身が行うようになったことである。「ハエがついたりしてだめだもの」という言葉から、絵馬は汚すべきではないと考えていることがうかがえる。「牛舎はお札みたいのを」という言葉からは、ウシの守護のために牛舎にも何かを祀りたいと考えていること、そして、家畜守護の札は「汚れてもいい、家畜を守護するもの」と考えていることが推察される（写真45）。絵馬や護符の購入に加え、B氏はオソウゼンサンのオミキアゲに毎年出席している。また、オソウゼンサンの鳥居を造り直した際にはB氏はまとめ役を務めている。蒼前神社に対するB氏の先述したような行動に対して、集落の人のなかには「カミゴコロ（神心）のある人」と評する人もいた。

四―三．生活を営むC氏とD氏

C氏は「オソウゼンサン」を家畜を守る神と認識している。C氏の家がある集落にはソウゼンを祀る神社はなく、他の集落のソウゼンを祀る神社に参拝に行くこともほとんどない。しかし、絵馬市には毎年訪れ、絵馬を購入している。

【事例六―C：神棚と絵馬（C・D氏①）】

D：毎日最初に牛舎入ったとき、［C氏と］二人で手を合わせます。

筆者：何か供えたりとかは……。

D：正月のときにお神酒をあげますね。あと、お産のときもお神酒。

牛舎に併設されている事務所には神棚がある。神棚は昭和五十五年に牛舎を建てた際に設けた。神棚の下には、氣比神社の絵馬市で購入したホルスタインの絵馬が祀られている（写真46）。

【事例七―C：絵馬と神体（C・D氏②）】

写真44　Ｂ氏が蒼前神社内に奉納した絵馬
（2013年12月14日　筆者撮影）

写真43　Ｂ氏宅のソウゼンの神体
（2015年３月26日　筆者撮影）

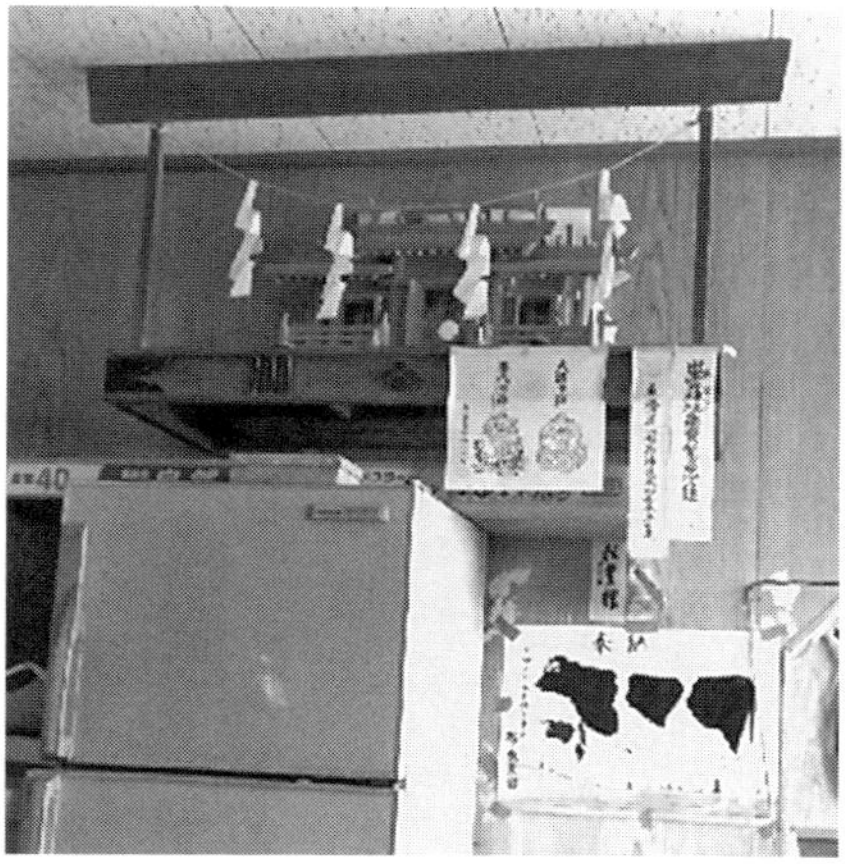

写真46　Ｃ氏の牛舎にある神棚と絵馬
（2014年７月７日筆者撮影）

写真47　Ｃ氏宅の牛馬の置物と掛け軸
（2014年７月７日筆者撮影）

写真45　氣比神社の牛馬守護の護符
（2013年12月14日　筆者撮影）

筆者：絵馬市は、毎年行くんですか。

C：そうそう。おじいちゃん［C氏の舅］の代から欠かさず。お父さん［D氏］一人で行くこともあるし、忙しい時は私が。おばあちゃん［C氏の姑］が生きてた頃は、［姑と］二人で行ったりしてたね。

筆者：絵馬を選ぶポイントとかってあるんですか。

C：うーんこの絵がいいなって思ったのを買うようにしてる。ウシが元気で、しっかり乳出してそうな絵柄ね。毎年、同じじゃつまらないから、去年のと違うの選んだりする。［中略］

筆者：家に置いてある馬の像とか掛け軸とかには……。

C：あそこには何もしない。お正月にお餅供えるくらい。あの馬頭観音の掛け軸は、昔、ウマ飼ってたから飾ったんじゃないかな。

絵馬を選ぶポイントは、「この絵がいいなって思ったの」で、「ウシが元気で、しっかり乳出してそうな絵柄」である。昨年と同じ絵柄を選ばない点も、ポイントの一つとして挙げられる。

C氏の家は、木彫りのウマとウシの置物、馬頭観音の掛け軸が置かれている（写真47）。これらは神棚（ウジガミサマ）と別に祀られている。ウシの置物はC氏が嫁にきたころに売りにきた人がいたそうである。馬頭観音の掛け軸とウマの置物の由来はわからないものの、毎年正月には餅を供える。掛け軸の馬頭観音が馬に乗った姿が描かれている。

C氏とD氏がウシの守護を祈願するために重視しているのは、馬頭観音の掛軸やウマの置物ではなく、絵馬であった。「毎日朝と夜、牛舎にきたらまず手をあわせ」、「出産する前には無事に産まれるようにお神酒供える」

など、絵馬を神体のように扱っている。

この他に、牛舎の裏には家で死んだウシのために作った墓がある。ウシが死んだ場合、現在は遺体の処理を業者に頼むが、かつてはその墓の近くに死んだウシを埋めていたのである。盆になると線香をあげに行く。

第五節　畜産農家・家畜・ソウゼンの関わり

本章の記述を通して、ウシ飼いとウシとの関わり、そして、ウシ飼いのソウゼン信仰が明らかになった。

第一節では市場のもつ三つの特徴を示した。すなわち、「ウシを売る場」であり、「ウシと出会う場」であり、「畜産農家の交流の場」である。畜産農家とウシとの関係が、ウシを介したウシ飼い同士の関係に展開していく様子がうかがえる。

第一節で取り上げた家畜市場は、いわば家畜飼育の集大成の場である。家畜市場で高くウシを売る、いいウシを選ぶためには、「いいウシ」の知識を有している必要がある。そこで、第二節では、「いいウシ」を育てるための知識を得る場に着目した。畜産農家は農協の主催する講習会等に参加することで、つけるべきタネや病気やけがの予防法を学ぶ。そして、それを実践することで、「いいウシ」を育てる。しかし、学んだ知識を実践しても、ウシの行動や生殖を畜産農家がすべてコントロールできるわけではない。そこで生かされるのが、「畜産農家の交流の場」で構築されたネットワークである。勉強会を開いたり、失敗談や成功譚を共有したりすることで、「いいウシ」がつくられていくのである。

第三節では個々の畜産農家に着目し、知識が生かされる家畜飼育の場において、人とウシとの関わり合いを明らかにした。畜産農家はウシが人と同様の感情を持つ存在として捉えることで、ウシの気持ちを推測してウシと関わり、無事に妊娠・出産を経て市場で高く売れるように世話を行っていた。畜産農家がウシの感情を認める背景には、ウシが「話を聞いていた」という経験（事例七―A）や、いつも世話をする畜産農家とその他の人物を明確に区別しているといった様子（事例八―A、七―B）があると考えられる。畜産農家はウシと関わるなかで、病気やケガをはじめとした事故を予防し、市場で高く売るためのそれぞれの方法をとっていた。しかし、獣医学や畜産学といったテクノロジーを利用すれども、防げない事故があり、市場で評価されないこともある。

A氏は子牛が望むだけ母乳を与える方針を取っている。しかし、現代の畜産学では、子牛が早く離乳することで次の妊娠を早めることができることから、効率よく繁殖を行うためにはできるだけ早く離乳させる必要があるとされる。このことはA氏も理解しているものの、子牛には好きなだけ母乳を飲ませてやりたいと考え、無理に離乳させる必要はないと考えている。

B氏は放牧を重視している。多くの繁殖畜産農家では子を放牧に出さず、家で配合飼料を与える方針をとっているが、B氏は親牛や子牛を共に放牧に出している。自由に動き回り、運動をさせることで、ストレスのない環境で強い身体をつくることができると考えるためである。このような独自の飼育方法は、それまでの経験やウシの気持ちを推測することで成立していた。

C氏の場合は、ウシの大型化についての話が特徴的である。C氏の家では、酪農を学んできた長男によりウシの大型化が行われた。乳量が多くなることで儲けが多くなることから、経済的側面から考えれば改良と呼べる行為である。しかしC氏は改良がなされたウシに対し、「昔のウシはかわいかった」、「神経質じゃなかった」と語る。その言葉の背景には、C氏自らタネツケを行ってきた過去のウシたちの姿があった。専業の酪農家として休みなく働くC氏にとって、ウシを「かわいい」と思い育てることは仕事を続ける大きな原動力となっていたことがうかがえる。

このような事例から、兼業・専業の別に関わらず、経済的合理性からは説明できない人とウシとの関係があることが明らかになった。

第四節では、第三節で取り上げた畜産農家の信仰実践に着目した。B氏はウシの飼育に「熱くなってない」という。市場で高く売れることは楽しみであるものの、「親牛と子牛が元気だばいい」と考え、ウシが高く売れるよう熱心な努力はせずに手間をかけないで育てているためである。他方、A氏は熱心に新たな飼育方法を模索し、「よりよいウシを育てたい」、「より高く売りたい」と考えている。そのようなA氏は、B氏の言葉をかりれば「熱くなっている」人といえる。この差異は、信仰実践の差異に現れる。

「熱くなっている」A氏は、二種類の絵馬を購入し、一枚は神棚へ、もう一枚は牛舎へ祀る。また、A氏は機会のある毎にオソウゼンサマに参拝し、お礼参りも欠かさない。一方のB氏は絵馬を一枚購入して神棚に祀り、牛舎には護符を祀る。オソウゼンサンの祭礼には参加するものの、他の機会に神社に参拝したり、家のソウゼンの神体に神酒を上げたりといった行為はしていない。専業で酪農業を営むC氏とD氏に対しては、A氏、B氏と同じ基準で「熱くなっている」か否かを問うことはできない。飼育するウシの種類が異なることだけでなく、専業であることから熱くならざるを得ないためである。そのため、毎朝、牛舎に入る際には絵馬に手を合わせ、ウシの出産の前には神酒を供えていた。また、酪農業を営むC氏とD氏は、A氏、B氏のように市場でウシを売ることはない。その代わり、「ウシが元気で、しっかり乳出してそうな絵柄」を求めていた。乳量の多寡によって収入が左右される酪農家ならではの願いである。

第三節、第四節では、ウシ飼いによる飼育方法や信仰実践の差異がみられた一方で、ウシとの関わり合いを通して生じる楽しみ（市場で高く売れる、妊娠・出産、ウシが元気に育つ、乳量が増える）と不安（病気・死・

不妊）は共通していた。楽しみであるウシの妊娠や出産、市場での値段は、自身の収入に関わると同時に、飼育成果の表れであった。一方、不安なこととされたウシの死や病気は収入を失うことに加え、大切に育てたウシを失うことを意味する。獣医師を呼んでも助からないウシがおり、原因不明の不妊で廃牛を選択せざるを得ないこともある。これらの楽しみが増え、不安が解消されることを願い、ウシ飼いは絵馬を購入し、蒼前神社に参拝していた。

このような楽しみや不安の解決に用いられるものは信仰だけではない。第二節で取り上げたようなウシに関わる知識をはじめとしたテクノロジーは、現代の畜産農家が家畜飼育を続け、利益を得るためには不可欠であり、ウシ飼いは講習会等で得た知識を取り入れた飼育を行っていた。しかし、実際の飼育の場では講習会で得た知識だけでなく、自身の経験に基づいた飼育法を取り入れている。ウシ飼いとウシとの関わりは、畜産学の知識や獣医学といったテクノロジー、そして、ウシ飼い自身の経験などの組み合わせの上に成立している。ソウゼン信仰は「いいウシ」をそだてるための一つの実践といえるであろう。

終章

本章では総括として、序章で提示した、家畜守護神の全体像の提示、地域の生活と信仰の連関を通時的・共時的に捉える、そして、生活と信仰の連関から信仰実践の差異の位置づけを行うという三つの課題に沿って本書の内容をまとめ、冒頭で示した「家畜守護神信仰はどのように存続してきたのか」という問いへの答えを示し、今後の展望を述べる。

第一節　結論

一―一．「家畜守護神」とは何か

序章で述べたように、家畜守護神は日本各地で祀られてきた。その種類は多様であり、地域差がある。しかし、これまでその全体像を示す試みはほとんどなされてこなかった。

そこで第一章では、日本各地の牛馬をはじめとした家畜を守護するカミの分布を示したうえで「牛馬」を「家畜」の語の検討を行い、「家畜守護神」の語の概念化を行った。「牛馬」は単なるウシ、ウマを一括りにした語ではなく、農耕や運搬に用いられ、人と共に働くウシ、ウマを指す。共に働くことから家族として扱われるものの、放牧地においては「野馬」と呼ばれ、家の所有から離れた野生の存在となる。このことから、「牛馬」は人と共に働く家族でありながら、家と野生の間を行き来することのできるウシ、ウマといった意味を持つ語と考えられる。

一方「家畜」は、畜力や畜産物を利用するために飼育されたウシやウマ、ブタ、カイコといった動物に加え、愛玩を目的としたイヌやネコ等のペットも含む語であり、「牛馬」よりも広い動物を含む語である。しかし、家畜も放牧が行われるものの、家の所有から離れるという意識は「牛馬」と比べると薄い。「牛馬」の持つ、家と野生の間を行き来するという性格は弱いため、家畜は「牛馬」の語意全てを包含する語ではないことにも留意する必要がある[一〇八]。

本書で対象とするカミは、牛馬の語では捉えきれないウシ、ウマに留まらない種類、そして愛玩のように「牛馬」には含まれない性格を有する動物を守護の対象とする。このような動物を総称する語は「家畜」であることから、「家畜守護神」の語を用いる。ここでの「守護」は、家畜守護神によって家畜が健康で無事に出産し、高値で売れるといった、生きている家畜の守護だけでなく、亡くなった家畜の供養といった死後の守護、そして、放牧地に祀られることで野生の（ような）状態におかれたウシやウマを見守る、という守護も含む。このような家畜の守護や供養を目的として家畜守護神を厩に祀ったり、寺社を建立したりといった信仰実践が家畜守護神信仰である。

第二章では家畜守護神の一つであるソウゼンに着目し、地域差と共通点を示した。ソウゼンは北海道から関東・中部地方の一部までの地域で「家畜守護神」として捉えられているものの、ソウゼンの祀り方や伝承には地域差がある。ソウゼンはバクロウや民間宗教者といった人々によって伝播するなかで、各地の伝承と結びついた昔話や寺社縁起が作られ、ときに人の姿をしたカミとして、ときにウマの姿をしたカミとして祀られていた。ソウゼンは地域の文脈で多様な姿で祀られるものの、ソウゼンの伝承には共通点も見出せる。共同体の外部から訪れた貴族や武将といった身分の高い人物、もしくは、その人物のウマをソウゼンとして祀る点である。第三章で記述したように、ウマは所有者や社会状況を体現する存在である。身分の高い人物が持つようなウマを育てられることは、ウマを育てた人物が高く評価され、多くの収入を得ることにつながる。このようなソウゼンの伝承からは、身分の高い人物に相応しい立派なウマを育てたい、さらに言えば、市場で高く売れるウマを育てたい、といったウマを育てる人々の「思い」が推察される。このような「思い」は、厩祈祷などで用いられたソウゼンの祝詞や祭文からもうかがえる。一部の地域でソウゼンを祀っていた「勝善柱」が厩の最も太い柱や家の大黒柱とされていたことから、ウマが労働力や収入源として家を支える存在であり、ウマが守護を受けることが家の経済の安定につながっていたことを表していると考えられる。

家畜守護神の伝承には、家畜を育てる人々の理想とする家畜の姿や、家畜の姿から派生した物語が付随していた。そのため、ソウゼン信仰、引いては家畜守護神信仰を捉えるためには、信仰実践に着目するだけでなく、地域における人と家畜との関わりを政策や気候条件と言ったものも含めて通時的に捉える必要がある。

一〇八　卯田宗平は、家畜動物の「野生種がもつ性質にくわえ、その種が本来もっているであろうと人びとが考える性質」として「野生性」の語を用いている〔卯田　二〇二一　七〕。しかし本書では「人の所有意識が希薄、もしくは喪失された状態」を指して「野生」を、また、「そのような意味での「野生」の性格を有する」の意で「野生性」を用いており、動物の持つ性質に踏み込んだ議論は行っていない。

一―二．生活と信仰の連関

本書の調査地である青森県南部地域には、十和田信仰との結びつきもみられる藤原宗善という貴族がソウゼンとなったとする伝承がある。身分の高い人物がソウゼンの伝承に登場する点は他の地域にもみられるものの、南部地域の特徴は、藤原宗善がウマの扱いに長けていた点である。なぜ、藤原宗善というウマの扱いに長けた人物が祀られてきたのか。この問いに答えるため、第三章では十和田市を含む青森県南部地域の近代・近世の牛馬飼育に着目した。南部地域では広大な土地を利用して古来馬産が行われてきた。近世期に南部地域を統治していた盛岡藩は、南部馬を生産するため、領民に馬産を奨励した。領民にとっても馬産は重要な収入源であったことから、盛岡藩が求めるような高値で売れるウマを育てられること、そして、ウマの扱いに長けていることは南部地域の人々にとって必要な能力であった。このような青森県南部地域の人とウマとの関わりから、身分が高くウマの扱いに長けた良馬を授けるカミとして藤原宗善が祀られるようになったと考えられる。

近代に入ると、軍馬補充部の存在が南部地域の馬産に大きな影響を与えた。飼育者にとって、ウマが軍馬補充部に買い取られる「軍馬御用」となることは、多くの収入を得られるだけでなく、立派なウマを育てたことを評価される名誉なことでもあった。そのため、「軍馬御用」を目指し、馬産が盛んに行われていた。

馬産を奨励する側とウマを生産する側が一体となって馬産に取り組む南部地域で祀られたのが、ソウゼンである。南部地域では遅くとも十八世紀にはソウゼンを祀る社堂が建立されていた。近世期のソウゼンの特徴は、盛岡藩の作成した「御領分社堂」〔青森県史編さん近世部会編　二〇〇三　四八五―四八七〕に「勝善堂／本地馬頭観音」とあるように、馬頭観音とソウゼンとが習合している点である。安政二（一八五五）年から始まった三本木開拓に際し、住民の結束を高めるために誘致された「馬頭観音」が「蒼前社」とも称されていたことからも、馬頭観音とソウゼンの混同がうかがえる〔「三本木開拓誌」復刻刊行会　一九八〇a　三二五〕。
盛岡藩の武士が「木ノ下蒼前」に参拝し、軍馬補充部で軍馬蒼前神社が祀られていたことから、藩や軍といった馬産を奨励する側がソウゼンを祀り、ときに利用していたと推察される。盛岡藩や軍馬補充部の政策の下で馬産が盛んに行われ、安定したウマの供給を実現するためには、当地に住む人々の協力が不可欠であった。人々は大きな収入源として積極的に馬産を行っていたものの、人々の利益と藩や馬政局の利益が一致する場合ばかりではなかったであろう。事実、盛岡藩政下においては牛馬の売買の規制の緩和などが求められ、馬政局に対しても軍馬価格の値上げの要求といったことが行われていた。このような住民による抵抗を可能な限り抑えるための一つの方法として、ソウゼンが祀られたのではないか。盛岡藩や軍馬補充部は南部地域で広く祀られるソウゼンを利用することで、人々の馬産意欲を高め、官民一体となって馬産に取り組むことを目指したと考えられる。

馬産が盛んに行われていた一方で、ウシはウマよりも価値の低い存在として捉えられてきた。しかし次第に、ウマよりも価値が低いとされてきたウシ・ブタを中心とした畜産業が盛んになっていく。この変化は、飼育する家畜の変化だけでなく、牛馬飼育から家畜飼育へという変化でもある。第四章では、牛馬から家畜への移行過程を明らかにするため、十和田市の家畜飼育が大きく変化した昭和三十～四十年代に着目した。

十和田市の家畜飼育の変遷は、三つの段階に分けられる。昭和二十年代までの①ウマ主体期、昭和三十～四十年までの②乳用牛増加期、そして、昭和四十年以降の③肉用牛・ブタ主体期である。人々が飼育する家畜を選択する上で重視したものは、「手間」と「儲け」であった。「手間」とは家畜飼育にかかる時間や労力であり、給餌やマヤの掃除、放牧地や市場までの移動、搾乳といった事柄が挙げられる。一方の「儲け」は牛馬や家畜を通して得る収入を指す。

①ウマ主体期には、ウマが農耕や運搬に用いられ、重要な収入源でもあった。ウマの飼育は毎朝馬の飼料となる草を刈りに行ったり、放牧地を往復したりといった「手間」がかかったものの、現金収入源が少ない中で多くの「儲け」を得られることからウマの飼育が選択された。ウマの扱いに長けていることや良馬を生産する人物は評価される対象であり、多くのウマと広いマヤは家の財力を表した。

②乳用牛増加期には、「手間」をかけても「儲け」を上げるために、乳用牛とウマの飼育を並行して行っていた。ウマの飼育は昭和三十年代後半に農業用機械が普及したことで急激に衰退していった。他方、乳用牛はウマのようにマヤで飼育された。昭和三十年代前半に普及したジャージーは「手間」がかからなかったものの「儲け」が少なかった。そのため、「手間」が増えるものの「儲け」の大きいホルスタインへと切り替えられた。

③肉用牛・ブタ主体期には、「手間」をかけずに「儲け」を得る家畜飼育が行われるようになった。飼育するウシやブタから多くの「儲け」を得るために専業化・多頭化が図られ、「手間」を省き効率的な飼育を行うための機械化が行われた。一方で、複合経営の一分野として「儲け」に重きを置かず、好きで飼育する場合もある。

三つの時期を第一章で示した「牛馬」と「家畜」との観点からみていくと、「牛馬」から「家畜」への移行は昭和三十年代後半から昭和四十年ころ、すなわち、②から③の時期にかけて生じている。昭和三十年ころまで飼育されていたウマやウシは人々と共住し、共に働く牛馬であり、集落のどこにでもいる存在であった。人々はウマの値段や世話などウマに関する知識を共有しており、牛馬数やマヤの広さは家の経済力を示していた。しかし、②から飼育されてきた乳用牛や③から飼育されてきたウシやブタは、畜産農家という特定の家で特定の目的に飼育され、人と共に働くことはない。放牧はされる場合もあるものの、野生の状態とはみなされない「家畜」である。

第五章は、「牛馬」から「家畜」へと変化していく時期のソウゼン信仰を、絵馬市や集落のソウゼンを祀る神社から捉えた。この時期の変化には二つの流れが見出される。一つは守護の対象となる動物種の拡大であり、もう一つは人の守護というソウゼンの機能の拡大である。

守護の対象となる動物の拡大は、絵馬市で販売される絵馬の構図の変化からうかがえる。第四章で明らかにした家畜飼育の変遷に応じて絵馬の構図も変化していた。この変化の背景には、飼育する家畜が変化したという購入者側の理由、そして、畜産農家の求めに応じて絵馬師が絵馬を描いたという販売者側の理由の大きく二つが挙げられる。ではなぜ、ソウゼンは「牛馬」だけでなく「家畜」も守護の対象とし得たのか。

絵馬に描かれる動物の共通点は、「商品」という点である。多くの「牛馬」は産まれた家で一定期間飼育された後、バクロウや市場を通して売買され、飼育者の収入となる。「家畜」も一定期間飼育されると市場で売却され、飼育者が収入を得る。このような「商品」という性格をもつ動物が、ソウゼンの守護の対象となっている。一方で愛玩を目的として飼育される動物は、これまで絵馬に描かれてこず、守護の対象とならないと考えられている。家畜守護神の中にはペットをも守護の対象とするカミがいるものの、ソウゼンの守護の対象は「商品」となる動物に留まる。

一方で、赤田光男〔二〇〇七〕がすでに指摘しているように、家畜飼育を行わなくなった家にもソウゼンが祀られ、畜産農家のいない集落でもソウゼンを祀る神社で祭礼が行われていることから、ソウゼンが家畜だけでなく、人も守護の対象としていることが推察される。K集落では蒼前神社が集落の産土となっており、宗教者がソウゼンを人間の幸・不幸の要因として指摘することもある。

ソウゼンが家畜に留まらず、人も守護の対象とし得る理由を過去からの持続を考えることで検討したい。第二章で示したように、ソウゼンは厩に祀られることが多かったが、南部地域では恵比寿大黒や山の神といった多くのカミと共に神体が神棚に祀られている。ソウゼンが家の神棚に祀られた理由には、直屋という家の造りや、「人馬一体」となって暮らしてきた歴史的背景が考えられる。ソウゼンの守護を受ける対象は「牛馬」と「家畜」であるものの、人々は「牛馬」とともに運搬や農作業を行い、「牛馬」・「家畜」を売ることで収入を得てきた。そのため、人は「牛馬」と「家畜」を通して間接的にソウゼンの守護を受けていたことになる。ソウゼンは、商品として換金性を有する動物を守護の対象としてきた。そして、その動物によって人が収入を得るという性質から、ソウゼンは人のカミになることをも可能であった。

一—三. 信仰実践へ向かう「思い」

第六章では家畜市場、講習会、畜舎の三つの場から人と家畜との関わり合いに着目した。市場は、ウシ飼いの飼育の成果が試される場であり、ウシ飼いが新たなウシと出会う場であり、ウシ飼いの交流の場という、三つの側面を持っていた。いくらで売れるかは市場の入札を待たなければわからず、畜産農家は一種のギャンブルのような状況に楽しみを見出していた。

ウシ飼いは市場で評価される「いい牛」を育てるために、農協等が開催する講習会でウシに関する知識や技術を吸収する。そして、他のウシ飼いとの会話を通して、育て方の成功談・失敗談を共有していた。

個々のウシ飼いの飼育方法に着目すると、講習会等で良いとされた方法を取り入れつつも、自身の経験に基づいた独自の方法でウシと関わっていることが明らかになった。

序章で挙げたような牧畜社会と比較すると、現代日本のウシ飼いとウシとの関わりは希薄にみえる。しかし、ウシ飼いのウシについての語りを取り上げることでみえてきたものは、「ウシと人は同様の感情を持っており、両者はお互いの感情を読み取ることでコミュニケーションを図ることができる」という考え方である。畜産農家はウシの行動や鳴き声などからウシの感情を推測することで、ウシとのコミュニケーションを図っていた。すなわち、ウシの行動からウシの感情をよみとり、発情を察知したり、餌の量を変えたりといった行動を起こしていた。

このようなウシ飼いのウシへの接し方は、小規模の繁殖農家と専業の酪農家、という限られた文脈ではあるものの、谷泰の述べる「思いこみ」〔谷　一九七六　一二〕、そして、波佐間逸博が牧畜民の家畜に対するまなざしから捉えた〈かけがえのない個〉に連なる感覚と考えられる〔波佐間　二〇一五　一七二〕。つまり、産業社会におけるウシ飼いとウシとの関係は、谷の述べるような、家畜を「完全に物象化」し、「生物からの疎外をうけ」た上で成り立っているわけではなく〔谷　一九七六　二〕、インゴルドの指摘するような産業社会における動物は単なるモノであり、人間とは「完全に切り離された別個の存在」〔Ingold　二〇〇〇　七五〕として成り立っているわけでもなかった。

このようなウシ飼いとウシとの関わりにはソウゼン信仰との連関がみられる。ウシ飼いが楽しみとして挙げたウシの妊娠・出産・市場での値段は、自身の収入に関わると同時に、飼育成果の表れる場であった。一方、不安なこととされたウシの死や病気は収入を失うことに加え、大切に育てたウシを失うことを意味する。楽しみが増え、不安が解消されることを願い、ソウゼンの祭祀や絵馬の購入といった信仰実践を行っていた。しかし、信仰実践には差異がみられる。このような差異をどのように考えればよいのか。絵馬を祀る場所、絵馬の選択方法の差異から検討する。

まず、絵馬の選択方法の差異を取り上げる。かつては家畜それぞれに、細部まで似せた絵馬を購入していたことが多かったようである。しかし近年は、飼育する家畜が描かれていればよく、家畜それぞれに購入することは少ない。この変化の理由として第五章で記述したように、絵馬師は、大規模経営の畜産農家が一枚で数十頭、数百頭分の祈願を行うようになったことを挙げた。しかし、経営規模による説明では、第六章で挙げたウシ飼いたちの絵馬の選択方法の差異の説明としては不十分である。専業酪農家であるC氏とD氏は一枚で多数のウシの祈願を行うことから絵馬師の説明にあてはまるものの、A氏・B氏のように経営規模が小さい場合でも購入枚数に差異がみられるためである。

そこで、この差異を説明するために、家畜飼育への姿勢に着目したい。

A氏は、ウシの健康や無事な出産を願い飼育する頭数の親牛と子牛が描かれた絵馬を、高く売りたいという「欲」をこめて恵比寿大黒の描かれた絵馬を購入していた。一方、「熱くなっていない」B氏は、「親牛と子牛が元気だばいい」と考え、元気な親子牛が一組、もしくは親牛が一頭描かれた絵馬と牛馬守護の護符を購入していた。また、C氏は乳量の多寡が直接生計に関わることから、「ウシが元気で、しっかり乳出してそうな絵柄」を求めていた。このことからウシ飼いは、自身が家畜飼育を通して抱いた「思い」が描かれた絵馬を選択していることが推察される。

次に、絵馬を祀る場所に着目する。第四章では絵馬がマヤの入口に祀られている様子がみられたが、第五章では家や事務所の神棚へと変化しつつあると述べた。この理由としてまず考えられるのは、畜舎が家屋から分離したことによる人の畜舎に対する考え方の変化ではないだろうか。極端な言い方をすれば、人が住む「清潔な」家とハエや泥がつく「汚れた」畜舎という区別が生じ、ソウゼンを祀るために「清潔な」場所が選ばれるようになったとする説明である。事実、B氏は牛舎に絵馬を祀らないことに対して、「汚れる」ことを嫌う発言をしていた。しかし、A氏は神棚と牛舎の両方に絵馬を祀っており、C氏は牛舎に併設した事務所に神棚を設け、そこに絵馬を祀る。このような三名の絵馬の祀り方をみてみると、「清潔/不潔」の対比では捉えきれないことに気づく。そこで、祀るものの差異に着目したい。

Ａ氏は絵馬を二枚購入し、牛舎と神棚それぞれに祀っていた。牛舎の絵馬はウシが無事に出産し、健康に育つことを祈願した絵馬である。一方、神棚に祀られた絵馬には恵比寿大黒が描かれており、ウシが「高く売れるように」という願いが如実に表れている。Ｂ氏は牛舎に「牛馬守護」の護符を祀り、自宅の神棚に絵馬を祀っていた。護符も絵馬もウシの健康を祈願するものであるものの、護符は「牛馬守護」であり、神棚に祀られた絵馬はウシが健康で育つこと、そして、市場で高く売れることが祈願されている。Ｃ氏は牛舎の事務所に設けた神棚に絵馬を祀り、ウシが健康に育ち、乳量が増えることを祈願している。事例に即して考えると、絵馬を祀る場所は、祀り手の「思い」を反映しているのではないだろうか。

牛舎やマヤに祀る絵馬や護符には、ウシの健康や無事な出産といった、ウシの直接的な守護を望む「思い」が見出される。一方、神棚に祀る絵馬にはウシの健康に加え、より多くの収入、楽しみを望むウシ飼いの「思い」がうかがえ、人間の欲が先行しているとも考えられる。このように考えると、絵馬を祀る場所は家の建替えによって生じた古い形から新しい形へという変化ではなく、家畜を中心とした祈願は畜舎へ、人を中心とした祈願は神棚へというウシ飼いが自身の「思い」を表現するために適当な場所を選択した結果と捉えることができる。ウシに関わりつつも人を中心とした祈願が神棚で行われる様子は、第五章で取り上げたようにソウゼンが人の守護に関わるようになった理由、そして、ソウゼンの神体が神棚に祀られてきた理由としても挙げられる。

このように、ウシ飼いが自身の「思い」を表現するために適当な方法を選択した結果、絵馬の選択方法や祀り方といった信仰実践に差異が生じていた。すなわち、ウシ飼いとウシとの関わり方の差異がウシ飼いとソウゼンとの関係の差異となっていた。

ウシ飼いとウシとの関わりをみることで、ウシ飼いの楽しみと不安といった思いがソウゼン信仰の存続に関わっていたことが明らかになった。しかし、ウシ飼いの楽しみや不安は、現代の獣医学や畜産学といったテクノロジーによっても解決されるべき問題である。テクノロジーと信仰は、畜産農家の中でどのようなすみ分けがなされているのか。第四章で明らかにした家畜飼育の選択における「手間」と「儲け」を手がかりに検討する。

畜産業における「手間」とは、家畜飼育にかける時間であり、給餌や放牧地への移動、畜舎の掃除が挙げられる。「儲け」とは家畜によって得る収入を指す。テクノロジーの発展により、給餌や放牧地への往復といった「手間」は省けるようになった。また、ゲノム操作や人工授精技術、飼料の改良といった点で「儲け」を上げることができるようになった。そのため、第五章で記述したような絵馬の購入をやめる畜産農家もいる。しかし、テクノロジーは「手間」は減少させたものの、「儲け」を保証するものではない。ウシの流産や不妊、病気や死をなくすこともできない。テクノロジーの不確実性に、人々は信仰の必要性を見出す。このように考えると、ウシ飼いの育てたウシは、ウシ飼いが自身の経験に基づき、テクノロジーと信仰を組み合わせて育てた結果であるといえるのではないか。

市場に出るウシはウシ飼いの飼育の成果であることを指摘したところで、序論で提示した【事例一】から生じた疑問に立ち返りたい。「ウシをほめるとき、人は何を褒めているのか」という疑問である。ウシ飼いとウシとが関わる事例を検討することで、一つの答えを提示することができると考える。ウシ飼いは市場で高く売ることを願い、ウシに人間同様の感情を見出し、「いいウシ」が育つように最新の知識を得たり、絵馬を購入したりする。そのため、市場に出るウシはウシとウシ飼いとの関わりの結果であり、ウシの値段はウシ飼いへの評価である。つまり、ウシはウシ飼いを反映する存在であり、その点で、ウシとウシ飼いは連続した存在であった。

このような畜産農家と家畜との関わりから生じた「思い」が家畜守護神信仰の基盤にあり、ここで生じた「思い」が信仰実践に移されることで、ソウゼン信仰が存続していた。

一―四．信仰をいかに捉えるか

本書では、「家畜守護神信仰」を経済的状況や政策といった人と家畜を取り巻く社会的環境、さらには自然環境を含めた人・家畜・カミとの関わりとして捉えてきた。人・家畜・カミの関わりを通時的・共時的に捉えることで、ソウゼン信仰と家畜飼育の連関を明らかにし、個々人の信仰の差異に意味を見出すことができた。最後に「思い」の検討を行うことで、本書の冒頭で提示した、「家畜守護神信仰が人・家畜・カミのどのような関係の上に成り立ってきたのか」という問いに対する答えを示したい。この問いは、「信仰をいかに捉えるか」という、信仰研究全体に関わる問いに接続する。

序章において、「思い」を「生活での経験から信仰実践へと向かう心のあり方」と定義した。そして、本書を通して明らかになった家畜守護神信仰における「思い」とは、人と「牛馬」・「家畜」との関わりから生じるものであり、政策や経済状況、環境条件等の影響を受けながら形成されるものであった。そのため、第二章で記述したようなソウゼンの伝承の地域差や、第三章、第五章で記述したソウゼン信仰の変化、第六章で記述したウシ飼いによる信仰実践の差異が生じていた。家畜守護神信仰における「思い」とは、カミへの信仰心を言い換えたものではなく、人と家畜との相互行為の結果であり、政策や経済状況といった、人・家畜・カミを取り巻く環境の影響をも含むものとして捉える必要がある。

生活と信仰実践をつなぐ「思い」とは、歴史的に伝承されてきたカミを個人の生活経験に応じて選択し、解釈した結果と考えられる。この「思い」によって個人の生活に基づいた信仰実践が行われ、個人のカミに対する「思い」の差異が信仰実践の差異として現れていた。このことから、信仰は人々の生活と信仰実践とをつなぐ「思い」の総体として捉えられることを指摘し、論を閉じる。

第二節　展望―家畜守護神信仰研究の発展に向けて―

展望として、本書で十分に検討することのできなかった課題を三つ挙げる。

一つめは、他の家畜守護神・他の地域との比較、そして、他の畜産業の経営形態との比較の必要性である。本書では、これまでの調査報告書を中心として各地の家畜守護神の概要を示した。また、具体的な事例として取り上げたソウゼン信仰についても、家畜の売買を重要な生業としてきた地域の生活変化を、青森県の南部地域に限って明らかにしてきた。言い換えれば、青森県南部地域のように、古来の馬産地であり現在も畜産業が盛んな地域であるからこそ行えた研究であった。しかし、牛馬はかつて日本各地で飼育されており、牛馬の用いられ方、家畜守護神は地域によって異なる。他の地域・他の家畜守護神・他の経営形態との比較・検討を行うことで、家畜守護神概念の有効性を検討することができると考える。

二つめは、人と家畜との関係に留まらない家畜守護神信仰の検討である。第一章で記述したように、家畜守護神として祀られるカミは、現代の畜産農家の求める家畜守護の役割のみを持つわけではない。例えば、九州北部で祀られるウシ様は、牛馬のカミであるだけでなく農業神としても祀られる〔英彦山民俗資料緊急調査委員会　一九七三（一九九六）　六九六〕。また、ウシを守護するカミとして祀られることの多い荒神は、元来、台所に祀られる火伏せのカミでもある。中国地方の西部以南は台所のカミでありながら、牛馬の神としても祀っている〔喜多村　二〇〇一　三〕。このような事例に取り組むためには、人と家畜との関係に留まらないアプローチを検討する必要があると考える。

三つめは、ペットや競走馬などを対象とした動物供養研究との接合である。序章でも述べたように、近年の家畜守護神は動物供養、特にペット供養との関わりで研究が進められている。近年、動物供養の対象とされるペットは本研究で対象としてきた畜産農家の飼育する家畜の持つ「商品」とは異なる性格をもっており、ペットを語る際のキーワードとして挙げられるものは、「家族化」や「伴侶」である。ペット供養以前にも、ウシやウマが亡くなった際に馬頭観音などが建てられてきたが、現代のペット供養とはどのような差異があるのか。また、生きる動物の守護への「思い」と、死後の動物の守護への「思い」とではどのような差異が見出せるのか。ペット供養という現在盛んに行われている事象を取り上げることで、家畜守護神の現代的意義を指摘することができると考える。

あとがき

春兆す今日も私は雨女

はじめて十和田市を訪れたのは、平成二十一（二〇一三）年二月であった。その日は俗にいう爆弾低気圧が到来し、猛烈な雪であった。そんな中、無謀にも徒歩で集落に入り、雪にまみれ、休ませていただいた家では「なんでこんな日に来たの」と呆れられ、散々な目にあった。薄々気づいていた雨（雪）女を実感した日でもあった。

次に訪れたのは、その年の六月。小雨が降る中、市内でソウゼンを祀る神社を巡った。そして、同じ年の七月。初めておいらせ町の絵馬市を訪れたときも、雨であった。私のフィールドワークは大方雨か雪で、時折晴れ間を拝む。大雪や台風に阻まれ、泣く泣くキャンセルした調査が何度あったことか。

しかし不思議と、牛舎にお邪魔するときには晴れることが多かった。

また君は何も知らないふりをして何周目かのハミ繰り返す

本書はそんなフィールドワークを積み重ね、令和二（二〇二〇）年度に筑波大学人文社会科学研究科へ提出した学位請求論文に基づく。本書の出版にあたり、科学研究費出版助成を受けている。

各章の初出は以下の通りである。

・第四章：「馬産地十和田における昭和三十～五十年代の変化—家畜飼養の変化に着目して—」、『国立歴史民俗博物館研究報告』二〇七、二〇一八年。
・第五章第二節：「青森県上北郡おいらせ町氣比神社の絵馬市—絵馬市の抱える問題と購入者の求める絵馬の特徴に着目して—」『民具マンスリー』四九（十）、二〇一七年。
・第五章第三節：「家畜守護神の現代」『東北民俗』五五、二〇二一年。
・第六章第三～五節：「人・家畜・カミの関係からみる蒼前信仰—青森県十和田市を事例に—」『日本民俗学』二九七、二〇一九年。

まだまだフィールドワークを続けたいと先延ばしにしていた博士論文の執筆は、新型コロナウイルスの流行により気軽にフィールドに行けなくなった状況に後押しされたように進められた。

不自由な自由を謳歌する愁思

ソウゼンとの出会いは、学類四年のときであった。卒業論文のテーマが決まらずぼんやりとしていた筆者に、指導教官を務めてくださった中込睦子先生が紹介してくださった。結局、卒業論文は地元関城町をフィールドとして執筆したものの、ソウゼンが頭から離れなかった。元々は日本語教師を目指して大学に入学したものの、海外での日本語教育実習で日本に対する無知を痛感したこともあり、日本をもっと知りたい、そんな思いから筑波大学人文社会科学研究科歴史・人類学専攻に進学し、ソウゼンを探究していくこととした。

大学院進学後は、徳丸亞木先生にご指導いただいた。大学院ではソウゼンに関わる研究だけではなく、自治体史編纂事業や民俗学実習、国立歴史民俗博物館でのリサーチアシスタント等を通し、日本各地での調査研究を行う機会に恵まれた。大学院進学までほとんど民俗調査を行ったことがなかった私にとって、これらの経験は非常に大きな財産となった。また、日本・世界各地でフィールドワークを行う個性豊かな先輩・同期・後輩に恵まれ、刺激的な日々を過ごすことができた。フィールドワーク、授業、自治体史の調査員等、目まぐるしく日々は過ぎていった。

くしゃくしゃに丸めて捨てる十二月

昨日とはちょっぴり違う今日があるつつじが少し色あせるとか

大学院二年次に中間評価論文（修士論文）を提出し、出産・育児をはさんで博士論文を提出した。中間評価論文では、徳丸先生、中込睦子先生、そして、小口千明先生にご指導いただいた。この場を借りて、御礼申し上げる。また、博士論文を指導いただいた、主査の徳丸亞木先生、副査の小池淳一先生、山澤学先生、武井基晃先生に御礼申し上げる。まとまらない議論を丁寧にご指導いただいた。

十和田市で調査に入るにあたり、十和田市で長く民俗調査を行ってこられた布施由郎氏、十和田市の学芸員の方々には、多くのご指導をいただいた。個別にお名前を出すことは控えさせていただくが、フィールドでお世話になった方々お一人おひとりに心から感謝申し上げる。様々な場所で、様々なかたちで多くの方々にお世話になってきた。十和田市、おいらせ町をはじめとした調査は、本当に「楽しかった」の一言に尽きる。H集落の神楽は、何度見ても胸が熱くなる。蝋燭を灯した薄暗い蒼前神社でK集落の方々と談笑した祭礼は、忘れられない。S集落の蒼前神社の祭礼は、本当ににぎやかであった。あの日は珍しく晴れており、自転車で夏の集落を回った。A氏、B氏、C氏・D氏夫妻には、牛舎にお邪魔させていただき、お仕事の合間をぬってお話を聞かせていただいた。おいらせ町の蒼前宮の祭礼には、何度も参加させていただいた。まだ幼かった娘が権化様にかまれて大泣きをしたこともあった。

書籍化にあたり、無明舎出版に大変お世話になった。筆が進まない筆者に、粘り強く声をかけてくださった。多大なご迷惑をおかけしたことをお詫びすると同時に、深く感謝申し上げる。

最後に、破天荒な私に愛想をつかすことなくつき合ってくれている家族に、あふれんばかりの謝意を送る。

おいらせの風を両手に握りしめ子は何色の夢をみるのか

二〇二四年十二月

三津山智香

参考文献

饗庭斜丘　一九三四「御馬屋祭文」『旅と伝説』八三

青森県環境生活部文化・スポーツ振興課県史編さん室編　二〇〇一『小川原湖周辺と三本木原台地の民俗』青森県

青森県経済部畜産課　一九五九『十和田集約酪農地域建設過程』青森県

青森県史編さん近現代部会編　二〇〇二『青森県史　資料編　近現代一』青森県

青森県史編さん近世部会編　二〇〇三『青森県史　資料編　近世四（南部一　盛岡藩領）』青森県

青森県史編さん近現代部会　二〇一六『青森県史　資料編　近現代七』青森県

青森県史編さん通史部会　二〇一八『青森県史　通史編二　近世』青森県

青森県史編さん民俗部会編　二〇〇一『青森県史　民俗編　資料南部』青森県

青森地域社会研究所　一九八六『青森県農業の展開構造—戦後農業の軌跡と今日的課題』青森地域社会研究所

青森県知事官房統計課編　一九二九『昭和二年度　青森県統計書』青森県

青森県文化財保護協会　一九八三『新撰陸奥国誌』第四巻　国書刊行会

青森県民俗文化財等保存活用委員会、青森県民俗文化財等保存活用委員会編　二〇一三『氣比神社の絵馬市の習俗—青森県上北郡おいらせ町上久保—十和田のトシナ—青森県十和田市—（青森県無形民俗文化財等記録　第四集）』青森県民俗文化財等保存活用委員会

青森県立郷土館編　一九九四『青森県の諸職』二　青森県立郷土館

青森県立郷土館　一九九五『「洞内の民俗」調査報告書（青森県立郷土館調査報告集第三六集　民俗—一八）』青森県立郷土館

赤田光男　二〇〇七『精霊信仰と儀礼の民俗研究　アニミズムの宗教社会』帝塚山大学出版会

安部龍彦　二〇〇三「東伯耆の鞍下牛聞き書き」『伯耆文化研究』五

阿満利麿　一九九六『日本人はなぜ無宗教なのか（ちくま新書）』筑摩書房

有富純也　二〇〇八「神社社殿の成立と律令国家」『国立歴史民俗博物館研究報告』一四八

有元正雄　二〇〇九『近世被差別民史の東と西』清文堂出版

安藤直子　二〇〇六「軍馬育成における祭りの活用」『東北福祉大学研究紀要』三〇

飯田　卓　二〇〇四「多元的現実論の再構成—行為論的パースペクティブからの展開」『社会学年誌』四十五　早稲田大学社会学会

飯田　真　一九八一「日光山の信仰伝承」五来　重編『山岳宗教史研究叢書一六　修験道の伝承文化』名著出版

飯舘村史村史編纂委員会　一九七六『飯舘村史・第三巻　民俗』飯舘村
池上良正　一九八七『津軽のカミサマ―救いの構造をたずねて―』どうぶつ社
池上良正　一九九九「民俗宗教の複合性と霊威的次元」山折哲雄・川村邦光編『民俗宗教を学ぶ人のために』世界思想社
石井常雄　二〇〇一『「馬力」の運送史　トラック運送の先駆を旅する』白桃書房
石田英一郎　一九九四『新版　河童駒引考（岩波文庫）』岩波書店
石塚尊俊　一九五九『日本の憑きもの―俗信は今も生きている―』未來社
石本敏也　二〇〇五「アルバムのなかの巡礼―編集し直される四国八十八箇所―」『日本民俗学』二四一
板垣貴志　二〇一三『牛と農村の近代史―家畜預託慣行の研究―』思文閣出版
板垣松三郎　一九六二『十和田山神教記』自費出版
市川健夫　一九八一『日本の馬と牛』東京書籍
伊藤一充　二〇〇三「第五章　馬産と牧」の解説」青森県史編さん近世部会編『青森県史資料編近世四「南部一　盛岡藩領」』青森県
伊藤一充　二〇一四「馬の呼称と蒼前信仰」『東奥文化』八十五
猪苗代町史編さん委員会　一九七九『猪苗代町史　民俗編』猪苗代町史出版委員会
今西錦司　一九四一（一九七四）「生物の世界」『今西錦司全集一』講談社
岩井宏實　一九七四『絵馬（ものと人間の文化史12）』法政大学出版局
いわき市史編さん委員会編　一九七二『いわき市史　第七巻民俗』いわき市
岩瀬町教育委員会　一九七五（二〇〇三）『岩瀬町民俗資料緊急調査報告書（復刻版）』岩瀬町教育委員会
岩舘精素　一九一〇『青森三本木産馬組合要覧　明治四十三年』青森縣三本木産馬組合
岩手県教育委員会編　一九七九（一九九五）「重茂字荒巻地区漁労習俗調査（岩手県文化財調査報告書　第三十集）」大島暁雄ほか編『北海道・東北の民俗　岩手県編』三一書房
岩手県競馬組合編　一九八三『いわての競馬史』岩手県競馬組合
氏家町史作成委員会　一九八九『氏家町史 民俗編』氏家町
卯田宗平　二〇一四『鵜飼いと現代中国―人と動物、国家のエスノグラフィー―』東京大学出版会
卯田宗平　二〇二一「ポスト・ドメスティケーションという思考」卯田宗平編『野生性と人類の論理―ポスト・ドメスティケーションを捉える四つの思考―』東京大学出版会
内原町史編さん委員会編　一九九七『内原町史　民俗編』内原町
遠藤秀紀　二〇一九『アニマルサイエンス二　ウシの動物学

第2版』東京大学出版会
及川　高　二〇一六『「宗教」と「無宗教」の近代南島史―国民国家・学知・民衆―』森話社
大石高典・近藤祉秋・池田光穂編　二〇一九『犬からみた人類史』勉誠社
大島建彦　二〇〇二「円通寺の厩祈禱―静岡県駿東郡小山町新柴―」『西郊民俗』一七一
太田市編　一九八五『太田市史通史編　民俗（下巻）』太田市
大瀧真俊　二〇一三『軍馬と農民』京都大学学術出版会
大瀧真俊　二〇一七「戦時体制下の軍馬動員と東北農業経営―馬産経済実態調査の分析から―」『名城論叢』一八（二・三）
大坪加奈子　二〇一七「政教関係と寺院の社会活動―カンボジア南東部村落を事例として―」『宗教と社会』二三
大友義助編　二〇〇九『新庄・最上の昔話』新庄民話の会
大星将臣　二〇〇〇「大将軍社の研究」『皇学館論叢』三三（六）
大山孝正　一九九五「牛の守護祈願と博労―泉州・牛滝山大威徳寺をめぐる信仰と地域的背景―」『日本文化研究　筑波大学大学院博士課程日本文化研究学際カリキュラム紀要』六
大山孝正　二〇〇二「明治初期における「博労」批判とその背景」『日本文化研究』一三
男鹿市史編纂委員会編　一九九五『男鹿市史　上巻』男鹿市
小形信夫　一九八四「駒形神社」谷川健一編『日本の神々・神社と聖地　一二　東北北海道』白泉社
奥野克巳・山口未花子・近藤祉秋共編　二〇一二『人と動物の人類学』春風社
小田島建己　二〇〇六「若松寺にみる「ムサカリ絵馬」の描画様式の転換」『山形民俗』二〇
小野寺正人　一九九五「馬と馬頭観音信仰」『東北民俗』二九
表郷村史編さん委員会　二〇〇八『表郷村史　第三巻　民俗編』白河市
香川雅信　二〇〇〇「登校拒否と憑きもの信仰」小松和彦編『憑きもの（怪異の民俗学一）』河出書房新社
風山広雄編　一九〇二『下野神社沿革誌　巻七』風山広雄
片山寛明　二〇〇二「馬頭観音誕生の体系と変容」『アジア遊学』三五
門屋光昭　一九九〇『淡路人形と岩手の芸能集団』シグナル社
門屋光昭　一九九九「蒼前神」福田アジオほか編『日本民俗大辞典　上』吉川弘文館
門田岳久　二〇〇七「対話と信心―巡礼経験者の語りにみる自己・他者・社会―」『日本民俗学』二五一
門田岳久　二〇一三『巡礼ツーリズムの民族誌―消費される宗教経験―』森話社
鹿沼市史編さん委員会編　二〇〇一『鹿沼市史　民俗編』鹿沼市
兼平賢治　二〇一五『馬と人の江戸時代』吉川弘文館
兼平賢治　二〇一八「盛岡藩における死馬利用」東日本部落解放研究所『東日本の部落史Ⅱ　東北・甲信越編』現代書

館
鹿屋市史編集委員会編　一九六七『鹿屋市史　上巻』鹿屋市
川島秀一　二〇〇三『憑霊の民俗』三弥井書店
神崎宣武　一九九四「解題　明治政府と『馬政』」『近代―馬と日本史四』（馬の文化叢書　第五巻）馬事文化財団
菊池健策　一九八〇「利根川下流域の犬供養」『日本仏教』五〇・五一
岸　俊武　一九六五『新撰陸奥国誌　第四巻（みちのく双書第一八集）』青森県文化財保護協会
北山一郎　一九二〇（二〇一六）「南部を禍するものは馬である」青森県史編さん近現代部会編『青森県史　資料編　近現代七』青森県
喜多村　正　二〇〇一「中国山地における牛馬守護神の信仰」『社会システム論集　島根大学法文学部紀要社会システム学科編』六
喜連川町教育委員会編　一九九三『喜連川のむかしばなし』喜連川町
近畿民俗学会編　一九五八（一九七三）「阿波木頭民俗誌」大島暁雄ほか編『四国の民俗　徳島県編（日本の民俗調査報告書集成）』三一書房
久慈勝男　二〇一六『日本人と馬の文化史』文眞堂
工藤　祐　一九八二「民俗」七戸町史刊行委員会編『七戸町史　一』七戸町
栗田直次郎　二〇〇九「生産神としての馬頭観音」『日本の石仏』一三二
軍馬補充部三本木支部創立百周年記念実行委員会　一九八七『軍馬のころ―軍馬補充部三本木支部創立百周年記念誌―』軍馬補充部三本木支部創立百周年記念実行委員会
気仙沼市史編さん委員会編　一九九四『気仙沼市史Ⅶ　民俗・宗教編』宮城県気仙沼市
小池淳一　二〇一四「民俗信仰」民俗学事典編集委員会『民俗学事典』丸善出版
郷田洋文　一九五二「牛聞書―安藝山縣郡―」『民間傳承』一六（二）
小島摩文　二〇一四「さつま町の馬聞書」『鹿児島民具』二六
小島瓔禮　一九六二「日光山縁起と狩猟信仰」『日本民俗学会報』二五
小島瓔禮編　一九九一『人・他界・馬―馬をめぐる民俗自然誌―』東京美術
小舘衷三　一九七六『水神竜神十和田信仰』北方新社
小松和彦　一九九四『憑霊信仰論―妖怪研究への試み（講談社学術文庫）』講談社
近藤祉秋　二〇一三「「魅了される遭遇」から生まれる動物信仰―隠岐の島町某地区O家の事例から―」『現代民俗学研究』五
近藤祉秋　二〇一四「「動物信仰」の現代民俗学にむけて―梅屋氏への応答―」『現代民俗学研究』六
坂本正夫　二〇〇四「荷馬車引きの話―松村各一翁聞書―」『四国民俗』三六
坂本寿夫　二〇〇二「第三節　転換期の宗教」青森県史編さ

ん近現代部会編『青森県史　資料編　近現代二』青森県
佐川　徹　二〇〇九「「いい肉」とはなにか―短角牛をめぐる生産者と消費者の葛藤―」菅　豊編『人と動物の日本史　三　現代社会と動物』吉川弘文館
沢辺満智子　二〇二〇『養蚕と蚕神―近代産業に息づく民俗的想像力―』慶應義塾大学出版会
「三本木開拓誌」復刻刊行会　一九八〇a『三本木開拓誌（中巻）復刻版』復刻刊行会
「三本木開拓誌」復刻刊行会　一九八〇b『三本木開拓誌（下巻）復刻版』復刻刊行会
三本木畜産農業協同組合　一九七四『三本木畜産農業協同組合小史』三本木畜産農業協同組合
三本木畜産農業協同組合　一九八四『百年のあゆみ―創立百周年および事務所等新築移転落成記念誌―』三本木畜産農業協同組合
七郷開拓三十五周年記念誌編集委員編　一九八二『七郷開拓記念誌』七郷開拓三十五周年記念誌編集委員
七戸町史刊行委員会編　一九八二『七戸町史　二』七戸町
品川弥千江　一九七四『十和田湖八甲田山』東奥日報社
篠原　徹　一九九八「民俗の技術とはなにか」篠原　徹編『現代民俗学の視点　第一巻　民俗の技術』朝倉書店
島村恭則　二〇〇二「民俗宗教」『新しい民俗学へ―野の学問のためのレッスン二六―』せりか書房
島村恭則　二〇一〇『〈生きる方法〉の民俗誌―朝鮮系住民集住地域の民俗学的研究―』関西学院大学出版会
下郷町史編さん委員会編　一九八二『下郷町史　第五巻　民俗編』下郷町
下田町誌刊行委員会編　一九七九『下田町誌』下田町
下妻市史編さん委員会編　一九九四『下妻市史　別編　民俗』下妻市
シュッツ、アルフレッド　一九三二（一九八二）『社会学的世界の意味構成』木鐸社（佐藤嘉一訳）
東海林克也　二〇一六「日本における慣習的信仰の基礎的研究」『21世紀社会デザイン研究』一五
正部家種康　一九九八『みちのく南部風土記』伊吉書院
白川部達夫　一九九三（二〇〇二）「幕末期関東における農馬販売についての覚書」『江戸地廻り経済と地域市場』吉川弘文館
真野俊和　二〇〇七「民俗学のデザイン―講義録「民俗学概説」第三講―」『歴史人類』三五
末永洋一　二〇〇二「第四節　産馬・産牛事業の発展」青森県史編さん近現代部会編『青森県史　資料編　近現代二』青森県
菅　豊　一九九八「深い遊び―マイナー・サブシステンスの伝承論―」篠原　徹編『現代民俗学の視点　第一巻　民俗の技術』朝倉書店
菅　豊編　二〇〇九『人と動物の日本史　三　現代社会と動物』吉川弘文館
菅江真澄著、内田武志・宮本常一編　一九八一『菅江真澄著作集　雑纂Ⅱ』未来社

菅沼晃次郎　一九五三「但馬牛聞書」『近畿民俗』一一
菅原和孝　二〇一七『動物の境界―現象学から展成の自然誌へ―』弘文堂
杉本　竜　二〇〇三「日本陸軍と馬匹問題―軍馬資源保護法の成立に関して―」『立命館大学人文科学研究紀要』八二
杉山道雄　一九八四「水田単作地帯における水田酪農展開に関する経済的研究―青森県十和田市及び田子町における事例―」『岐阜大農研報』四九
鈴木寛之　一九九四「話者と読者の間―柳田國男『清光館哀史』から―」『人類文化』九
鈴木正崇　一九九九「カミ」福田アジオほか編『日本民俗大辞典　上』吉川弘文館
鈴木直哉　二〇〇五「江戸時代における馬の見方」『千葉県史料研究財団だより』一六
須田　学　二〇〇二「南部領内の奥浄瑠璃（二）「十和田山由来記」の成立過程と本山派修験」『青森県史研究』七
関　一敏　一九九八「序章　ことばの民俗学は可能か」関一敏編『現代民俗学の視点　第二巻　民俗学のことば』朝倉書店
関　一敏　二〇一二「呪術とは何か―実践論的転回のための覚書―」白川千尋・川田牧人編『呪術の人類学』人文書院
関沢まゆみ　二〇一八「共同研究の概要」『国立歴史民俗博物館研究報告』二〇七
大子町史編さん委員会　一九八八『大子町史　通史編　上巻』大子町
高井康弘・増野高司・中井信介・秋道智彌　二〇〇八「家畜利用の生態史」『論集 モンスーンアジアの生態史―地域と地球をつなぐ―第一巻 生業の生態史』弘文堂
高橋善二　一九八六『沢内の民話　第三版（沢内村郷土史シリーズ第四集）』沢内村教育委員会
多賀城市史編纂委員会編　一九八六『多賀城市史　第三巻　民俗・文学』多賀城市
滝根町史編さん委員会　一九八八『滝根町史　第三巻　民俗編』滝根町
武井基晃　二〇〇三「神を祀り棄てる人びと―領主の顕彰活動から生まれた流行神―」『史境』四六
武市銀治郎　一九九九『富国強兵―ウマからみた近代日本―（講談社選書メチエ）』講談社
竹中　生　一九二七「畜産振興策―畜産守護神佛尊崇の念を昂めよ―」『畜産』一七（二）
田中久美子　二〇〇五「神と対話する人々―佐賀県東松浦郡北波多村の岸岳末孫を事例として―」『日本民俗学』二四三
田中正隆　二〇〇五「地域社会における祭祀の持続と変化をめぐる一考察―トカラ列島の事例から―」『日本民俗学』二四二
谷　泰　一九七六「牧畜文化考―牧夫―牧畜関係行動とそのメタファー」『人文學報』七一
谷川健一　一九八六『神・人間・動物―伝承を生きる世界―（講談社学術文庫）』講談社
千葉徳爾　一九六九『狩猟伝承研究』風間書房

千葉徳爾　一九九七『狩猟伝承研究　再考編』風間書房
塚本　学　一九九九「家畜」福田アジオほか編『日本民俗大辞典　上』吉川弘文館
筒井　功　二〇一三『猿まわし被差別の民俗学』河出書房新社
東海村史編さん委員会　一九九二『東海村史　民俗編』東海村
時枝　務　二〇〇〇「馬力神」福田アジオほか編『日本民俗大辞典　下』吉川弘文館
徳島県教育委員会社会教育課　一九六五「阿波の民俗」『日本民俗調査報告書集成　四国の民俗徳島県編』
徳丸亞木　二〇〇二『「森神信仰」の歴史民俗学的研究』東京堂出版
徳丸亞木　二〇一三「口頭伝承の動態的把握についての試論」『現代民俗学研究』五
栃木県教育委員会文化課編　一九七三『下野の野仏　緊急碑塔類調査報告（栃木県民俗資料調査報告書、第九集）』下野民俗研究会出版部
戸田市編　一九八三『戸田市史　民俗編』戸田市
豊田市近代の産業とくらし発見館　二〇一九『平成三十一年度豊田市近代の産業と暮らし発見館企画展「まゆまつり二〇一九～とよたの養蚕と信仰～」』　豊田市近代の産業とくらし発見館
十和田市史編纂委員会編　一九七六『十和田市史　下巻』十和田市
十和田市農林部農林畜産課　二〇一四『十和田市の農業』十和田市農林部農林畜産課
十和田市農林部農林畜産課　二〇一五『十和田市の畜産』十和田市農林部農林畜産課
十和田市農林部農林畜産課　二〇一七『十和田市の農業』十和田市農林部農林畜産課
十和田馬事歴史文化研究会　二〇〇二『馬のまち三本木と馬車』十和田馬事歴史研究会
十和田市文化財保護協会編　二〇〇三『十和田市における蒼前信仰』十和田市教育委員会
内藤理恵子　二〇一一「ペットの家族化と葬送文化の変容」『宗教研究』八五（一）
中井信介　二〇一三「タイ北部の山村における豚の小規模飼育の継続要因」『地理学評論 Series A』八六（一）
中井信介　二〇一六「生業の域内多様度に関する予備的考察―タイのモン村落における豚飼育の専業化事例―」『哲学論叢』六二
中込律子　二〇〇九「王朝の馬」中沢克昭編『人と動物の日本史　二　歴史のなかの動物たち』吉川弘文館
長崎県教育委員会文化課　一九七三「長崎県文化財調査報告書　第13集　対馬西岸阿連・志多留の民俗―対馬西岸地域民俗資料緊急調査―」大島暁雄、松崎憲三、宮本袈裟雄、向山勝貞編集　一九九六『日本民俗調査報告書集成　九州・沖縄の民俗　長崎県編』三一書房
長沢利明　一九八七「馬頭観音の寺と町―栃木県那須郡馬頭

町馬頭院―」『西郊民俗』一二一
永澤正好　二〇一四「小野健一さん聞書―牛は賢いんぜー」『四国民俗』四六
中島　昭　一九七九『おおひらの野仏』出版社不明
中西僚太郎　一九九四「明治前期における耕牛・耕馬の分布と牛馬耕普及の地域性について」『歴史地理学』一六九
中野渡一耕　一九九五「三本木開拓地における製革業について―三本木開拓日誌にみる―」『国立八戸工業専門学校地域文化研究センター』四
中野渡一耕　二〇一四「幕末期三本木開拓地における祭礼と諸芸能について」『東奥文化』八五
中道　等　一九五五a『切田郷土史』青森県上北郡切田財産区議会
中道　等　一九五五b『十和田村史　下巻』十和田村
中村有希　二〇一四「埼玉県における馬頭観世音の変遷と地域性」『早稲田大学考古学会　古代』一三六
新野直吉　一九八一『古代史上の秋田（さきがけ新書）』秋田魁新報社
新野直吉　二〇〇三『古代東北と渤海使』歴史春秋出版社
新山陽子　一九八〇「肥育牛預託制度の成立要因と存在形態」『農林業問題研究』一六（二）
西海賢二　一九九九『絵馬に見る民衆の祈りとかたち』批評社
日光東照宮社務所編　一九七一『日光叢書　社家御番所日記十二』日光東照宮社務所
新渡戸憲之・新渡戸　明　一九九八『十和田市・三本木原開拓と新渡戸三代の歴史ガイドブック』太素顕彰会
日本畜産学会編　二〇〇一『新編　畜産用語辞典』養賢堂
沼田市史編さん委員会編　一九九八『沼田市史　民俗編』沼田市
根岸謙之助　一九九一『医療民俗学論』雄山閣出版
農林省大臣官房調査課編　一九八七『食料需給表、昭和六十年度』農林省大臣官房調査課
農林省畜産局　一九五一『東北地方の短角系種』農林省畜産局
農林省統計調査部編　一九六一『世界農林業センサス　一九六〇年　市町村別統計書No.2青森県』農林統計協会
農林省統計調査部編　一九七一『世界農林業センサス青森県統計書一九七〇年』農林統計協会
農林省統計調査部編　一九八一『世界農林業センサス青森県統計書一九八〇年』農林統計協会
農林省統計調査部編　一九九一『世界農林業センサス青森県統計書一九九〇年』農林統計協会
農林省農業総合研究所編　一九五五『農務顛末　第四巻』農林省
能代市史編さん委員会編　二〇〇四『能代市史　特別編　民俗』能代市
野澤　謙　一九八七「家畜化の生物学的意義」福井勝義・谷泰編『牧畜文化の原像』日本放送出版協会
野本寛一　二〇一五『牛馬民俗誌　野本寛一著作集Ⅳ』岩田

書院
バウジンガー、ヘルマン　二〇〇五『科学技術世界のなかの民俗文化』文楫堂（河野眞訳）
波佐間逸博　二〇一五『牧畜世界の共生論理―カリモジョンとドドスの民族誌―』京都大学学術出版会
塙町編　一九八六『塙町史　第一巻　通史・旧村沿革・民俗』塙町
ハラウェイ、ダナ　二〇一三『犬と人が出会うとき―異種協働のポリティクス―』青土社（高橋さきの訳）
ハンセン、ポール　二〇一四「毛むくじゃらで曖昧な境界―社会的メタファーの境界でエスノグラフィーすること―」『歴史人類』四二（菊池真理訳）
ハンセン、ポール　二〇二一「乳牛とのダンスレッスン―北十勝の事例から―」近藤祉秋・吉田真理子編『食う、食われる、食いあう　マルチスピーシーズ民族誌の思考』青土社
比嘉理麻　二〇一五『沖縄の人とブタ―産業社会における人と動物の民族誌―』京都大学学術出版会
東根市史編さん委員会・東根市史編集委員会編　一九八九『東根市史別巻上　考古・民俗編』東根市
東松山市教育委員会編　二〇〇一『東松山上岡観音の絵馬市の習俗―「東松山上岡観音の絵馬市の習俗」調査・記録作成事業報告書―』東松山市教育委員会
英彦山民俗資料緊急調査委員会　一九七三（一九九六）「昭和四十七年度英彦山民俗資料緊急調査報告書　英彦山の民俗」
大島暁雄ほか編『日本民俗調査報告書集成　九州・沖縄の民俗　福岡県編』三一書房
平山和彦　一九九二「伝承の理論的考察」『伝承と慣習の論理』吉川弘文館
平山輝男編　一九九二『現代日本語方言大辞典　第二巻』明治書院
広沢安任　一九九二『奥隅馬誌』第二回奥羽六県聯合馬匹共進会青森県協賛会
フェルトカンプ、エルメル　二〇〇九「英雄となった犬たち軍用犬慰霊と動物供養の変容」中村生雄・三浦佑之編『人と動物の日本史　四　信仰の中の動物たち』吉川弘文館
福崎町史編集専門委員会編　一九九四『福崎町史　第一巻本文篇Ⅰ』福崎町
福島真人　二〇〇二『ジャワの宗教と社会―スハルト体制下のインドネシアの民族誌的メモワール―』ひつじ書房
藤田秀司　一九七八「馬と民俗」『あきた』一八八
藤田秀司　一九八九『馬　（民俗選書一九）』秋田文化出版社
古家信平　一九九九「心意」福田アジオほか編『日本民俗大辞典　上』吉川弘文館
文化庁編　一九七二『日本民俗地図Ⅲ（信仰・社会生活）』文化庁
堀内　孝　二〇一九「軍馬改良と名馬の産地―明治期の戦争がもたらした矛盾―」『駿台史學』一六七
前野京助編　一九二三『三本木産馬畜産組合要覧』三本木産馬畜産組合

松井　健　一九九八「マイナー・サブシステンスの世界―民族世界における労働・自然・身体―」
篠原　徹『現代民俗学の視点　一　民俗の技術』朝倉書店
松崎　圭　二〇〇九「近代日本の戦没軍馬祭祀」中村生雄・三浦佑之編『人と動物の日本史　四　信仰の中の動物たち』吉川弘文館
松崎憲三　二〇〇四『現代供養論考―ヒト・モノ・動植物の慰霊―』慶友社
松田睦彦　二〇一四「絵馬を読む―和船時代の土佐カツオ一本釣り漁をめぐって―」『国立歴史民俗博物館研究報告』一八一
三田村佳子　一九八五「講帳よりみた絵馬講の推移―上岡観音絵馬講―」『埼玉県立民俗文化センター研究紀要』二
三津山智香　二〇二三「描かれた願いを選ぶ―おいらせ町氣比神社の絵馬市を事例に」原聖編『民衆画の世界―欧州と東アジアを比較する』三元社
三戸幸久　二〇一〇「厩猿信仰の系譜」『厩の記憶―なぜ猿はそこに居たのか―』奥州市牛の博物館
南相馬市教育委員会原町区地域生涯学習課市史編さん係編　二〇一六『原町市史　第九巻　特別編Ⅱ「民俗」』南相馬市
宮田　登　一九七二「蒼前神」大塚民俗学会編『日本民俗事典』弘文堂
宮田　登　一九七五「祀り上げ祀り棄ての構造」『國文學―解釈と教材の研究―』二〇（一）
宮田　登　一九九三『山と里の信仰史』吉川弘文館
宮本常一　一九七四『宮本常一著作集　一六』未来社
宮本常一　一九七八（一九九三）『民俗学の旅（講談社学術文庫）』講談社
村中健大　二〇〇九「青森県のベットウ」『青森県の民俗』二
最上孝敬　一九五九（一九七六）「牧畜」『覆刻　日本民俗学概説　第五巻　生業と民俗』平凡社
最上町　一九八四『最上町史　下巻』最上町
茂木明子　二〇一八「八戸の郷土玩具「八幡馬」と蒼前信仰」『民俗学研究所紀要』四二
百石町　一九八五『百石町誌　下巻』百石町
森　嘉兵衛　一九八七『森嘉兵衛著作集　一　奥羽社会経済誌の研究　平泉文化論』法政大学出版局
森田清美　一九八一「馬頭観音像について」『鹿児島民具』二
盛田　稔　一九七二『農民の生活史（青森県立図書館郷土双書　第四集）』青森県図書館協会
矢板市史編集委員会編　一九八一『矢板市史』矢板市
安室　知　一九九二「存在感なき生業研究のこれから―方法としての複合生業論―」『日本民俗学』一九〇
安室　知　一九九七「複合生業論」赤田光男ほか編『講座日本の民俗学　五―環境の民俗―』雄山閣出版
安室　知　一九九八「水田養魚にみる自然と人為のはざま―ダーカリブナの生き方に注目して―」篠原徹編『現代民俗学の視点　第一巻　民俗の技術』朝倉書店
安室　知　二〇一二『日本民俗生業論』慶友社
柳田国男　一九一二（一九八九）「勝善神」『柳田国男全集

五（ちくま文庫）』筑摩書房

柳田国男　一九二〇（一九九〇）「神を助けた話」『柳田国男全集　七（ちくま文庫）』筑摩書房

柳田国男　一九二〇（一九八九）「猿廻しの話」『柳田国男全集　五（ちくま文庫）』筑摩書房

柳田国男　一九三二（一九九〇）「口承文芸史考」『柳田国男全集　八（ちくま文庫）』筑摩書房

柳田国男　一九三九（一九九〇）「孤猿随筆」『柳田国男全集二十四（ちくま文庫）』筑摩書房

柳田国男　一九四二（一九八九）「山島民譚集（一）」『柳田国男全集　五（ちくま文庫）』筑摩書房

山方町誌編さん委員会　一九八二『山方町誌　下巻』山方町

渡部鮎美　二〇〇五「田の美しさ―富士河口湖町の「空中田植」を事例に―」『日本民俗学』二四二

蕨市編　一九九四『蕨市史　民俗編』蕨市

TEM 研究所　二〇一四『平成二五年度　変容の危機にある無形の民俗文化財の記録作成の推進事業　氣比神社の絵馬市の習俗』文化庁財部伝統文化課

英語文献

Egnor, Margaret Trawick　1984. "The changed Mother, or What the smallpox Goddess did when there was no more smallpox." *Contributions to Asian Studies*.18: 24-45.

Hansen, Paul　2010. "Milked for All They Are Worth: Chinese Workers, Hokkaido Dairies." *Culture and Agriculture*32(2): 78-97.

Hansen, Paul　2013. "Becoming Bovine: Mechanics and Metamorphosis in Hokkaido's Animal-Human-Machine." *Journal of Rural Studies*33: 119-130.

Ingold　2000. *The Perception of the Environment : Essays in Livelihood ,dwelling and skill*. New York : Routledge.

Knight, John　2012. "The Anonymity of the Hunt : A Critique of Hunting as Sharing." Current Anthropology.53(3): 334-355.

Margo, DeMello 2012. Animals and Society : *An Introduction to Human-Animal Studies*. Columbia University Press.

Web サイト

e- 国宝「馬医草紙絵巻」 https://emuseum.nich.go.jp/detail?langId=&content_base_id=100283&content_part_id=000&content_pict_id=000（二〇二〇年十二月八日最終閲覧）

十和田市ホームページ「住民基本台帳に基づく十和田市の人口（平成二十七年三月三十一日現在）」https://www.city.towada.lg.jp/shisei/toukei/shiryou/files/jinkou_h270331.pdf（二〇二四年八月十日最終閲覧）。

十和田市ホームページ「十和田市の文化財」 http://www.city.towada.lg.jp/docs/2012070900010/（二〇二〇年三月十七日最終閲覧）

八戸市ホームページ「5代目泉山　吉兵衛」

https://www.city.hachinohe.aomori.jp/bunka_sports/bunka/hachinohenosenjin/11972.html（二〇二〇年三月二十二日最終閲覧）

新聞記事

『東奥日報』「南部駒むかしいま」（一九七六年九月四日～十一月十日）

『十和田新報』第二一六号（平成十二（二〇〇〇）年九月十日）（十和田市民図書館所蔵）

広報誌

「広報三本木」第三号（昭和二十九（一九七四）年九月一日）（十和田市民図書館所蔵）

「広報三本木」第四号（昭和二十九（一九七四）年十月十一日）（十和田市民図書館所蔵）

「広報三本木」第七号（昭和三十（一九七五）年七月十五日）（十和田市民図書館所蔵）

「広報とわだし」第二五八号（昭和四十六（一九七一）年八月一日）（十和田市民図書館所蔵）

「広報とわだし」第二六七号（昭和四十六（一九七一）年十二月一日）（十和田市民図書館所蔵）

「広報とわだし」第二七〇号（昭和四十七（一九七二）年二月一日）（十和田市民図書館所蔵）

史料

（新井田）泉山家文書「蒼前祝請記」（八戸市立図書館所蔵）

「正善由来記」（個人蔵）

南部家旧蔵本『勝善安驥集』（八戸市立図書館所蔵）

南部家文書「馬祖等神設図」（八戸市立図書館所蔵）

淵沢家文書『勝善安驥集』（八戸市立図書館所蔵）

図2参考文献

始良町郷土誌改訂編纂委員会編　一九九五『始良町郷土誌』始良町郷土誌編纂委員会

青森県教育委員会　一九七一―一九七二「下北半島山村振興町村民俗資料緊急調査報告書」大島暁雄ほか編　一九九五『北海道・東北の民俗　青森県編（日本民俗調査報告書集成）』三一書房

青森県立郷土館　一九八〇『「鶏沢・有畑・浜田の民俗」調査報告書　青森県郷土館調査報告書第七集・民俗四』青森県立郷土館

昭島市史編さん委員会編　一九七三『昭島市史　附編』昭島市

明野町史編さん委員会編　一九八五『明野町史』明野町

朝日町史編さん委員会・朝日町史編集委員会編　二〇一四『朝日町史　下巻』朝日町

朝日村村史編さん委員会編　一九八五『朝日村史　下巻』朝日村

安心院町誌編集委員会編　一九七〇『安心院町誌』安心院町

誌編集委員会
安曇村誌編纂委員会編　一九九八『安曇村誌　第四巻（民俗）』安曇村
安濃町史編纂委員会編　一九九九『安濃町史　通史編』安濃町
綾上郡綾上町教育員会編　一九七八『綾上町誌』綾上町
飯野町編　二〇〇五『飯野町史　第三巻』飯野町
出雲崎町史編さん委員会編　一九九四『出雲崎町史　民俗・文化財編』出雲崎町
伊丹市史編纂専門委員会編　一九七〇『伊丹市史　第六巻』伊丹市
伊東多三郎監修　一九七五『鶴岡市史　下巻』鶴岡市役所
猪苗代町史編さん委員会　一九七九『猪苗代町史　第二集（民俗編）』猪苗代町史出版委員会
いわき市史編さん委員会編　一九七二『いわき市史　第七巻（民俗）』いわき市
岩手県競馬組合編　一九八三『いわての競馬史』岩手県競馬組合
岩手県立博物館　一九八六『安代町地域総合調査報告書一（安代の民俗）（岩手県立博物館調査研究報告書　第二冊）』岩手県立博物館
岩出山町史編纂委員会編　二〇〇〇『岩出山町史　民俗生活編』岩出山町
生田原町史編さん委員会編　一九九七『生田原町史』生田原町
氏家町史作成委員会　一九八九『氏家町史 民俗編』氏家町
臼杵市史編さん室編　一九九二『臼杵市史　下』臼杵市
浦和市総務部市史編さん室　一九八〇『浦和市史　民俗編』浦和市
愛媛県文化財保護協会編　一九六七（一九九七）『越智郡島嶼部民俗資料調査報告書』大島暁雄ほか編『四国の民俗　愛媛県編（日本の民俗調査報告書集成）』三一書房
愛媛大学農学部付属農業高等学校郷土研究部　一九六四（一九九七）『惣川の民俗―東宇和郡野村町―（部報　第5集）』大島暁雄ほか編『四国の民俗　愛媛県編（日本の民俗調査報告書集成）』三一書房
及川　高　二〇一六『「宗教」と「無宗教」の近代南島史―国民国家・学知・民衆―』森話社
大熊町史編纂委員会　一九八五『大熊町史　第一巻（通史）』大熊町
大阪府　一九〇三『大阪府誌』大阪府
太田市編　一九八五『太田市史　通史編　民俗　下巻』太田市
大星将臣　二〇〇〇「大将軍社の研究」『皇學館論叢』三三（六）
男鹿市史編纂委員会編　一九九五『男鹿市史　上巻』男鹿市
小野町編　一九八五『小野町史　民俗編』小野町
小野田市史編集委員会編　一九八七『小野田市史　民俗と文化財』小野田市
表郷村史編さん委員会　二〇〇八『表郷村史　第三巻（民俗編）』白河市

御宿町史編さん委員会編　一九九三『御宿町史』御宿町
鏡石町　一九八四『鏡石町史　第四巻（民俗編）』鏡石町
香川県民俗学会前山地区民俗誌編集委員会　一九七三（一九九七）「ダムに沈む　香川県長尾町前山地区民俗誌」大島暁雄ほか編『四国の民俗　香川県編（日本の民俗調査報告書集成）』三一書房
鹿児島県教育委員会　一九七四（一九九六）「川内川流域の民俗一）」大島暁雄ほか編『九州・沖縄の民俗　鹿児島県編（日本民俗調査報告書集成）』三一書房
片品村史編纂委員会編　一九六三『片品村史』片品村
鹿屋市史編集委員会編　一九六七『鹿屋市史　上巻』鹿屋市
鎌ヶ谷市教育委員会編　一九九三『鎌ヶ谷市史　資料編五（民俗）』鎌ヶ谷市
上郡町史編纂専門委員会編　二〇一一『上郡町史　第二巻　本文篇二』上郡町
上山市史編さん委員会編　一九八〇『上山市史　中巻　近代編』上山市
刈谷市史編さん編集委員会編　一九九三『刈谷市史　第三巻（本文　近代）』刈谷市
川内村史編集委員会編　一九八八『川内村史　第三巻（民俗編）』川内村
岸本翠月　一九六七『上富良野町史』上富良野町役場
北九州大学民俗研究会　一九七〇（一九九六）「背振山麓の民俗　福岡県早良町内野・脇山地区　昭和四十四年度調査報告書」大島暁雄ほか編『九州・沖縄の民俗　福岡県編（日本民俗調査報告書集成）』三一書房
北九州大学民俗研究会　一九七一（一九九六）「続・背振山麓の民俗　佐賀県神埼郡東背振村」大島暁雄ほか編『九州・沖縄の民俗　佐賀県編（日本民俗調査報告書集成）』三一書房
喜多村　正　二〇〇一「中国山地における牛馬守護神の信仰」『社会システム論集　島根大学法文学部紀要社会システム学科編』六
岐阜市編　一九七七『岐阜市史　通史編　民俗』岐阜市
京都府教育委員会編　出版年なし（一九九五）「京都府の民俗」大島暁雄ほか編『日本民俗調査報告書集成　近畿の民俗　京都府編』三一書房
近畿民俗学会編　一九五八（一九九七）『阿波木頭民俗誌』大島暁雄ほか編『四国の民俗　徳島県編（日本の民俗調査報告書集成）』三一書房
熊本商科大学民俗学会　一九六九（一九九六）「高千穂―民俗調査報告書―」大島暁雄ほか編『九州・沖縄の民俗　宮崎県編（日本民俗調査報告書集成）』三一書房
熊本民俗文化研究会編　一九七八（一九九六）「八代の民俗」大島暁雄ほか編『九州・沖縄の民俗　熊本県編（日本民俗調査報告書集成）』三一書房
九十九里町誌編集委員会　一九九二『九十九里町誌　各論編下巻』九十九里町
小島瓔礼編　一九九一『人・他界・馬―馬をめぐる民俗自然誌』東京美術

埼玉県編　一九八六『新編埼玉県史　別編二（民俗二）』埼玉県

佐賀県教育委員会　一九七八（一九九六）「玄海町浜野浦地区の民俗　民俗文化財緊急調査報告書（佐賀県文化財調査報告書第四十一集）」大島暁雄ほか編『九州・沖縄の民俗　佐賀県編（日本民俗調査報告書集成）』三一書房

佐々木哲哉著、鳥栖市史編纂委員会編　一九七一（一九九六）「鳥栖の民俗」大島暁雄ほか編『日本民俗調査報告書集成　九州・沖縄の民俗　佐賀県編』三一書房

三条市史編修委員会編　一九八二『三条市史　資料編　第八巻（民俗）』三条市

七戸町史刊行委員会編　一九八二『七戸町史　二』七戸町

下妻市史編さん委員会編　一九九四『下妻市史　別編　民俗』下妻市

斎藤　望　二〇〇六「近江の馬頭観音」『滋賀文化財教室』二一八 https://www.shiga-bunkazai.jp/wp-content/uploads/site-archives/download-kyoshitsu-k218.pdf（参照二〇二四年八月二十六日）

幸手市教育委員会生涯学習課市史編さん室編　一九九七『幸手市史　民俗編』幸手市教育委員会

裾野市史編さん専門委員会編　一九九七『裾野市史　第七巻（資料編　民俗）』裾野市

住田町史編纂委員会編　一九九四『住田町史　第六巻（民俗編）』住田町

真田町誌編纂委員会編　二〇〇〇『真田町誌　民俗編』真田町誌刊行会

大子町史編さん委員会　一九八八『大子町史　通史編　上巻』大子町

高崎市市史編さん委員会編　一九九四『新編高崎市史　民俗編』高崎市

高根町編　一九八九『高根町誌　通史編　下巻』高根町

高谷重雄　一九四八「和泉の牛神と子供組」柳田国男古稀記念『日本民俗学のために』八

滝根町史編さん委員会編　一九八八『滝根町史　第三巻（民俗編）』滝根町

舘岩村史編さん委員会編　一九九二『舘岩村史　第四巻　民俗編』舘岩村

玉名市史編集委員会編　一九九三『玉名市史　資料篇三（自然・民俗）』玉名市

鶴ヶ島町史編さん室編　一九九二『鶴ヶ島町史　民俗社会編』鶴ヶ島市

都留市史編纂委員会編　一九八九『都留市史　資料編三（民家・民俗）』都留市

寺井町史編纂委員会編　一九九四『寺井町史　第三巻（自然・民俗・集落編）』寺井町

東京女子大学文理学部史学科民俗調査団　一九八五『紀北四郷の民俗―和歌山県伊都郡かつらぎ町平・大久保―』東京女子大学文芸学部史学科

東洋大学民俗研究会　一九八一『南部川の民俗―和歌山県日高郡南部川村旧高城・清川村―』東洋大学民俗研究会

十和村教育委員会　一九七四（一九九七）『十和の民俗　上』大島暁雄ほか編『四国の民俗　高知県編（日本の民俗調査報告書集成）』三一書房
徳島県教育委員会社会　一九六五（一九九七）「阿波の民俗」大島暁雄ほか編『四国の民俗　徳島県編（日本の民俗調査報告書集成）』三一書房
豊田市近代の産業とくらし発見館　二〇一九「平成三十一年度　豊田市近代の産業と暮らし発見館企画展「まゆまつり二〇一九～とよたの養蚕と信仰～」豊田市近代の産業とくらし発見館
豊田町誌編さん委員会編　二〇〇一『豊田町誌　別編二』豊田町
長崎県教育委員会　一九七二「長崎県文化財調査報告書　第十一集（有明海沿岸地区の民俗　有明海沿岸地域民俗資料緊急調査報告書）」大島暁雄ほか編一九九六『九州・沖縄の民俗　長崎県編（日本民俗調査報告書集成）』三一書房
長崎県教育委員会社会教育課編　一九六五（一九九六）『長崎県民俗資料調査報告書（長崎県文化財調査報告書　第三集）』大島暁雄ほか編『九州・沖縄の民俗　長崎県編（日本民俗調査報告書集成）』三一書房
長門市史編集委員会編　一九七九『長門市史　民俗編』長門市
長野県南佐久郡誌編纂委員会編　一九九一『南佐久郡誌　民俗編』長野県南佐久郡誌刊行会
長野市史編さん委員会編　一九九八『長野市誌　第十巻（民俗編）』長野市
浪江町史編集委員会編　一九七四『浪江町史』浪江町教育委員会
南陽市史編さん委員会編　一九八七『南陽市史　民俗編―南陽のくらしと文化―』南陽市
新潟県教育委員会　一九六五「新潟県の民俗」大島暁雄ほか編　一九九六『中部・北陸の民俗　新潟県編（日本民俗調査報告書集成）』三一書房
西日本文化協会編　一九八四『福岡県史　民俗資料編一（ムラの生活　上）』福岡県
西日本文化協会編　一九八八『福岡県史　民俗資料編二（ムラの生活　下）』福岡県
日光市史編さん委員会編　一九七九『日光市史 下巻』日光市
二本松市編　一九八六『二本松市史　第八巻（各論編一民俗）』二本松市
韮山町史編纂委員会編　一九九三『韮山町史　第九巻（民俗）』韮山町史刊行委員会
沼田市史編さん委員会編　一九九八『沼田市史　民俗編』沼田市
野本寛一　二〇一五『牛馬民俗誌』岩田書院
泰野市　一九八七『泰野市史　別巻 民俗編』泰野市
東根市史編さん委員会・東根市史編集委員会編　一九八九『東根市史　別巻上（考古・民俗篇）』東根市
英彦山民俗資料緊急調査委員会　一九七三（一九九六）「英彦山の民俗　昭和四十七年度」大島暁雄ほか編『九州・沖縄

の民俗　福岡県編（日本民俗調査報告書集成）』三一書房
日野市史　一九八三『日野市史　民俗編』日野市史編さん委員会
美幌町史編さん委員会編　一九七二『美幌町史』美幌町
氷見市史編さん委員会編　二〇〇〇『氷見市史六　資料編四』氷見市
平塚市博物館編　一九九三『平塚市史　十二（別編民俗）』平塚市
福岡県教育委員会編　一九六四（一九九六）「福岡県文化財調査報告書　第二十九輯」大島暁雄ほか編『九州・沖縄の民俗　福岡県編（日本民俗調査報告書集成）』三一書房
福崎町史編集専門委員会編　一九九四『福崎町史　第一巻　本文篇：I』福崎町
増穂町誌編集委員会編　一九七六『増穂町誌　下巻』増穂町役場
丸山町史編集委員会編　一九八九『丸山町史』丸山町
美浜町誌編纂委員会編　二〇〇六『わかさ美浜町誌　美浜の文化　第二巻』美浜町
宮崎県教育委員会編　一九七一（一九九六）「民俗資料緊急調査報告書—高千穂地方の民俗—」大島暁雄ほか編『九州・沖縄の民俗　宮崎県編（日本民俗調査報告書集成）』三一書房
宮崎大学農業博物館　一九九四「農業博物館ニュース」十五宮崎大学農業博物館 https://www.miyazaki-u.ac.jp/museum/press/pdf/news15.pdf（二〇二四年八月二十九日最終閲覧）
宮前耕史　二〇一一「北海道同等地方における「地域伝承文化」「地域伝承文化教育活動」研究の課題と展望—根室市珸瑤瑁地区における「珸瑤瑁獅子神楽保存会」「珸瑤瑁獅子神楽子供会」の事例から—」『へき地教育研究』六六
望月町誌編纂委員会編　一九九六『望月町誌　第二巻　民俗編』望月町
矢板市史編集委員会編　一九八一『矢板市史』矢板市
米子市史編さん協議会編　二〇〇〇『新修米子市史　第五巻（民俗編）』米子市
米沢市史編さん委員会編　一九九〇『米沢市史　民俗編』米沢市
六戸町史編纂委員会編　一九九三『六戸町史　下巻』六戸町史刊行委員会
蕨市編　一九九四『新修蕨市史　民俗編』蕨市

Web サイト

愛媛縁生涯学習センター「（一）今や昔、牛馬祭り」データベース『えひめの記憶』https://www.i-manabi.jp/system/regionals/regionals/ecode:1/9/view/1605（二〇二四年八月二十六日最終閲覧）
京都市歴史資料館情報提供システム「葉山馬頭観音・比叡山無動寺道【道標】」フィールド・ミュージアム京都 https://www2.city.kyoto.lg.jp/somu/rekishi/fm/ishibumi/html/sa084.html（二〇二四年八月二十七日最終閲覧）
須坂市社会共創部文化スポーツ課「市神社・馬頭観音」須坂

まるごと博物館 https://suzaka-marugotomuseum.jp/search/item/?id=5251（参照二〇二四年八月二十六日）

天台宗護法山妙光院「祈願（愛馬・ペット）供養（愛馬・ペット）」馬頭観音妙光院 https://www.kobe-myokoin.com/%E6%84%9B%E9%A6%AC-%E3%83%9A%E3%83%83%E3%83%88%E3%81%AE%E7%A5%88%E9%A1%98%E4%BE%9B%E9%A4%8A/（二〇二四年八月二十六日最終閲覧）

北陸鎮護の大社白山本宮・加賀一ノ宮「白山めぐり（一一八）白山神社」白山比咩神社 https://www.shirayama.or.jp/index.htm（二〇二四年八月二十七日最終閲覧）

図４参考文献

青森県教育委員会　一九六三（一九九五）「青森県民俗資料調査報告書　第一集」大島暁雄ほか編『北海道・東北の民俗　青森県編（日本民俗調査報告書集成）』三一書房

青森県教育委員会　一九七一「下北半島山村振興町村民俗資料緊急調査報告書第一次（昭和四十五年度）」大島暁雄ほか編一九九五『北海道・東北の民俗　青森県編（日本民俗調査報告書集成）』三一書房

青森県教育委員会　一九七三（一九九五）「むつ小川原地区民俗資料緊急調査報告書　第一次（昭和四十七年度）」大島暁雄ほか編『北海道・東北の民俗　青森県編（日本民俗調査報告書集成）』三一書房

青森県史編さん民俗部会　二〇一四『青森県史　民俗編　資料津軽』青森県

青森県立郷土館　一九八〇『「鶏沢・有畑・浜田の民俗」調査報告書　青森県郷土館調査報告書第七集・民俗四』青森県立郷土館

青森県立郷土館　一九八二『小舟渡の民俗調査報告書（青森県立郷土館調査報告 第十三集 民俗六）』青森県立郷土館

青森県立郷土館　一九八九『世増・畑内の民俗青森県山村民俗調査報告書一（青森県立郷土館調査報告 第二十四集・民俗十二）』青森県立郷土館

赤田光男　二〇〇六「南部地方における放牧馬の生態と蒼前信仰」『帝塚山大学人文学部紀要』十八

秋田県教育委員会編　一九六六（一九九五）「秋田県の民俗民俗資料緊急調査報告」大島暁雄ほか編『北海道・東北の民俗　秋田県編（日本民俗調査報告書集成）』三一書房

飯館村史編纂委員会　一九七六『飯館村史　第三巻（民俗）』飯館村

岩手県教育委員会編　一九六六（一九九五）「岩手の民俗資料」『北海道・東北の民俗　岩手県編』大島暁雄ほか編『北海道・東北の民俗　岩手県編（日本民俗調査報告書集成）』三一書房

岩手県教育委員会編　一九七六（一九九五）「久慈市の民俗」大島暁雄ほか編『北海道・東北の民俗　岩手県編（日本民俗調査報告書集成）』三一書房

岩手県教育委員会編　一九七九（一九九五）「宮古市重茂字荒

巻地区漁労習俗調査」大島暁雄ほか編『北海道・東北の民俗　岩手県編（日本民俗調査報告書集成）』三一書房
岩手県立博物館　一九八六（一九九五）「安代町地域総合調査報告書一（安代の民俗）（岩手県立博物館調査研究報告書第二冊）」大島暁雄ほか編『北海道・東北の民俗　岩手県編（日本民俗調査報告書集成）』三一書房
岩出山町史編纂委員会編　二〇〇〇『岩出山町史　民俗生活編』岩出山町
生田原町史編さん委員会編　一九九七『生田原町史』生田原町
氏家町史作成委員会　一九八九『氏家町史 民俗編』氏家町
宇都宮市史編さん委員会編　一九八二『宇都宮市史　第六巻（近世通史編）』宇都宮市
太田市編　一九九七『太田市史　通史編』太田市
小形信夫　一九八四「駒形神社」谷川健一編『日本の神々・神社と聖地　東北・北海道　第一二巻』白泉社
男鹿市史編纂委員会編　一九九五『男鹿市史　上巻』男鹿市
小高町教育委員会編　一九七五『小高町史　民俗編』小高町
表郷村史編さん委員会　二〇〇八『表郷村史　第三巻（民俗編）』白河市
小山市史編さん委員会　一九七八『小山市史　民俗編』小山市
鏡石町　一九八四『鏡石町史　第四巻（民俗編）』鏡石町
片品村史編纂委員会編　一九六三『片品村史』片品村
鹿沼市史編さん委員会編　二〇〇一『鹿沼市史　民俗編』鹿沼市
喜多方市史編纂委員会編　一九九一『喜多方市史　第八巻（各論編Ⅰ）自然・旧町村誌』』喜多方市
群馬県教育委員会　一九六三「六合村の民俗（群馬県民俗調査報告書　第四集）」大島暁雄ほか編一九九四『関東の民俗　群馬県編（日本民俗調査報告書集成）』三一書房
気仙沼市史編さん委員会編　一九九四『気仙沼市史七（民俗・宗教編）』気仙沼市
小島瓔礼編　一九九一『人・他界・馬―馬をめぐる民俗自然誌』東京美術
今野美壽編　一九三四『奥相拾芥抄　馬史之部　相馬産馬沿革誌』庄司巻造
三戸町史編集委員会編　一九九七『三戸町史』三戸町
七戸町史刊行委員会編　一九八二『七戸町史　二』七戸町
住田町史編纂委員会編　一九九四『住田町史　第六巻（民俗編）』住田町
東北歴史資料館編　一九八四「三陸沿岸の漁村と漁業習俗　上巻（東北歴史資料館資料集十）」大島暁雄ほか編一九九五『北海道・東北の民俗　岩手県編（日本民俗調査報告書集成）』三一書房
塩川町教育委員会・塩川町史編さん委員会編　二〇〇五『塩川町史 第七巻（民俗・文化編）』塩川町
下田町誌刊行委員会編　一九七九『下田町誌』下田町
勢多郡誌編纂委員会編　一九五八『勢多郡誌』勢田郡誌編纂委員会

仙台市史編さん委員会編 一九九八『仙台市史 特別編六（民俗）』仙台市
大子町史編さん委員会 一九八八『大子町史 通史編 上巻』大子町
鶴ヶ島町史編さん室編 一九九二『鶴ヶ島町史 民俗社会編』鶴ヶ島市
東洋大学民俗研究会編 一九八〇（一九九五）「上小阿仁乃民俗」大島暁雄ほか編『北海道・東北の民俗 秋田県編（日本民俗調査報告書集成）』三一書房
栃木県教育委員会 一九六七（一九九四）「栃木県民俗資料調査報告書 第二集（栗山の民俗）」大島暁雄ほか編『関東の民俗 栃木県編（日本民俗調査報告書集成）』三一書房
栃木県教育委員会 一九七〇（一九九四）「栃木県民俗資料調査報告書 第六集（八溝山麓の民俗）」大島暁雄ほか編『関東の民俗 栃木県編（日本民俗調査報告書集成）』三一書房
栃木県教育委員会 一九七一（一九九四）「栃木県民俗資料調査報告書・第八集（那須山麓の民俗）」大島暁雄ほか編『関東の民俗 栃木県編（日本民俗調査報告書集成）』三一書房
栃木県教育委員会 一九七一（一九九四）「栃木県の民俗 民俗資料緊急調査報告二」大島暁雄ほか編『関東の民俗 栃木県編（日本民俗調査報告書集成）』三一書房
十和田市史編纂委員会編 一九七六『十和田市史 下』十和田市
中之条町誌編纂委員編 一九七八『中之条町誌 第三十三巻』中之条町
浪江町史編集委員会編 一九七四『浪江町史』浪江町教育委員会
日光市史編さん委員会編 一九七九『日光市史 下巻』日光市
二本松市編 一九八六『二本松市史 第八巻（各論編一民俗）』二本松市
福島県教育委員会 一九七〇（一九九五）「西郷地方の民俗（福島県文化財調査報告書第18集）」（大島暁雄ほか編『北海道・東北の民俗 福島県編（日本民俗調査報告書集成）』三一書房
東根市史編さん委員会・東根市史編集委員会編 一九八九『東根市史 別巻上（考古・民俗篇）』東根市
保原町史編纂委員会 一九八一『保原町史 第四巻』保原町
松崎憲三 二〇〇四『現代供養論考―ヒト・モノ・動植物の慰霊―（考古民俗叢書）』慶友社
丸森町史編さん委員会編 一九八四『丸森町史』丸森町
丸山町史編集委員会編 一九八九『丸山町史』丸山町
南河内町史編さん委員会編 一九九五『南河内町史 民俗編』南河内町
南相馬市 二〇〇六『原町市史 第九巻（特別編二）民俗』南相馬市
三春町編 一九八〇『三春町史 第六巻（民俗）』三春町
宮田 登 一九七二「蒼前神」大塚民俗学会編『日本民俗辞典』弘文堂
美和村史編さん委員会編 一九九三『美和村史』美和村
真岡市史編さん委員会 一九八六『真岡市史 第五巻（民俗編）』

真岡市
最上町（山形県） 一九八五『最上町史　下巻』最上町
茂木町史編さん委員会　一九九五『茂木町史　第一巻（自然・民俗文化編）』茂木町
東洋大学民俗研究会編　一九七七『上郷の民俗—青森県三戸郡田子町旧上郷村—』東洋大学民俗研究会
矢板市史編集委員会編　一九八一『矢板市史』矢板市
六戸町史編纂委員会編　一九九三『六戸町史　下巻』六戸町史刊行委員会
若美町史編さん委員会編　一九八一『若美町史』若美町

web サイト
釧路新聞電子版「厚床蒼前神社　創祀１００年記念例大祭開く（令和元（二〇一九）年九月九日）」http://www.hokkaido-nl.jp/article/13498（二〇二〇年十二月二日最終閲覧）

著者略歴

三津山 智香（みつやま・ちか）

茨城県生まれ。筑波大学人文社会科学研究科歴史・人類学専攻修了、博士（文学）。

専門は日本民俗学。筑波大学特任研究員、京都芸術大学業務担当非常勤講師など。

主な著書（共著）に『民衆画の世界—欧州と東アジアを比較する—』（三元社、2023年）など。

主な論文に「神社への奉納物の変遷—福島県白河市の勝善神社を事例に—」（『歴史人類』50号、2022年）「人・家畜・カミの関係から捉える蒼前信仰—青森県十和田市を事例に—」（『日本民俗学』297号、2019年）、「馬産地十和田における昭和30〜50年代の変化—家畜飼養の変化に着目して—」（『国立歴史民俗博物館研究報告』207集、2018年）など。

誰がために祈るのか
—ソウゼン信仰の人・家畜・カミの民俗誌

定価四一八〇円〔本体三八〇〇円＋税〕

二〇二五年一月二十日　初版発行

著　者　三津山　智　香
発行者　安　倍　甲
発行所　㈲無明舎出版
秋田市広面字川崎一一二—一
電　話／(〇一八)八三二—五六八〇
FAX／(〇一八)八三二—五一三七
製　版　㈲三浦印刷
印刷・製本　㈱シナノ

ISBN 978-4-89544-689-1